나이 들면 ADHD와
헤어질 줄 알았다

참고: 이 책에 수록된 정보는 우리가 아는 한 사실이며 틀림없다. 이 책은 건강 문제에 대해 더욱 자세히 알고 싶은 사람들을 위한 정보 안내서로서만 서술되었다. 담당 의사의 조언을 대체하거나 철회하거나 반대하려는 것이 아니다. 치료와 관련된 최종 결정은 개인과 담당 의사가 내려야 한다. 의사의 조언을 따를 것을 강력히 권한다. 이 책에 제공된 정보는 일반적인 정보이며 저자나 출판사는 이를 보장하지 않는다. 이 책의 사용과 관련해 저자와 출판사는 어떤 책임도 지지 않는다. 책 전체에 등장하는 인명이나 신원 정보는 개인정보 보호를 위해 변경했다.

나이 들면 ADHD와 헤어질 줄 알았다

나이 먹어서도
절대 차분해지지 않는
사람들을 위한
가장 친절하고
사려 깊은 안내서

캐슬린 네이도 지음 | 장혜인 옮김

위즈덤하우스

추천의 말

주의력결핍과잉행동장애attention deficit hyperactivity disorder, ADHD가 남아의 장애라는 오랜 통념은 최근 여성 ADHD에 대한 활발한 논의 덕에 상당한 변화를 겪었다. 성별을 근거로 진단과 치료에서 소외되는 경험은 더이상 자연스러운 일로 용인되지 않는다. 그리고 이제 노인 ADHD를 주목할 시점이다.

노인과 ADHD라니. ADHD가 있는 사람들은 아주 어린 시절부터 앞으로 좀 더 크면, 어른이 되면, 은퇴할 나이가 되면 대부분의 어려움에서 해방될 것을 약속받으며 자란다. 많은 연구자들이 ADHD인들에게 더 나은 미래를 기약했다. 하지만 저자의 발견은 다르다. 오늘의 ADHD는 높은 확률로 아주 먼 미래까지 우리를 따라올 것이란다. 노인이 되면 ADHD로부터 자유로워지리라는 나의 기대는 산산조각 났다.

하지만 그리 두려워하지 않아도 좋다. ADHD가 있는 60대, 70대로 살아가는 일이 어떤 것인지 천천히 들여다보며 준비할 수 있는 기회가 여기 마련되어 있다. 저자는 우리가 노인이 되는 그때까지 거쳐갈 만한 모든 잘못된 길을 내다보고, 길을 잃지 않기 위한 또는 잃어버린 길로부터 안전하게 돌아올 수 있는 방법을 치밀하게 정리해놓았다. ADHD를 돌볼 만한 방법이라면 아무리 사소한 것도 빼곡히 메모해 엮어낸 듯하다. 너무나 철저해서 그 성의를 봐서라도 끈기 있게 잘 살아내야겠다는 다짐과 맹세를 하지 않을 수 없다.

수명 연장에 출생률 감소가 더해지면서 2035년이면 ADHD 아동, 청소년보다 노인의 수가 더 많을 것으로 예상되고 있다. 임상가로서도, ADHD와 함께 노년기를 맞이할 사람으로서도 꼭 필요한 책이다. 내가 지금 ADHD가 있는 노인이라면 이 책의 발간이 그 어떤 친구와의 만남보다 애틋할 것이다. 저자는 ADHD에 대해 분명히 이해하고 있다.

— 신지수 (임상심리학자, 《나는 오늘 나에게 ADHD라는 이름을 주었다》 저자)

차 례

들어가며

가족 덕분에 나는 ADHD 분야에서 아주 실제적인 자격을 얻게 되었다. 오빠는 똑똑했지만 진득하게 숙제를 하거나 지루함을 견디지 못했다. 대학을 중퇴한 다음에는 다시 학교로 돌아가지 않았다. 일찍 결혼해서 가족을 먹여 살려야 했기 때문이다. 남동생은 훨씬 힘들었다. ADHD에 난독증까지 이중고를 겪었다. 그때만 해도 사람들은 이런 학생들을 도울 방법을 몰랐고, 동생은 자기가 한심하게 느껴진다며 학교에 가기 싫어했다. 동생은 고등학교를 졸업하고 직장에 들어갔다가 나중에 작은 사업을 벌였지만 진단되지 않은 ADHD에 계속 시달렸다. 동생은 영업을 잘했지만 세심한 관리에는 서툴러서 결국 사업을 접어야 했다. 나는 요즘 학생들이 받을 수 있는 도움을 우리 오빠나 동생도 받았더라면 훨씬 성공적인 삶을 수월하게 살았을지도 모른다고 종종 생각한다.

나는 가족 중에서 운이 좋은 편이었다. 학교를 좋아했고 공부를 잘한다는 것은 내 전부나 다름없었다. 물론, ADHD 징후가 있기는 했다. 수업 중 '멍하니' 있거나 마감이 닥쳐 발등에 불이 떨어지기 전까지는 숙제를 시작하기조차 어려웠다. 하지만 7학년(우리나라의 중학교 1학년에 해당한다—옮긴이) 때 처음으로 B를 받고 8학년 때 급기야 첫 C까지 받자 정신이 번쩍 들어 더 열심히 노력했다. 어떤 과제는 친구들보다 내게 훨씬 어려워 보인다는 사실을 알았지만, 대학원에 진학해 ADHD 및 ADHD 관련 장애에 대해 처음 배우기 전까지는 이 장애의 증상을 제대로 깨닫지 못했다.

내가 대학원에 다닐 때만 해도 학습장애는 비교적 낯선 개념이었다. 그리고 ADHD란 남자아이에게만 발생해 영향을 미치고 사춘기에야 벗어나게 되는 소아청소년기 장애라고 여전히 믿고 있었다! 여자아이나 젊은 여성은 고려 대상마저 아니었다.

ADHD 관련 문헌에서 오빠와 동생이 겪는 문제를 발견한 나조차도 나중에 ADHD를 중심으로 연구할 때는 내 가족과 아무런 연관을 시키지 못한 채 1975년 공법 94-142, 즉 미국 전 장애아동 교육법Education for All Handicapped Children Act, EHA 통과와 관련된 것만 다루었다. 학교에서 어려움을 겪는 과잉행동 자녀를 둔 부모들은 갑자기 진단받을 좋은 명목이 생겼다. 이 법이 통과되기 전까지는 진단받는 유일한 목적이 리탈린Ritalin(ADHD 치료제로, 집중력 강화제로도 사용된다—옮긴이)을 처방받는 것이었기 때문에, 많은 부모는 자녀를 '스피드speed'(리탈린과 함께 집중력 강화제로 인기를 끌었던 애더럴의 별명—옮긴이)로 스피디하게 치료한다는 점에 몹시 불안해했다. 하지만 공법 94-142에 따르면 학교는 모든 (당시 부르던 용어에 따르면) '장애' 아동에게 "무료로 적절한 교육을 제공"해야 했다. 나는 원래 일반 심리치료로 경력을 시작했는데, 1970년대 중반에 갑자기 당시 주의력결핍장애attention deficit disorder, ADD라고 부르던 질환을 진단하는 방법을 아는지 묻는 소아청소년과 의사들의 문의로 전화가 불이 날 지경이 되었다. 부모들은 이제 자녀가 학교의 지원과 배려를 받는 데 도움이 될 만한 진단을 받을 수 있기를 간절히 원했다.

ADHD 아동을 검사하고 치료하는 일은 곧 내 개인 진료에서 커다란 비중을 차지하게 되었다. 평가와 치료를 요구하는 사람 대다수는 과잉행동을 보이는 남자아이의 엄마들이었다. 당시 우리가 찾아보는 주요 증상은 과잉행동이었다. 이런 아이들 대다수는 수업을 방해하거나 부모 또는 교사의 말을 '귀담아듣지 않는' 등의 행동 문제를 보였다. 이들은 학교에서 어려움을 겪었고 집에서 지도해도 말을 듣지 않았다. 거의 다 남자아이들이었다. 우리는 행동 관리 기법을 부모에게 조언하고, 정확한 리탈린 복용량을 알려주고, 완전히 잘못된 생각이었지만 좋은 의도로 사춘기가 지나면 이런 상태가 사라지지는 않더라도 줄어들기는 할 것이라고 상담했다.

이런 장애가 애초에 보기보다 훨씬 복잡하다는 사실이 금세 분명해졌다. 내가 '영재' 프로그램을 위해 검사한 아이들 가운데 놀랄 만큼 많은 아이가 학교생활을 잘하는데도 ADHD 아동과 비슷한 패턴(주의 산만, 건망증, 혼란)을 보였다. 이런 아이들은 의자에서 방방 뛰거나 수업을 방해하는 등 ADHD일 때 예상되는 과잉행동이나 충동적인 증상을 보이지 않고 그저 공상하고 잘 잊어버리거나 체계적이지 못할 뿐이었기 때문에, 아무도 이 아이들의 주의 산만이 성격 탓이라기보다 신경학적 차이일지도 모른다고 의심하지 않았다. 그렇지만 다 연관이 있지 않았을까?

나는 '과잉행동을 보이고 학업에 열의가 없는 남자아이'라는 ADD 이미지에 반하는 다른 사례를 찾기 시작했다. 내가 검사한 아이의 부모들은 줄줄이 자기도 자녀나 부모와 비슷한 행동을 보였다고 말했다. 이들은 사춘기가 훨씬 지났는데도 이런 문제에서 벗어나지 못했다. 이런 부모들은 약속 시간에 때맞춰 오거나, 세부적인 행동 계획을 따르거나, 당시 우리 모두 부모들에게 권장하라고 훈련받았던 보상 체계를 따르는 데 계속 어려움을 겪었다. 이 또한 성인의 뇌에서 나왔다는 점만 빼면 동일한 장애일까?

이런저런 여러 의문이 결국 이후 40년 동안 내 저술과 임상 진료의 초점이 되었다. 나는 경력 내내 더 거대한 ADHD 환자군 속에서 ADHD로 확인되지 못했거나 치료 도움을 받지 못한 환자들을 가려내는 데 중점을 두었다. 먼저 의사 대다수가 여전히 ADHD를 아동기 장애로 여기던 시절에 성인을 위한 새로운 평가 도구와 치료 절차를 개발했다. 이후 여자아이나 성인 여성에서 ADHD가 어떻게 나타나는지 연구했다. 정신 건강 전문가들은 여성들이 겪는 문제가 치료할 수 있는 신경학적 차이 때문이 아니라 불안, 우울 또는 개인적 실패 때문이라고 말하는 경우가 너무 많다.

환자들 가운데 직업적으로 성공한 이들은 ADHD 스테레오타입과 일치하지 않는다고 여겨지곤 했다. ADHD는 장애로 분류된다. 미국에서 정의하는 '장애'로 규정되려면 하나 이상의 '주요 일상 활동'을 현저히 제한하는 신체적 또는 정신적 결함이 있어야 한다. 학교에서 제 학년 수준보다 학업성취도가 현저히 낮은 아이들에게는 이런 설명이 들어맞지만, 이를 만회할 정도로 지능이 탁월한 학생이라면 어떨까? 법학이나 의학 학위를 취득했지만 문서 작업, 노트 필기, 보고서 작성, 일반적인 체계 수립에서 실행기능이 부족해 고생하는 성인은 또 어떨까?

존은 로스쿨 입학시험에서 추가 시간을 얻으려고 힘겹게 싸우다 실패한 다음 나를 찾아왔다. 그는 ADHD와 학습장애를 공인된 장애로 간주하는 미국 장애인법Americans with Disabilities Act, ADA에 따라 이런 '부담이 큰' 시험을 치를 때 ADHD를 배려해달라고 요구한 많은 이들 가운데 한 명이었다. 당시에는 로스쿨이나 의과대학에 들어갈 만큼 학업성적이 좋은 학생이라면 ADHD일 리 없다는 견해가 일반적이었다. ADHD가 있지만 아주 똑똑한 학생들을 배려하기를 거부한 사실 때문에 미 의사 국가고시원National Board of Medical Examiners을 비롯해 로스쿨 입학시험LSAT, 대학원 입학 자격시험GRE, 경영대학원 입학시험GMAT 주관 단체를 상대로 장애를 차별한다고 주장하는 소송이 수없이 제기되었다. (게다가 이런 소송은 계속될 것으로 보인다. 2011년, 연방정부는 매우 부담이 큰 대학원 입학시험을 고안하고 주관하는 단체들이 ADA 준수사항을 이행하는지 철저히 평가한 결과를 발표했다. 그 결과 법무부는 ADA 준수사항을 이행하지 않은 데 대한 불만을 처리할 포괄적인 방법을 개발하지 못한 것으로 나타났다. 그 대신 이들은 소송을 사안별로 그때그때 처리했다.)

존은 LSAT에서 배려받지 못했지만 로스쿨에 입학했고 그곳에서 학업을 훌륭하게 해냈다. 그러나 존은 나중에 내게 요즘 ADHD 진단을 받은 지원자에게 일반적으로 주어지는 배려를 받고 시험을 치렀다면 더 좋은 학교에 합격했을 것이라고 털어놓았다. 존의 사례는 내가 진료한 수많은 의사, 변호사, 기업 경영자, 대학원생의 이야기와 닮았다. 이들은 모두 ADHD 진단 및 치료로 혜택을 보았다. 시력이 좋지 않은 학생에게 안경을 쓰지 못하게 해도 여전히 시험을 잘 볼 수 있을지도 모르듯, ADHD가 있는 사람도 다른 방식으로 작동하는 자신의 뇌를 사용할 또 다른 해결

책을 모색할 수도 있다. 하지만 이런 사람들이 적절한 지원을 받는다면 얼마나 더 많은 성취를 이룰 수 있을까? ADHD가 있지만 똑똑한 학생들의 상황이 나아지고 있다고 해도 아직 갈 길이 멀다.

1980년대에 자녀 문제로 진료실을 찾아와 자신도 ADHD 문제가 있다고 언급했던 성인들은 이제 은퇴 시기에 접어들었다. 이런 시기를 거치며 정신 건강 분야에서 성인 ADHD를 인지하게 되었다. 가장 괜찮은 추정치에 따르면 미국 노인의 약 4.4퍼센트가 ADHD다. 어린 시절 기억나는 사건을 통해 성인 ADHD를 확인하도록 고안된 웬더 유타 평정 척도Wender Utah Rating Scale, WURS로 노인들을 연구한 후향적 연구에서는 성인의 약 5퍼센트가 ADHD로 진단될 수 있다고 밝혔다. 기존 통념에 따르면 ADHD는 아동기 질병이었지만 나중에야 20대, 30대, 40대에도 계속 나타날 수 있다는 사실이 받아들여졌다. 그렇지만 오늘날에도 정신과 의사나 신경과 의사 대다수는 ADHD 노인을 간과한다. 노인 연구에서는 한결같이 ADHD가 나이가 듦에 따라 감소한다고 보고한다. 하지만 젊었을 때 ADHD 진단을 받은 내 환자들에게서는 이런 감소가 나타나지 않았다. 나는 이런 차이에 관심이 생겼다. ADHD는 정말 나이가 듦에 따라 사라질까? 그렇다면 왜 그럴까? 60대, 70대 이후에도 ADHD로 살아간다는 것은 어떤 일일까?

그래서 나는 ADHD 노인에게 관심을 돌렸다.

엄청난 인구통계학적 변화가 다가오고 있다. 미국 은퇴자협회American Association of Retired Persons, AARP에서 발표한 인구통계 보고에 따르면 머지않은 2035년에는 18세 미만 인구보다 65세 이상 인구가 더 많을 것이다. 생각해보라. 어린이보다 노인이 더 많은 셈이다. 다시 말하면 ADHD

가 있는 대다수 사람은 불과 몇 년 안에 노인을 포함한 성인이 된다. ADHD 및 관련 장애를 다루는 분야에 종사하는 사람들은 이제 노인에게는 ADHD가 드물고 덜 해롭다며 이들을 못 본 체하지 않아야 한다.

놀랍게도 일반 대중을 대상으로 하는 책 가운데 ADHD 노인을 다루거나 이들을 위해 쓰인 책은 거의 없다. 나는 충족되지 않은 수요가 엄청나다는 사실을 발견했고, 내가 느낀 점을 연구하고 책을 쓰기로 했다. 날로 증가하는 ADHD 노인의 수요를 많은 이들이 이해하게 되기를 바란다.

나이와 무관하게 ADHD 진단을 받기만 해도 상당히 치유되는 느낌을 얻을 수 있다. 그러나 마침내 60대나 70대에 진단받기로 한 사람들도 자신을 기꺼이 진단하고 치료할 수 있는 전문가를 찾는 데 애를 먹는다.[1]

이런 어려움이 있지만 이 책에서는 어떻게든 이런 장벽을 극복하고 ADHD 진단을 받은 성인들의 끈기를 보여주는 이야기를 만나게 될 것이다.

나는 임상에서 직접 진료하며 치료한 노인들의 이야기를 썼다. 하지만 여기에 더해 더 넓은 망을 던지기로 했다. 이 책을 준비하기 위해 인터뷰할 ADHD 노인을 모집한다는 광고를 ADHD 전문 전국 배포 잡지에 게재한 것이다. 2017년에서 2020년 사이 60세 이상 남녀 150명을 면담했다. 모두 정신 건강 전문가에게 공식 ADHD 진단을 받은 사람들이었다. 가장 젊은 면담 대상자는 60세였고, 가장 나이가 많은 사람은 84세였다.

청년과 노인에게 나타나는 ADHD 증상은 기본적으로 같지만 나중에는 이런 증상이 달리 나타날 수 있다. 어렸을 때 학교 숙제를 제시간에 제출하는 것을 늘 잊던 아이는 돈이 있는데도 뭐라 설명할 수 없는 이유로 청구서 납부를 깜빡하는 은퇴자가 될 수 있다. 설상가상으로 일상생활 관리, 체계 부족, 건망증 같은 문제는 노화 관련 인지 저하의 징후로 쉽게 간과되거나 더 나쁘게는 치매 발병 징후로 오인될 수 있다. 이 책을 읽는 당신이 노인(또는 그들의 친구나 가족)이고 ADHD인지 궁금하다면 다음과 같은 몇 가지 사항을 점검해보자.

당신은 다음과 같은 문제를 겪고 있거나 겪은 적이 있는가?

학교 문제

- 성적이 나쁨
- 시험은 잘 보지만 숙제는 하지 않음
- 숙제를 마치기 어려움
- 학창 시절 행동 문제가 있음
- "머리는 정말 좋은데 노력이 부족해"라는 말을 들음
- 대학원 또는 전문대학원에서 석박사 논문을 완성하지 못하는 것과 같은 어려움을 겪음
- 의사 및 변호사 면허시험을 통과하기 어려움

직장 문제

- 성과가 저조하거나 회사가 불만족스러워 실직하거나 퇴사함
- 마감 기한을 맞추지 못함
- 당연하다고 생각하는 수준까지 승진하지 못함
- 문서 작업이 어려움

일상 관리 문제

- 청구서 납부를 잊음
- 어질러져 있고 정돈되지 않은 환경에서 생활함
- 과도한 흡연 그리고/또는 과음
- 과속 딱지를 떼임
- 우울과 불안으로 고생함
- 처음에는 의욕이 넘쳤던 프로젝트도 미뤄버리거나 완료하기 어려움

대인관계 문제

- 자주 화를 내거나 쉽게 짜증 냄
- 가까운 사람들과 갈등이 심함
- 부부 갈등으로 별거하거나 이혼함
- 일관성 없고 감정적으로 반응하는 양육 패턴

가족력

- 자녀가 ADHD 진단을 받음
- 불안, 우울, 물질사용장애 가족력
- 학습장애 가족력

이런 패턴 가운데 몇 가지가 익숙해 보인다면 당신(또는 지금 당신이 떠올리는, 이런 습관을 지닌 친구나 가족)은 진단되지 않은 ADHD일 수 있다. 그러나 반가운 소식도 있다. 당신은 ADHD 노인이 어떻게 하면 더욱 차분하고 행복하며 생산적인 삶을 영위할 수 있을지 더 많이 알아볼 곳에

제대로 찾아왔다는 사실이다.

반가운 소식이 하나 더 있다. 당신만 이런 장애가 있는 것은 아니라는 점이다. 성인 ADHD는 가장 흔한 정신과적 장애 가운데 하나다. 우리는 성인 ADHD에 대해 많이 알게 되었고 지금은 그 어느 때보다 더 나은 치료 선택지들이 많다. 당신이 노인이라면 우리가 노인 ADHD는 물론 ADHD 자체에 대해서도 거의 아는 것이 없던 시기에 자란 셈이다. 하지만 지금 이 책을 읽는 당신은 평생 이어진 ADHD를 이해하고 진단하고 치료하고자 하는 사람들의 선봉에 서 있다. 이 책을 읽으면 진단받기에 '너무 늦은' 때란 없으며 진단과 치료가 많은 노인의 삶을 바꿔왔다는 사실을 알게 될 것이다.

나는 이 책을 자신이 ADHD가 아닐까 의심하는 노인, 그리고 이들을 더욱 이해하고 돕고 지지해주고 싶어 하는 가족들을 직접적인 목표로 삼아 썼다. 이 책을 통해 노인 ADHD를 더욱 폭넓게 인식하고 그리하여 정신 건강 전문가들이 더 잘 훈련받아 특히 젊은 시절 미처 진단받지 못한 ADHD 노인을 알아보고 치료할 수 있게 되기를 바란다. 나는 ADHD 노인을 연구하는 전문가의 선두에 서 있음을 자랑스럽게 여기지만, 이 책이 동료들에게 영감을 주어 나와 함께 정보에 근거해 ADHD 노인의 필요에 더욱 적극적으로 집중하도록 자극한다면 몹시 뿌듯할 것이다.

이 책은 또 다른 차별점도 있는데, 시각적 구조를 많이 사용했다는 점이다. 내용의 이정표가 되어줄 명확한 소제목과 정보를 효율적으로 전달하는 글머리 기호 목록도 넣었다. 나는 ADHD 성인과 아동을 대상으로 여러 권의 책을 쓰고 나서 정보를 시각적으로 표현하는 일이 거의 정보 자체만큼 중요하다는 사실을 깨달았다. 내담자 가운데에는 관심 있는 주제라도 두꺼운 책을 끝까지 다 읽기 어려워하는 경우가 많았다. 그렇지만 이런 사람들도 내 책을 읽는 데는 전혀 무리가 없을 것이다!

한 가지 더 명심할 점이 있다. 머리맡에 ADHD 관련 책을 쌓아놓지만 어느 한 권도 다 읽지 못했다고 하소연하는 성인이 너무 많다. 이 책도 읽지 않은 책 더미에 던져버리지 않으려면 한 번에 한 장씩 읽어 정보를 흡수해야 한다. 다음 장으로 넘어가기 전에 읽은 장을 찬찬히 곱씹어보자. 그리고 각 장의 순서에 연연하지 말고 당신이 가장 관심 있는 문제에 따라 자유롭게 읽자.

인생 후반기에 ADHD를 끌어안고 사는 일에는 여러 요인이 큰 영향을 미친다. 불안, 우울, 낮은 자존감, 학습장애, 기타 정신장애 등이 동반되어 ADHD의 영향을 한층 복잡하고 심각하게 만들기도 한다. 게다가 ADHD 노인이 일상 환경에서 매일 겪는 스트레스 정도 등의 외부 요인도 상당히 다르다. 예를 들어 살면서 다른 사람의 지원이나 수용을 받는지 못 받는지, 연로한 부모나 '출가'해서 성공적으로 독립하지 못한 성인 자녀처럼 책임져야 하는 사람이 몇이나 되느냐에 따라서도 다르다. 노인들이 자신의 ADHD에 얼마나 잘 대처하느냐도 또 다른 요인이 된다.

이런 차이에도 불구하고 좋은 소식을 전하려 한다. 내가 면담한 성인 대다수는 나이 들며 스트레스를 덜 받는다고 전했다. 부분적으로는 활동적인 직장생활에서 은퇴하고 더 이상 아이들을 키우지 않으면서 부담이 줄었기 때문일 것이다. 하지만 이들이 대처 기술을 개발하고 더 탄탄한 지원을 받았기 때문이기도 하다. 내가 여기에서 전하고자 하는 것 역시 자기 삶을 통제하고 있다는 느낌을 강화하고 인생의 황금기를 개선할 실행 가능한 단계를 알려주는 기술과 지원 방법이다.

이 책을 지금의 ADHD 노인들에게 바친다. 당신이 전하는 말에 우리가 더욱 귀 기울일수록 당신, 그리고 당신 다음에 오는 사람들의 삶은 더욱 수월해질 것이다.

1장
노인 ADHD는 왜 중요한가

노인들이 ADHD를 진단받고 치료받으려 하는 이유

안타깝게도 정신 건강 전문가를 포함한 대부분 사람은 노인 ADHD의 지속적인 영향을 과소평가한다. 이 책을 두고 어떤 학식 있는 사람과 이야기를 나눈 적이 있는데, 그는 자기 생각에는 은퇴하면 맞춰야 할 요구가 상당히 적어지는데 ADHD가 있다고 왜 문제가 되느냐고 물었다. 이 남성은 다른 많은 이들처럼 노인으로서 ADHD를 끌어안고 살며 발생하는 삶의 비용을 오해하고 과소평가한다. 우리는 학교에서 잘 지내지 못하는 과잉행동 아이들은 금방 떠올리면서도 ADHD로 살아가는 개인의 전반적인 삶의 궤적은 잘 모른다. 사실 ADHD는 어떻게 자고, 무엇을 어떻게 먹고, 하루를 어떻게 보내는지 등 삶의 모든 면에 영향을 미친다. 소지품을 깜빡하거나 잃어버리고, 지각하고, 제대로 준비했다고 느끼는 적이 거의 없고, 성과가 저조하고, 다른 사람이 자신을 판단한다고 느끼고, 오해받고, 때로는 다른 사람에게 완전히 거부당한다. 그저 학교생활이나 직장생활을 관리하는 것뿐만 아니라 일상생활의 모든 면을 관리하는 것과 관련된 문제다. 그리고 이 장에서 다루겠지만 이는 많은 ADHD 성인이 얼마나 자존감이 낮은지, 그리고 살면서 사회적으로 얼마나 받아들여지지 못한다고 느끼는지와 관련된다. 이런 문제는 은퇴했다고 해서 사라지지 않는다.

미국처럼 산업화한 나라 전반에서 생산성과 조직화는 도덕적 미덕이나 마찬가지다. ADHD가 있는 사람은 호기심, 자발성, 창의성에서 여러 장점이 있다. 하지만 이들은 보통 계획하고 조직하고 효율적으로 일하며, 시간을 관리하고 업무를 시작하고 완수하는 '실행기능 기술'에 문제가 있다. 이런 어려움은 신경학적 문제에서 온다. 뇌 전전두엽에 공급되는 도파민이 부족한 탓이다. 특히 선진국에서 ADHD로 산다는 것은 비웃음과 비난을 받으며 산다는 것이나 마찬가지다. 꾸물대고 지각하고 비효율적인 성향은 뇌 자체에 차이가 있기 때문이라고 입증되었음에도, ADHD의 신경과학을 이해하지 못하는 이들은 그러한 성향을 선택의 문제로 여긴다.

어느 나라 출신이든, ADHD가 얼마나 일찍 시작되었든, ADHD를 끌어안고 자라는 비용이 얼마나 큰지는 내가 전작《여성 ADHD 이해하기 Understanding Women with ADHD》[1]에서 설명한 연구 과제 속 사례에서 볼 수 있다. 어린 시절이 험난했던 여성 이민자들은 엄격하고 너그럽지 못한 교사들이 교실에서 공개적으로 망신을 주는 훈육 방침 때문에 가장 큰 트라우마를 겪었다고 연구자들에게 말해주었다. 교사들은 학생들이 교실에서 떠들거나 숙제를 까먹거나 교사의 지시를 기억하지 못할 때 자주 망신을 주었다. 비참한 빈곤, 학대, 심지어 전쟁에서 탈출한 여성들도 있었지만 이들은 학창 시절 교사들이 ADHD 행동을 너그럽게 보아 넘기지 않고 수치심을 주었던 일이 자라면서 정서적으로 가장 충격적인 경험이라고 말했다.

내가 면담한 성인들은 모두 중년 또는 그 뒤에도 미처 진단되지 않은 ADHD를 끌어안고 살았다. 이들은 가족 간 갈등이나 학업 부진, 대인관계 문제, 이혼, 실직, 맞지 않는 직장에서 버티기 등의 패턴을 줄이거나 막을 수 있었을 이해나 지원을 받지 못한 채 자랐다. 이들은 "그냥 앉아서 공부하지 않고", "좀 더 열심히 노력"하지 않고, 말을 잘 듣지 않고, 조심성도 없다며 실망하는 부모 밑에서 자랐다.

ADHD가 있는 사람이 잠재력을 낭비하고 있다는 생각, 즉 더 성공할 수 있고 더 체계적이고 민첩하고 생산적일 수 있는데도 그러지 않기를 선택했다는 생각은 많은 ADHD 성인이 겪는 어려움의 뿌리에 있다. 그게 아니라 이들에게는 성공을 지원해줄 다른 체계, 때로 약물이 필요하다. 심지어 진단받은 뒤에도 수치심, 후회, 분노가 남을 수 있다. 나는 이런 감정의 집합체를 '만약'이라고 부른다. 면담 참가자 다이애나는 흔히 겪는 경험을 이렇게 간결하게 말해주었다.

> "제가 겪는 어려움 가운데 하나는 (살면서) 이루고 싶었지만 그러지 못한 것을 생각할 때 드는 슬픈 감정입니다. ADHD 때문에 놓친 것을 자주 떠올려요."

이런 감정이 미치는 영향과 그 원인을 깨닫는 일은 매우 중요하다. 정신의학계는 진단되지 않고 치료받지 않은 ADHD가 있을 가능성이 가장 큰 집단인 55세 이상 미국인 집단은 아직 따져보지도 않았다.

베이비붐세대가 은퇴하고 나이 들며 엄청난 인구통계학적 변화가 눈앞에 다가왔다. AARP는 2035년이 되면 18세 미만보다 65세 이상 인구가 더 많아질 것이라고 보고했다.[2] ADHD가 늘 아동기 장애로 분류되었다는 점을 고려하면 이런 인구통계학적 변화는 놀랍다. 인구통계학적으로 이런 변화가 일어나고 있으므로, 만약 우리 분야가 계속 아동에게만 초점을 맞추고 노인을 살피지 않는다면 우리는 환자 대다수를 돌보지 못하게 될 것이다.

> 수명 연장에 출생률 감소가 더해지면서 2035년이 되면
> ADHD 아동과 청소년보다 ADHD 노인이 더 많아질 것이다.

인생의 새로운 단계에 접어들며 자신의 뇌를 더 잘 이해하면서 도움을 받을 미국인의 수는 엄청나게 많다.

50대 중반을 넘어선 베이비붐세대는 이전 세대와 다르다. 많은 이들이 그저 안락의자에 파묻혀 있지 않고 여전히 일하거나 은퇴 후 남는 시간에 새로운 프로젝트나 관심사에 뛰어든다. 65세에서 74세 사이에 여전히 일하는 사람의 비율은 2026년까지 30.2퍼센트가 될 것으로 예상되며[3] 이는 베이비붐세대 전성기와 비교했을 때 거의 두 배에 가까운 수치. 게다가 수명이 늘며 이 수치는 계속 증가할 것이다. 이런 통계는 마리에게도 통하는 이야기다.

마리는 수년 전 대학에 다닐 때 C를 받았다. "전 지루한 건 못 배

워요. 왜 그런지는 모르겠어요." 그녀는 이렇게 말했다. 마리는 대학을 중퇴하고 결혼해서 두 아이를 키웠다. 그녀의 삶은 매우 험난했다. 병에 걸린 남편을 간호할 비용을 대느라 가진 재산을 몽땅 써버렸다. 마리는 50대 초반에 남편을 잃고 아이들이 성장해 독립할 때까지 뒷바라지에만 매달렸다. 그 후에 "대학에 돌아가고 싶어졌어요"라고 그녀는 말했다. 마리는 성인이 되어 ADHD 진단을 받았지만 ADHD가 있는 자녀들이 대학을 졸업할 때까지 아이들에게만 전적으로 집중했다. 마침내 혼자가 되자 그녀는 오랫동안 포기했던 대학 학사과정을 마치기로 결심했다. "저는 리탈린을 복용하고 우등으로 졸업했어요." 마리는 이어서 석사학위를 취득했고 과에서 수석으로 졸업했다. 이제 은퇴한 그녀는 그 어느 때보다 가장 행복하다고 말한다. 마리는 지역사회에서 매우 열성적으로 활동하며 고령자를 위한 지역 뉴스레터를 만드는 일을 하고 있다. 그녀의 최근 계획은 자원봉사 하고 있는 비영리조직의 웹사이트를 구축하는 방법을 배우는 것이다. 이제 배우는 법을 배운 그녀를 아무것도 막을 수 없다.

마리는 정말 성공한 사례지만 모두 이렇게 운이 좋지는 않다. 국립 고령화위원회National Council on Aging의 보고[4]에 따르면 65세 이상의 베이비붐 세대(매일 1만 명 이상의 미국인이 늘어나고 있는 집단) 가운데 적어도 3분의 1이 빈곤 경계선 근처나 그 이하로 산다. ADHD 성인의 웰빙을 다룬 데이터는 실망스러울 정도로 부족하지만, 충동성과 금전 관리 문제가 특징인 ADHD 성인은 보통 경제적으로 은퇴 준비가 덜 되어 있다. 한

ADHD 노인은 이렇게 말했다. "저는 쓰러질 때까지 일해야 할걸요."

> 우리는 더 오래 살고 더 오래 일하게 되었기 때문에, 인생 후반기에
> 적절한 진단과 치료를 받는 것이 그 어느 때보다 중요해졌다.

은퇴하고 더 이상 일하지 않더라도 청구서, 세금, 끝없는 의료보험 청구, 수많은 병원 진료 예약, 물리치료 예약 등 관리해야 할 일은 여전히 수없이 많다. 우리의 주요한 과제 가운데 하나는 나이가 들어도 그저 계속 살아나가는 것이다. 때로 만성질환을 앓는 배우자나 파트너를 돌보는 일을 포함해 일상생활의 수많은 일을 끊임없이 관리해야 한다. 안타까울 정도로 많은 노인이 신문물을 모두 따라잡아야 한다는 스트레스뿐만 아니라 기본적인 일도 힘들어한다는 죄책감과 수치심에도 짓눌린다. 이들 가운데 다수는 자신이 겪는 어려움이 신경학적 차이에서 비롯한다는 사실을 모른 채 오랫동안 일상생활을 제대로 관리하지 못한 데는 변명의 여지가 없다는 믿음을 내면화한다.

이런 죄책감과 수치심 때문에 ADHD 노인은 또래보다 더 심각하게 사회적으로 고립된다는 증거도 있다. 게다가 오늘날에는 사람이 고독으로 죽을 수도 있다는 사실이 잘 알려져 있다. 연구에 따르면 고립된 성인은 수명이 더 짧다.[5]

하지만 좋은 소식도 있다. ADHD 노인들은 진단과 치료가 자기 삶에 분명 긍정적인 영향을 주었다고 밝혔다. 다음 장에서는 인생 후반기에 진단받은 사람들의 이야기를 통해 이들이 무엇 때문에 ADHD 진단을

받게 되었는지, 그리고 진단과 치료로 어떤 도움을 받았는지 중점적으로 살펴볼 것이다.

이 장의 핵심 교훈

✓ ADHD는 현실이다.
✓ ADHD는 모든 나이대의 사람에게 영향을 미친다.
✓ 나이가 몇 살이든 건강과 삶의 질을 개선할 단계를 시작할 수 있다.
✓ 자신을 포기하지 말라!

2장
나이 들며 겪는 어려움

ADHD가 있든 없든, 우리 모두는 나이 들며 새로운 근심과 마주한다

ADHD 노인들을 관찰하고 나서 알게 된 사실을 우리 직원들에게 처음 이야기했을 때 그들 가운데 몇몇이 웃으며 내게 물었다. "그거 그냥 나이 들면 생기는 일 아니에요?" ADHD를 끌어안고 나이 들며 겪는 어려움을 은연중에 무시하는 이런 반응을 듣고, 나는 ADHD 노인들이 겪는 어려움을 명확히 하려면 우리 모두가 나이 들며 겪는 어려움도 생각해보아야 한다는 사실을 깨달았다. 어떤 점이 다르고, 어떤 점이 같을까?

이 장에서는 모든 노인에게 중요한 다음과 같은 점을 살펴본다.

- 노년에 목적 찾기
- 가족, 친구, 공동체와 관계를 이어나가기 위해 노년에도 일하기
- 할 수 있는 한 계속 돈을 벌기
- 필요가 달라지면서 어디에서 어떻게 살지 결정하기
- 나이 들며 건강을 유지하기

• 인지 저하에 대처하기

▶ 우리는 더 오래 산다

미국인의 수명이 빠르게 증가한 탓에 은퇴 시기에 직면하는 문제는 비교적 새로운 걱정거리로 떠올랐다. 1937년 65세 이상의 사람들에게 정기적으로 연금을 지급하기로 한 사회보장제도가 시행될 때만 해도 미국인의 평균 수명은 61.7세였다.[1] 다시 말하면 대다수 사람은 65세까지 살지 못해 사회보장 연금을 하나도 받지 못하거나 받더라도 대부분 아주 짧은 기간만 혜택을 받았다. 일반적인 '은퇴 시기'라는 개념도 없었다. 사실 70대나 80대까지 사는 사람도 간혹 있었는데 주로 남성보다 여성이 많았다. 그 가운데 많은 여성이 홀로 살거나 자녀 및 손주와 함께 살았다. 오늘날 우리가 기대하는 '은퇴 시기'를 누릴 은퇴자가 드물었기 때문에 '은퇴 생활 방식'이라는 말도 없었다.

'은퇴 시기'가 계속 길어지면서 우리는 시대에 뒤떨어진 고정관념과 싸워야 했다. 의학박사 로버트 버틀러Robert Butler는 생산적이고 의미 있는 노년을 살아가는 일이 중요하다고 언급한 가장 초기 노인학자 가운데 한 사람이다. 버틀러는 연령주의ageism라는 용어를 고안해 노년을 부정적으로 보는 사회현상을 지적했다.[2] 그가 노년에서 '의미'를 찾아야 한다고 주장하기 전까지만 해도 우리 사회는 그저 노년이라는 시기를 무기력하게 허비하거나 그나마 운이 좋다면 골프를 치면서 보내는 시기 정도로 생각했다. 하지만 오늘날에는 은퇴 후 20년 이상 사는 사람이 많으므로 레저 활동은 꾸준한 만족을 주지 못할 수 있다.

▶ 목적 찾기

나는 은퇴한 지 불과 몇 달밖에 안 된 고학력 여성 엘런과 긴 대화를 나눴다. 일하던 조직이 본사로 이관되면서 그녀는 일을 다소 급하게 마무리해야 했다. 엘런은 새로운 인생 2막을 시작해야 한다는 사실을 깨달았지만 무엇을 해야 할지는 막막했다. 그녀는 약간 공허한 느낌이 들었고 의미는 다소 애매하지만 '그냥 자원봉사'는 하고 싶지 않다고 말했다. 의학 연구자였던 그녀는 인생에서 강한 목적의식을 느끼며 살았고 은퇴 후에도 의미 있고 자극이 되는 일을 하고 싶었다. 그녀의 직업은 전적으로 머리를 쓰는 일이었다. 엘런은 은퇴 후에도 지적 자극과 자부심을 주고 공동체에 소속될 수 있는 비슷한 일을 하고 싶었다. 하지만 말이 쉽지, 실제로는 너무 어려웠다! 수십 년 동안 이어졌던 업무 일과가 없어지자 그녀는 집중하지 못하고 붕 뜬 느낌을 받았다. 엘런은 ADHD가 아니어서 집중력 있고 체계적이고 효율적인 사람이었는데도 어찌해야 할지 난감했다.

나는 ADHD 노인들의 고민을 조사하면서 비교 삼아 비非ADHD 은퇴자 몇몇 사람에게도 질문을 던졌다. 이들 가운데 많은 사람은 여전히 '관계 맺고 있다는 느낌'을 원한다고 말했다. 많은 고용주가 50대면 '나이가 많다'라고 생각한다는 점에서 쉽지 않은 일이다. 우리는 모두 지난 25년 동안 걷잡을 수 없이 밀려오는 기술의 물결을 경험했다. 인터넷이 폭발적으로 발달한 1990년대 중반에 중년이던 지금의 노인들은 흔히 자신의 컴퓨터 활용 능력이 떨어진다며 미안해하고 자기를 깎아내린다. 기술이 유발한 사회 변화는 아마도 역사상 그 어느 시기보다 가장 최근 세대에서 더욱 급속히 일어났을 것이며[3] 이런 변화 때문에 노인들은 그 흐름을 따라가기 더욱 어려워졌다. 기술이 초고속으로 바뀌며 우리를 남겨놓고 앞으로 돌진해나가는 세상에서 사람들과 관계 맺고 능숙하게 산다고 느끼기는 점점 더 어려워지고 있다.

> 변화, 특히 극도로 빠른 사회 변화는
> 오늘날 가장 중요하고 피할 수 없는 현실이다.[4]

▶ 사회적 참여 유지하기

은퇴 시기에 접어들면 사회생활은 대체로 줄어든다. 사회적 관계 대부분이 직장과 연관되었다면 더욱 그렇다. 그러나 사회적 네트워크가 넓어도 친구가 이사 가거나 병에 걸리거나 사망하면 필연적으로 사회생활이 줄어든다. 외로워지면 신체적·정신적 건강 문제에 더욱 취약해진다.[5] 그러므로 외로움은 나이가 들며 해결해야 할 가장 중요한 문제 가운데 하나일 것이다.

해나의 사례를 보자. 해나는 오랫동안 활발하게 사회생활을 해왔다. 남편과 함께 와인 모임, 저녁 식사 모임, 활동적인 교회 토론 모임에도 참여했다. 하지만 남편이 사망하자 혼자 살게 된 그녀는 일상적인 고립에 시달렸다. "예전에 집에서 일상적이고 사소한 이야기를 나눌 사람이 있었다는 게 가장 그리워요." 혼자 부부들 사이에 끼어 와인 모임이나 저녁 식사 모임에 참석하기가 다소 불편해진 그녀는 결국 두 모임에서 빠졌다. 부부로 참여하던 예전 사회생활은 만족스러웠다. 그렇지만 남편을 잃자 해나는 부부들과 어울리며 더욱 외로워졌다. 달라진 필요를 충족하려면 새로운 사회생활을 일구어야 했다.

은퇴 후 사회생활을 하려면 계획과 실행이 필요하다. 사회적 네트워크와 지원 체계를 만들고 유지하는 일은 만족스러운 은퇴 생활을 하는 데 중요하다. 하지만 말이 쉽지, 실천은 어렵다. 연구에 따르면 가족이나 마을을 중심으로 생활이 돌아가지 않는 선진국 사람들의 약 3분의 1이 외로움에 시달린다.[6] 외로움은 소득이나 교육 수준, 성별, 민족과 관계없이 누구에게나 찾아온다. 외로움은 그저 신체적·사회적 고립이 아니라 무엇보다 어떤 사회적 필요든 그것이 충족되지 않는다는 괴로운 느낌으로 정의할 수 있다. 해나는 남편과 함께 즐겼던 와인 모임과 저녁 식사 모임에 여전히 속해 있었지만 혼자가 되자 그런 모임은 더 이상 그녀의 필요를 맞춰주지 못했다. 분명 사회적 교류 빈도가 외로움에 영향을 미치기는 하지만, 사회적 관계의 질이 훨씬 중요하다.[7] 예를 들어 비ADHD 여성 노인인 마지는 다양한 활동을 제공하며 사회적으로 매우 활동적인 성인 공동체에서 산다. 그런데도 그녀는 여전히 외로움을 달래보려고 여러 활동에 참여하며 끊임없이 바쁘게 지내려 애쓴다고 슬픈 듯 말했다. 마지는 다양한 사회적 교류를 하고 있지만 이런 관계는 질적으로 타인과 진정으로 관계 맺고 이해받으며 보살핌받는다고 느낄 친밀함을 가져다

주지는 못한다.

외로움은 흡연이나 비만만큼 건강에 해로운 영향을 미칠 수 있다.[8] 일흔이 넘으면 외로움의 위험은 눈에 띄게 늘어난다. 게다가 외로우면 흔히 짜증 나고 우울하고 자기중심적으로 되기 때문에 외로움이 눈덩이처럼 불어나 더 큰 외로움을 낳기도 한다. 외로운 노인은 주변 사람들을 멀리하면서 점점 더 고립된다. 외로움이 조기 사망 위험을 26퍼센트 늘린다는 결과처럼, 외로움을 중요한 공중보건 문제로 보는 연구가 점점 늘어나고 있다.[9]

▶ 경제적 어려움

미국인 대부분에게 스스로 안락한 은퇴를 준비하는 일은 매우 어렵다. 일하는 시기에는 언제나 여러 필요와 욕구가 월별 예산에서 우선순위를 다툰다. 오늘날 미국 재정 통계에 따르면 은퇴에 필요한 자금 비슷하게라도 저축하는 가정은 거의 없다. 미국 국립노후보장연구소National Institute on Retirement Security, NIRS는 미국 전체 가구 가운데 사회보장 연금을 은퇴 후 주 수입원으로 삼는 가구가 40퍼센트에 이를 것이라고 보고했는데, 2022년 평균 연금은 한 달에 1658달러에 불과하다.[10] 퇴직연금을 제공하는 고용주는 점점 줄어들고 있다. 개인의 월 소득을 두고 많은 요구가 서로 경쟁하기 때문에 대부분 사람은 은퇴 자금 저축을 우선순위로 두기 어렵다.

▶ 나이가 들며 달라지는 수요에 대응하는 생활환경 변화

건강에 점점 문제가 생기고 생활 유지 관리가 더욱 버거워지는 은퇴 시기가 되면 노인들은 모두 일상생활을 힘들어한다. 자동차를 운전하거나 장을 봐서 몸에 좋은 식사를 준비하고 평소대로 가사를 관리하기가 버겁다고 느끼는 노인이 많다. 성인 대다수는 나이가 들수록 집에 머무르고 싶어진다고 고백한다.[11] 게다가 가정 유지와 살림에 쓸 돈이 한정되어 있고 대중교통을 이용하기가 점점 힘들어지면서 나이 들며 생기는 비용과 어려움은 보통 고스란히 성인 자녀의 몫이 된다.

다른 선택지로는 '55세 이상'을 위한 실버타운이나 플로리다 중부의 더 빌리지The Village처럼 점점 인기를 얻고 있는 활동적인 성인 공동체가 있다. 2021년 8월 〈비즈니스 인사이더Business Insider〉는 한 기사에서[12] 이런 성인 공동체가 미국에서 가장 빠르게 성장하는 공동체라고 언급했다. 그러나 모두가 은퇴 후 이런 공동체로 이사할 여력이 되는 것은 아니다. 수명이 길어지고 은퇴 후 20년 이상을 살아가는 데 필요한 자금을 저축하기가 어려워지면서 여러 세대가 함께 사는 세대 공존형 생활이 늘어날 것으로 보기도 한다. 은퇴를 앞둔 한 남성은 자신이 일군 주택 리모델링 사업을 아들과 동업자에게 넘기고 아들 소유의 숲 외딴 구석에 직접 설계해서 지은 '타이니 하우스tiny house'로 이사할 예정이라고 자랑스럽게 말했다. 이 남성은 창의적인 은퇴 후 주거 대책을 찾은 셈이다. 하지만 대부분 가정에서 세대 공존형 주거는 점점 어려워지고 있다. 성인 자녀가 멀리 떠나고, 한부모 가정 비율이 늘고, 결혼하지 않고 같이 살거나 이혼 후 다시 결혼하는 등의 패턴이 지난 한두 세대 동안 점점 늘며 가족생활

이 불안정해졌기 때문이다.[13]

▶ 건강을 유지하고 수명을 연장하기 위한 자기 관리

건강을 유지하려면 잘 먹고 운동해야 한다는 사실은 누구나 안다. 그렇지만 보통은 소파에 파묻혀 텔레비전을 보며 패스트푸드를 먹고 싶은 유혹이 종종 더 강하다는 사실도 안다. 통계에 따르면 64세에서 75세 사이의 성인 중 3분의 1 이상이 비만이다.[14]

　65세 이상의 성인 가운데 많은 이들은 일상적인 활동(식사, 목욕, 옷 입기 등) 중 적어도 한 가지에서 도움이 필요하다. 여러 건강 문제가 있는 노인의 필요를 다룬 종합 연구에서는 노인들이 수월한 의사소통과 돌봄 조정이 더욱 필요하다고 느낀다고 결론 내렸다.[15] 하지만 의료서비스 제공자들은 보통 이런 면에서 훈련이 부족하다. 주치의는 다양한 건강 문제를 겪는 노인과 개인적인 관계를 맺을 시간이 거의 없다. 가족들은 진이 빠지고 제대로 훈련받지도 못했는데 돈도 못 받는 돌봄 조정자 역할을 해야 한다.

▶ 인지 저하

나이가 들면서 반드시 인지기능이 저하되는 것은 아니다. 어떤 사람은 유전적 요인 때문에 알츠하이머나 치매에 걸릴 가능성이 더 높다. 하지만 최근 연구들은 전반적인 인지 저하가 생활 방식 요인과 밀접한 관련이 있다고 강하게 주장한다. 우리가 알게 된 이런 사실은 반가운 소식이다. 우리는 예전에 생각했던 것보다 신체적·정신적 기능 저하를 더욱 잘 통제할 수 있게 되었지만 신체적 건강과 인지 건강을 유지하는 데 필요한 행동을 취하기는 어렵다. 건강한 생활 방식을 유지하려면 주변의 헌신, 결단, 지원이 필요하다. 데일 브레드슨Dale Bredesen은 생활 방식 변화가 노인의 인지 저하를 늦출 뿐만 아니라 역전(!)시키는 데 영향을 미친다는 사실을 연구한 선구자다. 그는 베스트셀러《알츠하이머의 종말》에서 자신의 접근법을 간략히 설명했다.[16] 후속 연구들은 브레드슨의 발견을 뒷받침하며 인지 저하를 막거나 줄이는 데 식습관 변화가 가장 중요하다고 강조했다.[17] (9장에서 이를 좀 더 자세히 다룰 것이다.) 여기에서도 역시 큰 쟁점은 진단되지 않은 ADHD와 인지 저하를 혼동하면서 오는 문제다.

▶ 비ADHD 노인이 말한 어려움

이 장에서 살펴본 노인들의 고민은 전문가 집단에서 확인한 문제다. 이런 문제가 노인 스스로 언급한 문제와 얼마나 잘 일치하는지 살펴보자. 물론 과학적인 방법은 아니지만 나는 소모임에 참석하는 노인 스물다섯 명에게 일상에서 겪는 '가장 어려운 다섯 가지 문제'를 나열해달라고 요청했다.

응답 조건을 명시하지 않았기 때문에 이들은 광범위한 문제를 열거했다. 나는 그들의 답변을 받은 다음 주요 걱정거리를 더욱 잘 이해할 수 있도록 일반적인 범주로 정리했다. 응답한 노인들의 주요 고민은 다음과 같이 분류되었다.

- **피로/수면 문제** — 지금까지 가장 많이 언급된 고민이었다.
- **건강한 습관을 유지하기 어려움** — 이 고민은 피로/수면 문제에 이어 근소한 차이로 2위를 차지했다. 한 여성은 이렇게 적었다. "어차피 곧 죽을 건데 좋아하는 음식도 못 먹고 하기 싫은 운동을 억지로 할 가치가 있을까?"
- **친구나 가족과 사회적 관계를 유지하기 어려움** — 가족 문제는 주로 시간 및 거리와 관련 있다. 성인 자녀를 자주 만나지 못하거나 멀리서 사는 손주들과 관계를 형성하고 유지할 방법을 모를 때 발생하는 문제다.
- **일상생활에서 정돈된 상태를 유지하기 어려움** — 많은 성인은 평생 쌓아둔 물건이 넘쳐나는 집 안에서 잡동사니를 치우고 정돈된 상태로 유지하기가 어렵다고 말했다. 정리 정돈에 관련된 고민에는 금전 기록이나 의료 기록을 정리하고 일정을 관리하기 어렵거나 자신이 효율적이지 못하다고 느끼는 일반적인 정서도 포함되었다.
- **은퇴 후 더 이상 '관계 맺고 있다'라는 느낌이 없음** — 이들은 어딘가에 소속되지도, 사회에 이바지하지도 못한다고 느끼거나 목적의식이 부족하다고 말했다.

다시 말해 응답한 성인들은 잠을 푹 자지 못하고, 건강을 잘 돌보려고 애쓰면서도 종종 아무렇게나 내팽개치기도 하고, 성인 자녀 및 손주와의 물리적 거리와 제한된 교류 탓에 괴로워했으며, 정돈되지 않은 상태로 사는 것에 불만을 표했다. 나이 들고 금세 피곤을 느끼면서 우리는 점점 가진 것의 포로가 된다. 활력이 저하되었을 때는 평생 소중히 여긴 물건을 정리하고 줄이고 내려놓는 일을 하고 싶은 마음이 결코 들지 않는다. 물론 이 장에서 나이 듦에 대해 쓴 내용은 모두 ADHD가 있든 없든 노인이라면 누구에게나 해당한다. 하지만 ADHD를 안고 사는 사람은 다음 장에서 주목할 추가적인 부담도 지게 된다.

이 장의 핵심 교훈

✓ **은퇴를 다시 생각**해보고, '일반적인' 은퇴 연령 이후 20년 이상 활동적으로 소속감을 유지하는 방법을 고민해봐야 한다.

✓ 노년에는 **목적의식 찾기**가 중요하다. 봉사활동을 하든, 집안일을 꾸리든, 오랫동안 미뤄온 관심사를 추구하든 상관없다.

✓ 자라면서 컴퓨터나 스마트폰을 사용하지 않았던 노인들은 디지털 시대에 '**관계 맺고 있다**'라는 느낌을 유지하기가 더욱 어렵다.

✓ **적극적으로 사회적 관계를 유지하는 일**은 신체적·정신적 건강에 매우 중요하다. 이사나 질병, 사망 등으로 불가피하게 기존 사회적 관계를 잃는 상황에 대비하려면 새로운 사회적 관계를 더해야 한다.

✓ **거주지를 바꿔야 할지도 모른다는 생각**을 위기가 실제로 닥칠 때까지 미루지 말고 미리 염두에 두어야 한다.

✓ **은퇴 후 경제 상황을 생각해두는 일**은 대부분 사람에게 점점 어려워지고 있다. 충분한 퇴직연금을 받는다는 것은 옛말이 되어버렸기 때문이다.

✓ 건강 문제를 예방하고 이동성을 확보하려면 **자기 관리가 더욱 필요**하지만 매일 건강한 습관을 유지하기는 어렵다.

✓ **인지 저하는 우리 대부분에게 고민거리다.** 최근 연구에 따르면 건강한 생활 방식을 따르는 것이 인지기능을 유지하는 데 가장 효과적인 방법이라고 한다.

3장
겪어보지 않았으면 모른다

진단되지 않은 ADHD를 끌어안고 평생 살면서 잃는 것들

ADHD를 안고 자라는 아이들 대다수는 하루에도 몇 번씩 부모나 교사, 코치가 쏟아내는 비난이나 거부 세례를 받는다. "몇 번이나 말해야 알아들어?" "넌 어쩜 항상 스쿨버스에 늦니?" "왜 맨날 뭘 흘리고 다녀?" "넌 왜 항상 막판에 벼락치기니?" "제발 가만히 좀 앉아서 숙제할 수 없니?" "좀 더 노력해봐." ADHD 아동은 부모나 코치의 비난을 제외하고 학교에서만도 열 살이 될 때까지 무려 2만 번이나 지적이나 꾸중을 듣는다고 추정된다.[1] 게다가 친구들의 반응은 훨씬 가혹할 수 있다. 스티븐 힌쇼 Stephen Hinshaw가 ADHD 여자아이들을 연구한 획기적인 연구에 따르면[2] 이런 아이들은 또래에게 "사회적으로 따돌림"당하거나 "사회적으로 무시"당하는 경향이 있다. 연구 결과 ADHD 아동[3]이 맞닥뜨리는 사회적 어려움은 보통 청소년기[4]를 거쳐 성인기[5]까지 이어진다. ADHD를 겪어보지 않았다면 어릴 때부터 아무리 노력해도 비난받고 따돌림당하는 기분이 어떤지는 이해하려고 애써볼 수밖에 없다.

어떤 문화권에서는 다른 문화권보다 ADHD로 살아가기가 훨씬 힘들다. 오래전 남편의 동료인 유럽 물리학자들과 이야기를 나눌 때 사람들이 내 일에 대해 예의 바르게 물은 적이 있다. 내가 ADHD로 사는 어려움을 설명하기 시작하자 그중 몇몇이 웃음을 터트리며 말했다. "우리 학생들은 다 그런데요!" 이곳 미국에서는 정해진 시간에 맞춰, 정해진 과업을, 목표에 적합하게 수행하는 것을 중요하게 여긴다. 모두 우수한 실행 기능이 필요한 일이지만 ADHD를 안고 사는 사람은 흔히 이런 기술이 부족하다. 미국 문화는 끈기, 경쟁, 성취를 중요시한다. 특히 학교는 상당히 ADHD 친화적이지 않은 환경이다. ADHD 아동은 수업 중 떠들거나 과제를 끝까지 해내지 못하거나 숙제를 잊어버리거나 교사의 지시를 기억하지 못한다고 자주 비난받는다.

하지만 다른 면에서 미국은 상당히 ADHD 친화적이다. 미국은 또 다른 기회를 포용하고 찬양하는 나라다. 다시 말해 위험을 감수하고 창의적으로 문제를 해결하고 기업가정신을 갖춘 사람을 칭송한다.

이 책에서 내가 다루고 있는 노인들은 중년 이후까지도 진단되지 않은 ADHD를 끌어안고 살았다. 이들은 가족 갈등, 학업 부진, 갈등 관계, 이혼, 실직, 맞지 않는 직장 취업 등의 패턴을 줄이거나 예방할 수 있었을 이해나 지원도 받지 못한 채 자랐다. "가만히 좀 앉아서 숙제하지 못하고" "좀 더 노력하지"도 않고 말도 안 듣고 조심성 없다며 짜증 내는 부모 밑에서 자랐다. 연구에 따르면 부모가 쏟아내는 비난을 받으며 자란 아이들은 지지하고 격려하는 부모를 둔 ADHD 아동에 비해 자라면서 ADHD 증상이 더 나타나는 경향이 있다. 오늘날 55세 이상 성인은 대부분 ADHD를 이해하지 못하고 열심히 노력하기만 하면 바뀔 수 있다고 믿는 부모 밑에서 자랐다. 이런 성인들은 자라면서 자신은 좀 '다른' 것 같다고 느꼈지만 왜 다른 사람들과 어울리지 못하는지는 알지 못했다.

수많은 사람들이 흔히 겪는 경험을 언급한 다이애나의 말을 다시 떠올려보자.

"제가 겪는 어려움 가운데 하나는 (살면서) 이루고 싶었지만 그러지 못한 것을 생각할 때 드는 슬픈 감정입니다. ADHD 때문에 놓친 것을 자주 떠올려요."

게다가 큰 성취를 거둔 것처럼 보이는 사람들조차 평생 고통스럽게 싸워왔다고 털어놓는다.

예를 들면 다음과 같다.

리처드는 학교생활은 잘 해냈지만 심리학 박사 논문을 완성하는 데는 큰 어려움을 겪었다. 나중에 그는 인생을 돌아보며 가족과 동료들에게 분노를 터트리고 짜증을 냈던 일을 몹시 후회했다. 동료들은 결국 그가 계획성 없고 체계도 없으며 갑자기 짜증을 내는 바람에 더는 참을 수 없다며 개인사업자 모임에서 나가달라고 했다. 지금 리처드는 혼자 일한다. 대인관계 문제 때문에 많은 성인 ADHD 환자들이 내리게 되는 자연스러운 결정이다.

로런의 이야기는 ADHD를 치료받지 못한 채 평생을 살아온 많은 여성이 감내해야 하는 어려움을 보여준다.

약간 혼란스러운 가족의 막내였던 로런은 어린 시절, 어머니에게 언어폭력을 행사하는 알코올의존증 아버지 밑에서 자랐다. 그녀는 과거를 돌아보며 아버지가 진단되지 않은 ADHD였다고 확신한다. 로런은 불행한 가정에서 벗어나기 위해 열일곱 살에 결혼했고 곧바로 아이들을 낳았다. 그녀는 계속 학교에 다니고 싶었지만 당시에는 자신이 제대로 학업을 해낼 수 없으리라 생각했다고 회상했다. "그냥 집중할 수가 없었어요." 아이들이 자라고 남편이 승승장구하며 경력을 쌓는 동안 로런은 아르바이트로 여러 일을 전전했다. 그녀는 남편을 "훌륭한 사람"이라고 평했기 때문에, 어느 날 집에 돌아온 남편이 25년의 결혼생활 끝에 떠나겠다고 선언했을 때 엄청난 충격을 받았다. 남편은 로런이 "너무 감정적"이고 체계적이지 못하며, 무슨 일을 하든 항상 막판에야 허둥댔기 때문에 지난 수년간 행복하지 않았다고 고백했다. 그녀는 아이들에게 안정감을 주려 애썼고, 자신은 받아보지 못한 사랑을 주며 아이들에게 헌신해왔다. 그녀는 자신이 주부로서 능력이 다소 부족했고 남편의 지원을 당연하게 여겼을지도 모른다고 시인했다. 남편이 떠난 끔찍한 사건 이후 그녀는 오랫동안 우울에 빠졌다.

마침내 로런은 겨우 기운을 차렸다. 몇 가지 아르바이트와 위자료 덕분에 그녀는 검소하게 먹고살 수 있었다. 결혼한 여성으로서 누렸던 안락한 생활과는 거리가 먼 삶이었다. 인생의 중심이었던 자녀들은 성장했다. 지금 로런은 "그럭저럭 지내고" 있다. 60대 초반인 그녀는 장성한 자녀의 집 근처에서 룸메이트와 함께 살며, 할 수 있는 한 아르바이트를 해야 한다고 말했다. 오랜 우울증보다 더한 뭔가가 일어나고 있다는 사실을 알아챈 눈 밝은 의사가 로런을 ADHD라고 진단한 것은 그녀가 60대가 되어서였다. ADHD 약을 먹고 나서 더 차분해지고 집중력이 늘어난 로런은 더 젊었을 때 ADHD라고 진단받고 치료받았다면 삶이 얼마나 달라졌을지 생각한다.

뒤늦게 ADHD라고 진단받은 로런의 이야기는 ADHD로 진단받거나 치료받지 못한 이들의 사례와 몇 가지 공통점이 있다. 학업을 제대로 해낼 수 없다고 느끼고 학교를 중도 포기한다. 충분한 급여를 받지 못한다. 감정 조절이 어려워 곤란해지고 일상생활을 체계적으로 유지하는 데 어려움을 느낀다. 그러면서 자신이 배우자에게 어떤 영향을 미치고 있는지는 거의 깨닫지 못한다. 로런은 아이들에게 온 신경을 쏟았고 남편이 자신의 필요를 충족하지 못한다고 느낀다는 사실도 모른 채 "신경 써야 할 갖가지 일"을 그에게 떠넘겼다. 로런은 잃어버린 기회를 안타깝게 돌아보며 만일 자신이 더 일찍 진단받고 치료받았다면 결혼생활에서 의존적인 아내가 아닌 동등한 배우자로서 더 많은 역할을 할 수 있지 않았을까 생각한다. 학교로 돌아갈 결심을 하고 기술을 익히며 자존감을 키울 수도 있었을 것이다. 로런의 이야기는 상실과 잃어버린 기회에 대한 너무나 흔한 이야기다.

ADHD는 우리가 사는 환경에서 영향을 받기 때문에 우리 삶에 매우 다양한 영향을 미칠 수 있다. 리타의 이야기는 성장환경 때문에 비참한 삶을 살아온 사례다. 리타는 내가 ADHD 노인을 대상으로 연 온라인 세미나를 듣고 이런 이메일을 답장으로 보냈다.

"다섯 살 때 ADHD 진단을 받았습니다. 저는 한부모 가정에서 자랐어요. 우리 엄마는 진단되지 않은 ADHD였고, 아빠도 이 고통 (ADHD)을 겪었다고 확신해요. 엄마는 혼자 아이 넷을 키워야 하는 데다 안타깝게도 암 진단을 받은 터라 ADHD가 있는 저를 돌볼 수 없었죠. 결국 엄마는 저를 위탁가정에 보냈습니다. 저는 평생 ADHD로 고통받았고 직장에 들어가는 족족 해고되었어요. 결국 혼자 일할 방법을 찾았지만 그건 정말 과장 없이 전쟁이나 마찬가집니다. 저는 아직 겨우겨우 혼자 생계를 꾸려나가고 있고 사람들이 저를 피하는 탓에 점점 더 반사회적인 사람이 되고 있어요. 25년 가까이 혼자였고 누군가를 만나기도 다 포기했어요. 혼자 살고 일도 집에서 혼자 합니다. 사람이 사회적으로 아무도 만나지 않으면 외로움은 새로운 의미를 갖게 되지요. 저는 술을 많이 마시지만 상관없습니다. 기대수명이 낮아지는 게 오히려 안심이네요.

이 고통을 낫게 할 치료법도 없으니 우리 같은 사람들은 대체로 그냥 포기합니다. 사회적 관계를 맺어보려고 갖은 애를 썼지만 소용없었죠. 사람들과 어울리고 호감 있는 사람이 되려고 애쓰는 것도 지겨워요. 저는 절대 어울리지도 못하고 호감 있는 사람도 못 될 거예요. 가족도 더 이상 저와 엮이고 싶어 하지 않는걸요. 리탈린을 다시 복용해볼까 해요. 아마 이번에는요."

리타는 위탁가정에 맡겨져 정신적 충격을 받았다. 리타의 엄마는 혼자 아이 넷을 돌보고 있던 데다 암 진단까지 받아서 당연히 삶이 버거웠다.

ADHD가 있고 행동 문제도 있는 아이를 키우려고 애쓰는 어려움은 말할 것도 없다. 리타는 어린 시절에 정신적 충격을 받았지만 놀랍게도 대학을 졸업했다. 그녀가 무엇을 공부했고 졸업한 다음 어떤 직장에 들어가려고 애썼는지는 자세히 알지 못한다. 우리가 아는 것은 그녀가 만성적으로 우울했고 사회적으로 고립되었다는 사실뿐이다. 고질적인 수면 문제를 겪고 있으며 어떤 사회 집단과도 '어울리지' 못해 고생한다. 그녀의 절망적인 외침은 '거절 민감성 불쾌감rejection sensitive dysphoria'의 인상적인 사례다. 최근 ADHD 용어집에 새로 들어온 이 용어는 다른 사람에게 거부당하는 느낌에서 오는 끔찍한 고통을 일컫는다. 우울, 수면 문제, 알코올의존 문제, 사회적 고립, 그 밖에 리타가 설명한 것처럼 사회에서 따돌림받는 느낌은 치료되지 않은 ADHD를 안고 사는 많은 성인도 느끼는 감정이다.

내가 '낙천꾼 찰리'라고 부르는 한 남성 이야기를 살펴보자. 20대 초반에 식당 일을 시작했고 그 일을 좋아하는 사람이다.

"약간 보헤미안 같은 생활이죠. 특히 밤 교대근무를 할 때는 말입니다. 초저녁부터 새벽 3시까지 일하고 문을 닫고 나면 동료들과 회식을 했어요." 찰리는 자신이 일했던 식당들의 활기찬 음악과 들뜬 분위기를 묘사하며 이런 곳이 '일종의 부적응자들의 섬'이라고 묘사했다. 찰리는 한 번 결혼해 아주 짧은 결혼생활을 했지만 매여 있는 것을 좋아하지 않았다. 사회적 관계는 항상 버거웠다. "사람들은 제가 재미있고 외향적이어서 저에게 끌리지만 저는 무심코 화를 내곤 해서 얼마 지나지 않아 친구와 동업자를 모두 잃었죠." 이제 그는 혼자 일한다. "인생은 절대 완벽하지 않아요. 지금도 이런저런 일에 손을 대지만 아무것도 끝내지 못하는 것 같습니다. '생각의 회오리' 때문에 너무 지쳐요. 러닝머신 위에서 뛰고 있는데 내릴 수 없는 것 같죠. ADHD로 살아가는 건 정말 피곤한 일이에요."

"아동기에 ADHD 증상을 보이는 사람 가운데 60퍼센트는 성인이 되어도 계속 어려움에 시달린다"라는 수치를 본 적이 있을 것이다.[6] 이런 수치는 ADHD 진단이 '모 아니면 도'였던 1980년대 후반에 나온 것이다. 진단 기준을 충족하면(여섯 개 또는 그 이상의 증상을 나타냄) 'ADHD' 이고, 다섯 개 이하의 증상만 충족하면 'ADHD 아님'으로 진단되었다. 하지만 그 후 우리의 사고가 발전했다. 우리는 ADHD가 경증에서 중증까지 증상이 다양한 다차원적 장애[7]라는 사실에 서서히 합의하고 있다. ADHD를 다차원적 장애로 인식할수록 ADHD가 평생 지속된다는 사실은 더욱 분명해진다.

ADHD 성인이라면 직장에서 해고되거나 단기 일자리를 전전했을 가능성이 크다. 운이 좋은 소수라면 ADHD라는 어려움에도 불구하고 마침내 꼭 맞는 일자리를 찾았을 수도 있다. 많은 ADHD 성인은 리처드나 리타가 보인 패턴처럼 고용주나 동료와의 관계에서 고질적인 어려움을 겪기 때문에 자영업으로 돌아선다. ADHD 성인이 직장에서 흔히 겪는 어려움은 결근이나 지각을 하고 과도한 실수를 하며 마감을 맞추지 못하거나 일반적으로 예상된 업무량을 따라가지 못하는 것 등이 있다.

가정에서는 갈등 관계와 이혼이 더욱 흔하다. 약물치료를 받지 않아

ADHD 증상이 계속되는 성인에게는 약물남용이나 물질남용 위험이 뚜렷하게 늘어난다. ADHD 성인 대다수는 '복합형 ADHD'다. ADHD와 함께 다른 문제도 있다는 뜻이다. 다른 문제는 불안, 기분장애, 섭식장애, 물질사용장애, 양극성장애, 학습장애, 외상후스트레스장애post-traumatic stress disorder, PTSD 등 여러 가지다.[8] ADHD는 유전 가능성이 상당히 높으므로 당신이 ADHD 성인이라면 자녀도 ADHD가 있을 가능성이 매우 높고, 결과적으로 더 많은 어려움이 발생한다. 특히 ADHD 부모라면 ADHD 자녀를 양육하기가 훨씬 어려울 것이 분명하다. 세대 간 이어지는 기능장애의 악순환은 보통 이런 상황에서 발생한다.[9]

▶ 목표를 달성하는 데 필요한 체계 만들기의 어려움

ADHD를 안고 살아갈 때 마주치는 흔한 어려움 가운데 하나는 체계 없는 상황에서 체계를 만들기 어렵다는 점이다. 게다가 은퇴만큼 체계가 없는 상황도 드물다. 어제까지는 그날그날의 일정과 업무에 따라 일하고 있었는데, 이제 시간이 '온전히 내 것'이다. 처리할 일이 산더미고 업무를 제외해도 책임져야 할 일이 인생에 아직 남아 있는데 일정은 없다. 한밤중까지 깨어 있어도 되고 한낮까지 자도 된다. 식사 준비를 하지 않고 그저 부엌을 뒤적여 먹을 것을 찾아도 되고 건강에 그다지 좋지 않은 식습관을 가질 수도 있다.

건축가 조지는 성공적인 경력을 매우 바쁘게 이어왔다. 일상은 체계적이었고 업무는 명확하게 정의되어 있었다. 하지만 이제 은퇴하고 나자 그는 이렇게 말했다. "해야 할 일이 거의 없으니까 일을 끝내기가 훨씬 힘드네요."

조지만 그런 것은 아니다.

로버트는 은퇴하고 나면 직장에 다닐 때는 좀처럼 시간을 낼 수 없던 이런저런 관심거리를 해보고 싶었다고 말했다.

> "은퇴한 지금은 시간이 많은데도 계획했던 일을 하나도 안 하고 있어요. 새로운 취미를 위해 재료나 장비를 사들이지만 금방 그만 둬버리죠. 삶에 구심점이 없어요."

이 중요한 주제는 6장과 7장에서 다시 다룰 것이다.

▶ ADHD 성인으로서 사회적 관계 유지하기

ADHD 노인은 든든한 사회적 네트워크를 유지하거나 은퇴 후 새로운 네트워크를 쌓으려 할 때 훨씬 큰 어려움에 부딪힌다. 자신의 '사회적 비서'가 되려면 계획, 조직화, 실행이 필요하기 때문이다. 많은 ADHD 노인은 계속 연락을 취하는 일이 어려워 친구를 잃었다고 말한다. 한 여성은 이렇게 말했다. "결국 연하장 보내기를 포기했어요. 몇 년 동안 카드를 사기는 했지만 한 번도 보내지 못했거든요." 고등학교나 대학 친구들과 여전히 연락이 닿는 지인들을 부러워하는 그녀는 후회하며 이렇게 말했다. "저는 눈에 안 보이면 마음도 멀어지는 것 같아요." ADHD 노인이라면 살면서 사회적 신호를 읽지 못하거나 잘 잊어버리고, 다른 사람 말에 끼어들거나 말을 너무 많이 하고, 짜증을 내거나 버럭 화를 내는 문제 때문에 평생 사회적 어려움을 겪었을 것이다. 모두 ADHD의 특징이다.

사회적 네트워크를 유지하거나 구축하려면 사회적 기술과 계획, 노력이 필요하다. 많은 ADHD 노인에게는 대체로 부족한 요소다. 한 여성 ADHD 노인에게 집에 손님을 초대하는지 묻자 그녀는 재치 있게 이렇게 대답했다. "될 수 있으면 절대 안 하죠!"

ADHD 여성 캐런이 전해준 말은 사회적 어려움을 뼈아프지만 명확하게 설명한다.

> "대화 규칙을 전혀 이해할 수 없어요. 멍하니 있거나 대화 주제와 관련 없는 딴소리를 늘어놓죠. 노력은 해보지만 '규칙'을 저절로 알 수는 없어요. 결코 일부러 그런 게 아닌데도 제가 사람들 말에 끼어들면 사람들은 절 무신경하다고 보겠죠. ADHD가 있는 친구가 몇 명 있는데 그들은 저를 이해하고 제 단점을 받아들여줘요."

캐런은 자신이 느끼는 사회적 어려움을 한탄하며 몇몇 중요한 말을 했다. 친구 대다수가 ADHD여서 자신을 이해해준다는 사실이다. ADHD가 있는 사람들을 찾거나 이런 사람들로 이루어진 모임을 만들면 상당히 마음이 안정되고 치유되는 경험을 할 수 있다. (이에 대해서는 10장에서 다시 다루겠다.)

사회적으로 거부당한 캐런의 고통스러운 설명은 당신의 모습과 다를 수도 있다. ADHD는 '여러 색깔의 외투'라는 점을 기억하자. ADHD는 매우 다양하게 표현되며 ADHD가 있어도 뛰어난 사회적 기술을 지닌 성인도 많다. 비즈니스 컨설턴트로 일하다 은퇴한 로버트는 중소기업 사업가에게 자문하는 자신의 직업을 매우 좋아했다. 회사 소유주와 직원들을 만나 그들의 성공과 도전을 이해하는 일이 재미있었다. 그는 다양한 부류의 사람들과 잘 어울렸고, 이런 재능은 컨설턴트라는 직업에 도움이 되었다. 로버트는 은퇴 후 자신이 가장 좋아하는 소일거리는 볼일을 보러 가거나 카페에 앉아 커피 한잔 마실 때 마주치는 사람들과 수다 떠는 일이라고 말했다. 그가 이 사람 저 사람과 이야기를 이어가는 동안 아내는 초조하게 기다릴 것이다. 아내는 매우 체계적이고 일정을 잘 지키는 사람인 반면 로버트는 하루 종일 즉흥적으로 사람들을 만나는 데 재능이 있었다.

▶ ADHD가 있는 사람이 은퇴 후 겪는 경제적 어려움

은퇴를 대비해 충분한 자금을 저축해두기란 대부분 성인에게 어렵지만 ADHD 성인에게는 훨씬 더 어렵다. 많은 ADHD 성인은 계획 능력이 부족한 데다 충동적인 지출 패턴까지 갖고 있어 이들의 앞날은 캄캄하다. 내가 만난 일부 노인은 "죽는 날까지" 일해야 한다며 분개했다. 은퇴 후에도 경제적으로 든든하다고 말한 사람이 느끼는 안정감 대부분은 비ADHD 배우자의 수입과 투자 계획 덕분이었다. 높은 이혼율 또한 노년의 경제적 안정을 가로막는 큰 장벽이다. 어떤 노인들은 은퇴 후 약간의 부수입이라도 벌기 위해 아르바이트한다고 말했다.

▶ 고령자 친화적인 생활환경

노년에 가격이 적당한 주택을 찾기는 매우 어렵다. 주택을 소유하고 있다면 집을 팔아 대출을 갚고 잔금을 은퇴 후 수입으로 사용해야 할 수도 있다. 일부 운 좋은 사람들은 집을 팔아 집값이 덜 비싼 지역으로 이사해 훨씬 작은 집을 사고 남는 돈을 은퇴 후 수입으로 남겨둘 수도 있다. 통합 요양 시설은 일반 은퇴자들에게는 너무 비싸다. 모아놓은 돈이 거의 없고 월 소득도 매우 적기 때문에(고령자 절반은 소득의 50퍼센트를, 고령자 25퍼센트는 소득의 90퍼센트를 사회보장 연금으로 충당한다[10]) 은퇴자의 선택지는 한정되어 있다.

주택을 소유한 ADHD 성인 일부는 가능한 한 자기 집에 오래 살려고 빈방을 임대하기도 한다. 한 60대 여성은 다른 집 지하로 이사해, 집세를 내는 대신 나이 들고 병든 집주인의 남편을 하루 몇 시간씩 돌봐주며 안주인이 외출할 수 있도록 돕고 있다고 전했다.

조부모와 성인 자녀 가족이 함께 살기도 한다. 몇 세대 전에는 이런 거주 방식이 아주 흔했지만 성인 자녀가 직장을 찾아 멀리 이사하는 일이 잦은 오늘날에는 점점 줄고 있다.

당신이 ADHD 노인이라면 당신의 자녀도 ADHD일 가능성이 높다. 자녀들은 자기 삶도 버거워 당신을 도와줄 경제적·정서적 여유가 없을 것이다. 대부분은 아니겠지만 ADHD가 있는 많은 가족에게 '세대 간 경제적 완충장치'가 있는 경우는 드물다. ADHD 노인은 모아둔 은퇴 자금이 거의 없고, ADHD인 성인 자녀는 가용 소득이 별로 없어서 부모의 주거 요구 사항까지 들어주기 힘들다. 물론 자녀가 있다고 노년에 안식처가 보장되는 건 아니다. 케이트는 노년에 딸과 사위와 함께 살고 싶었다고 말했다. 하지만 70대가 되자 딸이 자신을 기꺼이 먼저 초대하는 법이 없었고 그녀는 다른 계획을 마련해놓지 못했다. ADHD 노인은 자녀가 없는 경우가 많으므로 인생에서 취약한 시기에 자립할 수 있어야 한다.

▶ 건강을 유지하고 수명을 연장하는 자기 관리

나이가 들며 건강한 생활 패턴을 유지하기는 어렵다. ADHD가 있는 성인이라면 그런 어려움은 훨씬 커진다. 건강한 생활에는 계획과 의지, 실행이 필요하다. (ADHD 성인으로서 건강한 일상생활 습관을 쉽게 만드는 방법은 9장에서 더욱 자세히 살펴볼 것이다.) ADHD 성인은 과체중이거나 비만일 가능성이 높으며, 그 결과 건강하지 않은 식습관이 초래하는 제2형 당뇨병이나 심장병 등 여러 건강 문제도 갖게 된다.[11] 최근 ADHD 전문가들은 ADHD 노인의 건강 수요에 좀 더 주의를 기울이기 시작했다. 우리 클리닉에서는 ADHD인 사람들을 위해 건강한 식생활을 코치하는 모임을 시작했다. 여기서는 ADHD 성인이 충동적으로 먹거나, 배달 음식 또는 즉석식품에 과도하게 의존하거나, 그저 심심해서 먹거나, 기분을 달래려고 먹는 패턴에 대처할 방법을 집중적으로 교육한다. ADHD가 아니어도 이런 건강하지 않은 식습관을 지닌 사람이 많지만 ADHD라면 잘못된 식습관에 더 취약해지기 쉽다.

▶ 인지 저하

2장에서 살펴본 데일 브레드슨의 연구에서 우리는 건강에 해로운 생활 방식이 인지 저하와 밀접한 관련이 있다는 사실을 알았다. 그렇다면 건강에 나쁜 식습관이나 좋지 못한 수면 습관이 있고 규칙적인 운동을 거의 하지 않는 사람이 인지 저하에 더 취약할 것은 당연하다. 4장에서 자세히 살펴보겠지만 노인에게서 진단되지 않은 ADHD와 치매 발병을 구별하는 일은 매우 중요하다. 하지만 안타깝게도 노인늘이 기억력 문제를 평가받으려 할 때 ADHD 검사를 통상적으로 실시하는 기억력 클리닉은 거의 없다. 선별 검사가 부족한 탓에 ADHD로 진단받은 적이 없는 성인은 치료 가능성이 상당히 높은데도 이 질환에 대한 적절한 치료를 받지 못하고 치매의 초기 징후로 오진될 가능성이 있다.

▶ ADHD 노인들이 말하는 ADHD 관련 최대 고민

나는 두 가지 방식으로 노인들의 주요 고민을 알아보았다. 먼저 노인들이 경험하는 ADHD 관련 고민 중 가장 힘든 다섯 가지를 그냥 나열해달라고 요청했다. 이런 방법으로 내 쪽에서 어떤 선입견을 주지 않고 노인들이 자유롭게 어떤 고민이든 열거하도록 했다. 이들의 응답을 다음과 같은 범주로 정리했다.

1. **체계화** — ADHD 노인들은 우선순위를 정하거나, 일을 계획하고 실행하고 완수하는 데 어려움이 있다고 말했다. 집안일이나 문서 작업을 하기 어렵고 전반적으로 우유부단한 문제가 있다.

2. **집중력 및 주의력** — ADHD 노인들은 산만하고 계속 주의 집중하기 어렵고, 부주의한 실수가 잦거나 자주 소지품을 분실하고, 관심 있는 어떤 일에 지나치게 집중한 나머지 다른 중요한 일을 잊는 문제가 있다고 말했다.

3. **의욕 및 생산성** — 이들은 쉽게 지루해하거나 시작한 일에 흥미를 잃고, 아침에 일을 시작하기가 어렵고 활력이 부족하고 전반적으로 생산적이지 못한 느낌이 든다고 말했다.

4. **감정** — 감정 문제는 우울, 불안, 짜증, 자기 회의감, 자기 연민, 죄책감, 버거운 느낌, 전반적인 정서적 반응 문제 등 다양한 영역에 걸쳐 있다.

5. **기억력** — 이들은 일반적으로 건망증이 있거나 주의가 흐트러진 다음 원래 무엇을 하고 있었는지 기억하기 어렵고("나 뭐 하고 있었지?"), 보통 '작업기억(동시에 여러 가지 일을 기억하기)'에 문제가 있다고 말했다.

▶ 자가 보고 설문지

노인들과 체계적으로 면담한 다음에는 다양한 문제에 대해 지금 노년기와 비교해 중년기에는 어떻게 대처했는지 떠올려보도록 했다. 당연하게도 몇몇 문제는 노년이 되어 덜 힘들어졌다고 말한 노인이 많았다. 단순히 중년에 부과되는 요구보다 은퇴 후 직면하는 요구가 훨씬 적기 때문이다. ADHD는 우리에게 주어진 요구와 관련된다. 신체장애에 비유해보자. 거동이 불편한 사람이 계단 없는 접근성 좋은 공동체에 산다면 여기저기 이동하기가 훨씬 덜 힘들다고 말할 것이다. 계단을 없앤다고 장애가 나아진 것은 아니다. 주변 환경이 장애를 더 잘 배려한다는 의미다. 이와 마찬가지로 다른 사람을 돌볼 필요가 없고 더 이상 직장에 고용되어 있지 않다면 ADHD가 문제를 덜 일으킬 것이다. 하지만 일상의 다양한 면에서는 여전히 문제가 이어진다. ADHD 문제가 줄었다고 말하는 사람도 있는데, 이는 문제가 사라졌기 때문이 아니라 은퇴 후 생활 방식이 그들에게 부과하는 인지적 요구가 줄었기 때문이다.

나는 우리 클리닉을 찾아온 많은 성인과 노인들을 관찰하고 나서 ADHD와 관련된 여러 어려움을 나열해 형식에 구애받지 않는 매우 자유로운 증상 목록을 개발했다. 그다음 면담하면서 만난, 이미 진단받은 성인 150명에게 이 목록에서 자신에게 가장 문제가 된다고 생각되는 항목에 표시하도록 했다. 가장 일반적으로 동의한 열 가지 항목은 다음과 같다.

1. 업무를 완수하기 어렵다.
2. 시간이 없는데 '하나만 더' 하고 싶은 충동이 든다.
3. 하루 계획을 지키기 어렵다.
4. 시간관념이 없다.
5. 문서 작업이 어렵다.

6. 버거운 느낌이 든다.

7. 주변이 엉망이다.

8. 규칙적으로 운동하기 어렵다.

9. 정신이 딴 데 팔려 있다.

10. 친구들과 계속 연락하기 어렵다.

이 자가 보고 설문지를 직접 작성해보고 싶을 것이다. 이 설문지는 '체계적인 면담'의 일환으로 보아야 하며 결과를 정신 건강 전문가와 함께 검토해 당신이 ADHD일 가능성을 살펴볼 수 있다. 이 설문지는 진단 도구가 아니다. 커트라인 점수도 없다. 하지만 정신 건강 전문가가 당신을 평가할 때 광범위한 면담에서 체계를 잡는 데 도움이 될 수는 있다. 부록 A에서 이 설문지를 살펴볼 수 있다.

우리는 ADHD가 있든 없든 모두 나이가 들며 다양한 문제에 직면한다. 그러나 같은 문제라도 기본적으로 실행기능에 문제가 있는 ADHD에게는 더욱 크게 느껴진다. 게다가 ADHD 노인이 마주하는 어려움에 더 큰 영향을 미치는 ADHD 고유의 문제도 있다. 평생 겪는 ADHD 관련 문제는 노년에도 일상생활 관리, 일 마무리, 감정 조절 및 정서적 예민함, 기억력 문제, 사회관계 등에 계속 문제를 일으킨다.

이 장의 핵심 교훈

✓ 흔히 ADHD를 끌어안고 자란다는 것은 교사, 부모, 또래에게 비판 세례를 받

으며 성장한다는 의미다.

✓ ADHD로 진단받은 많은 노인은 과거를 돌아보며 좀 더 일찍 도움을 받았더라면 삶이 어떻게 달라졌을지 후회한다.

✓ ADHD 성인은 나이가 들며 일반인과 비슷한 변화와 어려움을 겪지만 그 경험은 더욱 심각할 수 있다.

  • 세대에 걸쳐 이어지는 ADHD 때문에 가족 갈등과 고민이 더 많다.
  • 노년에 경제적 어려움이 더 크다.
  • 의도는 좋아도 계획력과 실행력이 부족한 경우가 많기 때문에 은퇴의 의미와 목적을 찾기가 더 어렵다.
  • 규칙과 집중이 필요한 건강한 일상생활 습관을 유지하기가 힘들다.

✓ ADHD 노인은 다음과 같은 어려움도 계속 겪는다.

  • 체계 없음
  • 집중력 부족
  • 의욕 저하
  • 부정적인 감정
  • 건망증

✓ ADHD는 '여러 색깔의 외투'라서 ADHD 노인마다 어려움을 겪는 정도는 서로 다르다.

4장
ADHD인지 어떻게 알까?

노인 ADHD의 이해와 진단

진단되지 않은 ADHD인 노인이 노년에 기억력 문제를 겪을 때 가장 먼저 걱정하는 일은 당연히 치매다. 심지어 ADHD로 진단받은 노인도 ADHD 때문에 치매 발생 가능성이 커지지 않을까 걱정한다. 치매는 꽤 많은 노인이 걸리는 질병이므로 치매가 한층 가까워진 60대나 70대에 접어든 노인에게는 ADHD 때문에 생기는 건망증이 더 두렵게 느껴진다. "병원 예약을 잊었어요. 안경은 어디 뒀을까요. 아내는 이번 주말에 약속이 있다고 세 번이나 말했다는데 전 기억이 없네요. 아내가 잊어버린 걸까요? 아니면 제가 잊은 걸까요?"

비슷한 걱정을 하고 있다면 많은 ADHD 성인이 흔히 겪는 다음 문제들을 살펴보자. '그렇다'라고 답한 문항이 많다면 꼭 전문가(정신과 의사, 심리학자, 신경과 의사)를 만나 성인 ADHD인지 검사해야 한다.

당신은 다음과 같은 문제를 겪고 있거나 겪은 적이 있습니까?

학교 문제

- 성적이 나쁨

- 시험은 잘 보지만 숙제는 하지 않음

- 숙제를 마치기 어려움

- 학창 시절 행동 문제가 있음

- "머리는 정말 좋은데 노력이 부족해"라는 말을 들음

- 대학원 또는 전문대학원에서 석박사 논문을 완성하지 못하는 것과 같은 어려움
  을 겪음

- 의사 및 변호사 면허시험을 통과하기 어려움

직장 문제

- 성과가 저조하거나 회사가 불만족스러워 실직하거나 퇴사함

- 마감 기한을 맞추지 못함

- 당연하다고 생각하는 수준까지 승진하지 못함

- 문서 작업이 어려움

일상 관리 문제

- 청구서 납부를 잊음

- 어질러져 있고 정돈되지 않은 환경에서 생활함

- 과도한 흡연 그리고/또는 과음

- 과속 딱지를 떼임

- 우울과 불안으로 고생함

- 처음에는 의욕이 넘쳤던 프로젝트도 미뤄버리거나 완료하기 어려움

대인관계 문제

- 자주 화를 내거나 쉽게 짜증 냄

- 가까운 사람들과 갈등이 심함

- 부부 갈등으로 별거하거나 이혼함

- 일관성 없고 감정적으로 반응하는 양육 패턴

가족력

- 자녀가 ADHD 진단을 받음

- 불안, 우울, 물질사용장애 가족력

- 학습장애 가족력

이런 패턴 가운데 몇 가지가 당신에게 익숙해 보인다면 당신(또는 지금 당신이 떠올리는, 이런 습관을 지닌 친구나 가족)은 진단되지 않은 ADHD일 수 있다.

70대인 마티는 늘 무언가를 잊어버렸다. 보통 '휴대전화 어디 뒀

더라?' 같은 비교적 사소한 문제였다. 하지만 더 심각한 문제일 때도 있었다. 집 책상에는 우편물이 잔뜩 쌓여 있고 미납 청구서 통보는 예사였다. 항상 기억력이 좋았던 아내 낸시와 그는 점점 걱정스러워졌다. 건망증이 치매의 첫 징후일지 몰라 두려워진 부부는 성인 정신과 의사에게 진료받았다. 두 사람은 함께 의사를 만나 걱정을 털어놓았다. 다행히도 의사는 성인 ADHD에 대해 잘 아는 비교적 몇 안 되는 의사 가운데 하나였다. 의사는 부부와 면담하며 과거와 현재 마티의 일상에서 나타나는 건망증 사례를 주의 깊게 살폈다. 의사가 보기에 마티는 계획하고 정돈하고 일상생활에서 세부 사항을 기억하는 데 항상 애를 먹었다는 사실이 분명했다. 마티는 집안의 '모든 일을 제때 해내기 위해' 항상 낸시에게 의존했다. 부부가 설명한 여러 패턴이 오래 이어져왔다는 점에서 의사는 마티가 치매가 아니라 ADHD일지도 모른다고 생각하기 시작했다.

중요한 사실은 의사가 가족력에 대해 질문했다는 점이다. ADHD는 가족 안에서 유전되는 경향이 강한 질환이다. 가족 중 한 사람이 ADHD라면 다른 사람도 ADHD일 가능성이 있다. 의사는 자녀나 손주가 ADHD 진단을 받은 적이 있는지 물었다. "네, 손주 둘이 ADHD 진단을 받아 약을 먹고 있어요." 낸시가 말했다. 의사가 마티의 문제는 오랫동안 진단되지 않은 ADHD 때문이라고 생각한다고 말하자 부부는 안심했다. 의사는 마티에게 각성제(중추신경자극제)를 처방했고 마티는 약물에 상당히 긍정적으로 반응했다. 의사는 마티의 건망증이 덜해지고 필수적인 일을 기억하는

데 도움을 받으려면 매일 하는 일과에서 다른 변화가 필요하다고
도 말했다. 마티와 낸시는 크게 안도했고 마티가 더 수월하게 일
상생활을 할 수 있도록 집에서 습관과 일과를 만들기 위해 함께
노력하기 시작했다.

모두가 마티와 낸시처럼 운이 좋은 것은 아니다. 건망증을 걱정하는
노인들은 보통 기억력 클리닉을 찾아가 신경과 의사에게 치매 검사를 받
는데, 이런 의사들은 노인 ADHD에 관심이 없다. 미국 전역의 기억력 클
리닉을 살펴본 한 조사에 따르면 기억력 클리닉에서 노인의 기억력 문제
를 평가할 때 ADHD 가능성을 살펴보는 경우는 극히 드물었다.[1]
　신경과 의사나 정신과 의사도 성인 ADHD를 진단할 실질적인 훈련을
받은 경우는 드물고, 하물며 노인 ADHD는 말할 것도 없다. 그래서 이런
의사들은 ADHD를 간과하고 경도 인지 저하나 초기 알츠하이머로 오진
할 위험이 있다. 아델의 경우가 바로 이런 오진 사례다.

아델은 은퇴하고 남편과 함께 플로리다에 갔다. 그녀는 늘 약간
건망증이 있었고 체계가 없었다. 그녀는 항상 그랬는데도 남편은
아델이 70대에 들어 치매에 걸렸다고 확신하고 제대로 검사받아
야 한다며 그녀를 신경과 의사에게 데려갔다. 의사는 그녀가 알츠
하이머 초기 단계라고 진단하고 병의 진전을 늦추는 데 흔히 사용
하는 약물을 처방했다. 정기적으로 신경과 진료를 받을 때마다 남
편은 아내의 일상 기능을 점점 더 부정적으로 묘사했다. 몇 년 후
아델은 남편을 잃었다. 그녀는 아들과 대화하던 중 신경과 의사를

만날 때 마음 편했던 적이 한 번도 없고 자신이 알츠하이머라는 진단도 절대 믿지 않는다고 말했다. 아들은 젊은 신경과 의사에게 진료를 예약하고 어머니를 모시고 갔다. 나중에 아들은 내게 의사의 말을 전해주었다. 알츠하이머가 아니라던 어머니의 생각이 옳았고 알츠하이머가 아니라 확실히 ADHD라는 것이었다.

▶ ADHD와 치매의 연관성

ADHD와 치매의 연관성을 보여주는 증거가 있다. 2021년 스웨덴에서 발표된 한 연구[2]에서는 여러 세대에 걸쳐 상당히 많은 사람을 조사해 ADHD 자녀를 둔 부모가 치매에 걸릴 가능성이 더 높다는 사실을 밝혔다. 게다가 ADHD와 루이소체치매Lewy body dementia, LBD(알츠하이머와 비슷한 치매의 일종이지만 진전이 더 빠르다. 증상에는 혼동, 기억력 소실, 방향감각 상실, 균형 상실이 있다)가 연관 있다는 증거도 있다.[3]

이런 연구들이 주장하는 것은 ADHD가 치매를 '유발'한다는 것이 아니라 두 질환 사이에 연관이 있다는 것임을 이해해야 한다. 이런 연관성이 유전적 관계 때문인지, ADHD 때문에 건강에 해로운 생활 습관을 선택한 탓에 인지 저하나 치매가 일어나 발생한 간접적인 결과인지는 분명하지 않다. 인지 저하를 역전시킬 수 있다는 데일 브레드슨의 연구에 따르면[4] 치매나 인지 저하의 초기 징후는 잘못된 식습관, 수면 부족, 운동 부족 등의 결과인 경우가 많고, 일상 건강 습관을 크게 개선하면 인지 저하를 되돌릴 수 있다는 상당히 희망적이고 유망한 결과를 볼 수 있다. (이에 대해서는 9장에서 더욱 자세히 살펴볼 것이다.)

▶ ADHD가 있으면 노년에 왜 문제가 되는가?

ADHD인 사람의 대다수는 진단받거나 치료받지 못한 채 평생 ADHD
를 안고 살아간다. 그러나 이들의 삶은 흔히 ADHD 때문에 더욱 실망스
럽고 힘겹다. 60대나 70대가 넘었다면 이렇게 생각할지도 모른다. '여태
껏 이렇게 살아왔는데 왜 이제 와서 굳이 신경 써야 해?' 하지만 수년에
걸쳐 나와 상담하고 치료받은 많은 ADHD 노인은 늦게나마 진단받은
것에 대해 상당히 다른 이야기를 전한다. 노인들은 진단받으면 흔히 안
도감("드디어 뭐가 문제인지 알았어요!")을 얻고 긍정적인 변화를 일으킨다.
이들의 의견을 여기에 일부 공유하겠다.

> "아주 긍정적인 방향으로 활기를 되찾았습니다. 어렸을 때 겪은
> 문제에 너무 골몰하지 않게 되었어요. 지금 여기 살아 있는 것이
> 매우 기쁘고 남은 삶에 대해 배우고 있지요."

> "이제 ADHD라는 것을 알았으니 이 상황을 어느 정도 즐기고 받
> 아들일 수 있게 되었습니다. 다른 사람들이 제 건망증과 지각을
> 문제 삼을 순 있지만 그러라지요! 전 제 직관과 창의성, 공감력 같
> 은 ADHD의 모든 점을 사랑합니다. 이제 전 있는 그대로 저 자신
> 을 받아들여요."

"제가 ADHD라는 사실을 알게 된 다음 ADHD 관련 자료를 읽고 어떻게 문제를 줄일 수 있는지 배웠습니다. 가령 운동이 최고의 ADHD 치료법이라는 것도 알았지요. 시간 관리를 못 하고 체계적이지도 않고 꾸물대고 의욕이 없는 것이 제 성격 탓이 아니라는 사실도 알았어요. 자신을 덜 채찍질하고 은퇴 시기를 더욱 즐기게 되었습니다. 남편과 전 이것저것에 관심이 많고 밖에 나가 무언가를 함께 하기를 좋아해요. 지금은 긍정적인 면에 더 집중하고 ADHD 문제는 그다지 곱씹지 않습니다."

"이제 스스로 기본적인 일과를 정할 수 있어요. 제일 중요한 건 더욱 자존감을 느끼게 되었다는 거죠. 다른 사람이 된 것 같아요. 지금도 남편에게 화가 나면 문을 걸어 잠그곤 하지만 새로 얻은 깨달음이 상당히 도움이 되어서 화낸 일에서 더 빨리 벗어날 수 있게 되었어요."

"할 일 목록을 만들어놓고는 그 목록을 보고 '이건 못해'라고 스스로 되뇌며 의기소침해지곤 했죠. 아무것도 끝내지 못하고요. 이제 전 자신에게 이렇게 말해요. '괜찮아, 할 수 있는 만큼 최선을 다해보자.' 하루에 너무 많은 일정을 잡지 않으려고 노력해요."

(진단되었든 그렇지 않은) 다른 ADHD 노인들과 비슷한 사람이라면 자라면서 주변 어른들의 꾸중에 시달렸을 것이다. "넌 왜 항상 늦니?", "좀 더 노력하면 훨씬 잘할 수 있어!", "방이 왜 이 모양이야?", "숙제 하나 끝

내는데 왜 맨날 우리가 너랑 씨름해야 하니?", "왜 너랑은 항상 말다툼해야 하지?" 평생 진단되지 않은 ADHD로 고생해온 많은 노인은 흔히 실패 때문에 고통받는다. 자신이나 주변 사람들은 이 실패가 젊을 때부터 이어져온 게으름, 자기 훈련 부족, 의욕 저하, 무능함 때문이라고 여긴다. 반 친구들 대부분은 비교적 쉽게 해내는 일조차 어렵다면 자라면서 자신에게 좋은 감정을 느끼기 어렵다. 학교 또래들이나 집안 형제자매들과 보조를 맞추지 못해도 자신에 대해 좋지 않은 감정을 품게 된다. 낮은 자존감은 어렸을 때 적절한 진단과 치료를 받지 못한 ADHD 성인에게서 흔히 볼 수 있다.

▶ 사람마다 ADHD는 왜 그리 달라 보일까?

ADHD는 매우 다양하게 표현되기 때문에 몹시 혼란스럽다. 주의력결핍 유형의 ADHD인 사람은 느리고 조용하며 흔히 수줍음이 많다. 이런 사람들은 또래와 어울리는 방법을 잘 모르고 어린 시절 친한 친구가 한두 명밖에 없다. 다른 ADHD 유형은 소란스럽고 따지기 좋아하며 반항적이고 항상 꼼지락거린다. 언제나 모든 일을 자기 뜻대로만 하려고 해서 거만하다고 여겨지고 주변 사람을 소외시키기도 한다. 말수가 없고 불안해하며 입을 꾹 다무는 유형도 있다. 반면 매력적이고 호감이 가며 많은 ADHD가 안고 사는 사회적 문제를 겪지 않는 사람도 있다.

▶ 많은 전문가는 ADHD가 있어도
큰 성과를 거둘 수 있다는 사실을 아직 모른다

많은 사람은 ADHD가 있으면 공부를 못할 것으로 생각한다. 하지만 ADHD와 씨름하면서도 충분히 공부를 잘해서 대학에 가거나 졸업 후 전문대학원에 갈 수 있다는 사실을 알면 놀랄지도 모른다. IQ가 높은 ADHD 성인은 보통 과 동기들이나 동료들보다 두 배는 열심히 노력해야 한다. 이처럼 성공하는 데 드는 노력에는 아무도 주목하지 않기 때문에 사람들은 그저 결과만 보고 이들이 ADHD일 리 없다고 생각한다. 내게 치료받으러 왔던 많은 중년도 비슷한 이야기를 전했다. ADHD 검사를 받으러 찾아갔던 정신과 의사들은 이렇게 말했다고 한다. "더 멀리 갈 것도 없이 지금 당신이 법학 학위(또는 의학 학위, 박사학위 등)를 가지고 있는 것만 보아도 ADHD일 리 없다고 말할 수 있겠네요." 안타깝게도 당신이 선택한 직업에서 성공했다면 ADHD일 리 없다는 잘못된 믿음은 의료계와 정신 건강 분야에 여전히 매우 흔하다.[5]

▶ '여섯 개 이상'의 증상을 보여야 ADHD라는
엄격한 규칙에 연연하면 진단을 놓칠 수 있다

미국 정신의학회American Psychiatric Association가 발간한《정신 질환의 진단 및 통계 편람 제5판Diagnostic and Statistical Manual, 5th edition, DSM-5》[6]에 따르면 일치하는 증상이 다섯 개 이하라면 ADHD가 아니고, 여섯 개 이상이 일

치해야 진짜 ADHD다. 이러한 융통성 없는 진단 절차에도 불구하고 ADHD 분야에서 일하는 대부분 사람은 여전히 비공식적이지만 ADHD가 연속선상에 존재한다는 데 합의한다.[7] 실제로 당신은 경증 ADHD일 수도, 심각한 ADHD일 수도, 그 사이 어딘가에 있을 수도 있다.《DSM-5》진단 기준은 남자아이들을 관찰해 개발된 것이므로 흔히 노인에게 ADHD가 어떻게 나타나는지는 포착하지 못한다.

▶ 동반 질환 때문에 복잡해지는 진단

성인 ADHD가 혼란스러운 또 다른 이유는 다른 여러 장애와 함께 발생하기 때문이다. ADHD와 동반되는 질환은 불안, 기분장애, 양극성장애, 물질사용장애, 섭식장애, 성격장애, 학습장애, 자폐스펙트럼장애 등 다양하다.[8] 이 때문에 같은 ADHD라도 사람마다 매우 다르게 보일 수 있다. 이 책을 읽는 독자 가운데 많은 사람은 자신을 치료하는 전문가가 ADHD 가능성을 고려하지도 않은 탓에 불안이나 우울로 진단받았을 수도 있다. 사실 ADHD는 가장 흔한 성인 정신장애 중 하나이지만 정신 건강 전문가들에게 더 익숙한 다른 정신장애를 동반하기 때문에 흔히 간과된다.

▶ 오락가락하는 증상 때문에 복잡해지는 진단

진단을 놓치게 되는 또 다른 이유는 증상이 하루, 한 주, 한 달, 심지어 평생에 걸쳐 오락가락하기 때문이다. 스트레스 정도나 수면 부족, 당신에게 부과되는 요구 사항 등 모든 요소가 ADHD 증상의 정도에 영향을 미친다.[9]

▶ ADHD 이해의 진화

한편 우리는 ADHD에 대해 점차 많이 알아가고 있다. 50년 전만 해도 우리는 남자아이들이 보이는 과잉행동에 특히 주목했다. 다음에는 주의산만이나 주의 집중 문제 또는 반항 같은 부정적인 행동에 초점을 맞추기 시작했다. 1990년대 중반 ADHD 전문가들은 많은 성인이 ADHD를 갖고 있다는 사실을 깨닫기 시작했다. 이와 동시에 우리는 ADHD를 '실행기능' 장애라고 개념화하기 시작했다. 실행기능은 계획하고 조직하고 실행하고 업무를 완수하는 능력은 물론, 시간과 소지품을 관리하는 방법 등을 포괄하는 두루뭉술한 용어다. 어떤 전문가는 ADHD를 '일관성 있게 정리하는 능력'의 장애라고 표현하기도 했다. 하지만 몇 가지가 더 있다. ADHD 분야의 전문가들은 최근에야 분노, 좌절, 상처받은 느낌, 흥분 또는 기쁨 같은 감정 조절 문제, 즉 ADHD가 있는 많은 이들이 다양한 일에 감정적으로 과도하게 반응하는 문제를 논하기 시작했다. 시간을 지키지 못하고 일이나 소지품을 기억하기 어려운 문제 외에도 의욕 수준이나 감정 반응을 조절하기 어려운 문제가 혼재되어 있다. 이제 전문가들은 ADHD를 자기 관리의 모든 측면에 영향을 미치는 매우 복잡한 장애로 여기기 시작했다.[10]

▶ ADHD라는 이름은 틀렸다

'주의력결핍과잉행동장애'라는 이름에 대해 생각해보자. 이 말은 주의력이 '결핍'되었다는 의미다. 다시 말하면 주의력을 유지할 수 없거나 어떤 활동에 집중할 수 없다는 뜻이다. 하지만 잘 알려져 있다시피 ADHD가 있는 사람은 나이와 상관없이 관심 있는 활동을 할 때는 무엇에든 과도하게 주의를 쏟는다. 많은 ADHD인들이 이를 '과집중'이라고 부른다. 어떤 활동에 과도하게 집중한 나머지 시간이 얼마나 흘렀는지 모르고 누군가가 말을 걸거나 주의를 끌려고 해도 알아채지 못한다.[11] 어떤 때는 몹시 주의 산만하고 다른 때는 엄청나게 집중하는 이런 상태는 고삐 풀린 주의력 체계라고 생각하는 편이 더 정확해 보인다.

> 저와 함께 일했던 짐이라는 컴퓨터과학자는 너무 집중해서 전자 알람도 소용없을 정도였죠. 알람이 방해되면 무심코 끄고 하던 일을 계속했습니다. 예정된 회의에 참석할 시간이라고 알리려면 결국 비서가 사무실 문을 쾅쾅 두드리며 이름을 불러 주의를 끌어야 했죠. 회사는 짐의 '주의력결핍'으로 엄청난 이득을 보았습니다. 오히려 주의력 과잉이라 해야 맞겠지만요.

▶ ADHD는 '장애'라기보다 '뇌 유형'으로 여겨질 수 있다

보통 ADHD는 미국 장애인법에 따라 장애로 분류된다.[12] 질병, 병, 장애를 진단하고 치료하도록 훈련받은 의사라면 우리가 ADHD라고 부르는 질환에 긍정적인 면이 있다고 말할 리는 없다. 의학은 무엇이 잘못되었는지 살피고 그것을 '고치는' 데 초점을 맞춘다. 그리고 ADHD를 장애로 분류하는 이유는 그래야 학교나 직장에서 편의를 제공받을 자격이 부여되기 때문이다. 하지만 ADHD 뇌에는 ADHD에서 오는 어려움을 넘어선 무언가가 있다.

성공에 도움이 되는 ADHD의 긍정적인 측면은 더 많이 연구되어야 한다.[13] ADHD 연구 대부분은 부정적인 측면을 치료하는 데 초점을 맞춘다. 나는 ADHD가 '선물'이라고 축하하며 그 어려움을 폄하하는 편은 분명 아니지만, ADHD 뇌를 갖는다는 데는 훨씬 관심을 기울일 만한 이점이 있다고 확신한다. 아직은 적지만 여러 연구에서는 ADHD의 긍정적인 면에 초점을 맞춘다.[14]

즉흥 예술가, 코미디언, 배우 중에는 ADHD가 흔하다. 나는 ADHD 진단을 받았지만 자신의 창의적 재능을 알아본 10대 청소년 모임을 도와준 적이 있다. 아이들은 학업에 집중하고 싶을 때는 약을 먹고 창의적인 활동을 할 때는 약을 끊는다고 말했다. 이들은 ADHD가 창의성의 기초라는 사실을 깨달았고 약물 때문에 창의성이 줄어들기를 원치 않았다. 물론 나이에 상관없이 전문가와 상담하지 않고 일방적으로 약물 복용법을 바꾸면 안 된다.

ADHD가 있는 많은 이들은 위험과 위기를 잘 견딘다. ADHD인 사람은 도전하면서 활기를 얻기 때문에 훌륭한 사업가 기질이 있다. 이들은 위험을 기꺼이 감수하고 다른 사람은 보지 못하는 기회를 보기도 한다. ADHD가 있는 사람 다수가 비상시에 고도로 집중해야 하는 직업에 잘 맞는다. 예를 들어 한 연구에 따르면 산불 소방관 가운데 ADHD가 있는 비율은 일반 인구 가운데 ADHD가 있는 비율의 네 배나 된다.[15] ADHD 뇌는 격렬함을 즐기기 때문에 이러한 뇌를 지닌 사람은 위태로운 상황에서 다른 사람들보다 더욱더 집중할 수 있다. 예를 들어 정치 정보원은 흔히 ADHD인 경우가 많아 일분일초를 다투는 정치 활동을 잘 수행했다.

박사 논문을 완성하느라 고군분투했던 20대 후반 한 남성을 상담한 기억이 난다. 그는 몇 달 동안 여행을 떠났다가 어느 순간 캄보디아 난민 캠프에 갇혔다. 절실하게 필요한 식량, 담요, 기타 배급품을 나누는 일을 조직하고 조절하는 데 집중하던 그는 갑자기 활기 넘치고 살아 있는 느낌을 받았다고 말했다. 하지만 돌아와 박사학위 논문을 쓰려고 하자 정반대로 무기력하고 의욕이 떨어졌다. 그의 뇌는 강렬하고 긴박한 상황에는 잘 맞았지만 외부 자극이 거의 또는 전혀 없는 상황에서는 집중하기 어려웠다.

ADHD라고 자가 진단한 톰 하트만Thom Hartmann은 《ADHD: 농경 사회의 사냥꾼ADHD: A Hunter in a Farmer's World》이라는 책을 썼다.[16] 그는 이 책에서 ADHD가 있는 사람을 세상에서 이동과 다양성을 갈망하는 '사냥꾼'으로 묘사했다. 비ADHD이며 삶에서 예측성과 규칙성을 선호하는 '농사꾼'과 달리, '사냥꾼'은 '사냥'에 고도로 집중할 수 있었다. 톰은 작가이자 교육자일 뿐만 아니라 천부적인 사업가였다. 그는 자신을 스타트업의 달인이라고 소개했다. 그는 아이디어를 내고 구현하는 일을 좋아했지만, 자기 사업체에서 일상적인 일을 체계적으로 정리하고 문서를 관리하거나 청구서를 제때 지불하고 전반적인 일을 운영해나가려면 '농사꾼'에 가까운 다른 사람에게 일상적인 사업 관리를 넘겨야 한다는 사실도 잘 알았다.

　당신에게도 이런 긍정적인 특성이 있는가? 당신이 ADHD일지도 모른다는 가능성을 탐색해나가는 동안 ADHD 뇌를 가졌다는 데에도 기뻐할 일이 많다는 사실을 꼭 이해해야 한다.

▶ 50대 중반이 넘었는데 왜 ADHD 진단을 받아야 할까?

60세가 넘어 처음 ADHD 진단을 받은 많은 성인들에게 왜 그렇게 비교적 늦은 나이에도 진단받으려 했는지 물었다. 그들의 대답 가운데 일부를 여기 소개하겠다.

> "잡동사니를 끌어안고 살면서 문제가 너무 많았어요. 잡동사니를 버리려고 수업을 들었는데 강사가 ADHD 이야기를 했죠. 자조 모임에 다니기 시작하면서 마침내 진단받았습니다."

> "전 우울장애 치료를 받고 있었어요. 여동생이 준 ADHD 책을 읽고 제게 ADHD 특징이 여럿 있다는 사실을 발견했죠. 직장생활을 해내는 데 문제가 많았고 결국 일찍 은퇴하기로 했어요. 지금은 자조 모임에 속해 있고 ADHD를 다룬 책을 많이 읽어요."

> "전 정신 건강 치료사였는데 20여 년 동안 제가 ADHD라고 의심해왔어요. 마침내 60세가 돼서 직장을 그만두고 개인 상담소를

차렸죠. 하지만 체계가 없어서 혼자 운영하기가 너무 힘들었고 정식으로 진단을 받아야 할 때가 왔다고 판단했습니다."

"간호사로 일하면서 몇 년 동안 응급실에서 잘 근무했어요. 그 뒤 사무직으로 전환되었는데 너무 힘들었습니다. 시간당 배정된 통화 수를 맞추지 못해서 해고되었어요. 제가 너무 체계가 없고 들은 말도 매번 잊어버린다고 상사가 그러더군요. 그때 ADHD 진단과 치료를 받을 생각을 했죠."

"아내가 ADHD 워크숍에 참석했는데 제 얘기 같다고 하더군요."

"'전형적인 ADD' 자녀가 있는 여성을 사귄 적이 있어요. 제게도 비슷한 증상이 많다는 사실을 깨달았죠. 어떤 일도 제대로 마무리하는 법이 없는 제가 지겨워 도움을 받고 싶었습니다."

"먼저 ADHD 진단을 받은 딸이 저더러 검사를 받아보라고 하더군요."

"ADHD를 다룬 텔레비전 프로그램을 보고 '맙소사! 저거 내 얘기잖아!'라고 생각했어요."

"신문에서 '당신이 ADHD일 수 있는 열 가지 징후'라는 기사를 읽었어요. 모두 제 얘기더군요. 전 항상 제가 남들과 다르고 뭔가 문제가 있다고 생각했어요."

"전 분노 조절 문제가 있었어요. 작은 일에도 짜증을 내고 뭔가 던지거나 접시를 깨트렸죠. 교회에 상담받으러 가서 상담 선생님이 주신 ADHD 체크리스트를 해봤더니 점수가 상당히 높았어요."

"저는 생각 없이 말을 내뱉고 충동적이면서 다른 ADHD 문제도 여럿 있는 제 성향이 직장을 잃고 우정도 잃는 문제와 어떤 연관이 있는지 잘 알게 되었습니다. 이제 60대가 되었으니 더 행복하고 집중하고 정돈된 삶을 살고 싶어요."

여러 응답에서 보았듯 자신이 계속 겪어온 문제에서 자극받은 사람도 있고, 기사를 읽거나 텔레비전 프로그램을 보고 자신에게 매우 익숙한 패턴이라고 생각한 사람도 있다. 가족이 권한 사람도 있다.

▶ 늦게 진단받은 것을 후회합니까?

삶의 끝자락에 들어서야 당신의 꿈을 방해했을지도 모를 질환이 있었음을 깨닫는다면 후회와 '만약'이라는 감정이 드는 것은 당연하다. 하지만 무엇이 그런 문제를 일으켰는지 이해하고 가능성이 다시 열릴지도 모른다는 느낌을 받을 때 드는 안도감도 흔하다. 특히 자조 모임에 참여한 ADHD 노인들은 매우 긍정적이고 치유가 되는 경험을 얻는다. 나는 이런 모임을 운영하면서 모임 구성원 사이에 강한 동료 의식과 긴밀한 정서적 유대감이 발생한다는 사실을 경험했다. 모임 구성원들은 처음으로 서로를 받아들이고 어려움을 이해했으며, 섣불리 판단하지 않고 서로의 진가를 알아보았다. 흥미롭게도 구성원 가운데는 조각가, 화가, 사진작가처럼 놀라운 예술적 재능을 지닌 사람들도 있었다.

▶ 진단이 왜 그리 늦어졌을까?

당신이 왜 그토록 오래 진단받지 못했는지 의아할 수 있다. 왜 그 누구도 흩어진 사실들을 모아 질환을 간파하지 못했는지 말이다. 자신을 탓할지 모르지만 당신에게는 잘못이 없다. ADHD 진단이 늦어지는 여러 이유를 살펴보자.

성인 ADHD를 과소 진단하는 일반적 패턴

연구에 따르면 성인 ADHD는 상당히 과소 진단된다.[17] 사실 진단되지 않은 ADHD 성인이 정신 건강 치료를 받으러 찾아올 때는 보통 불안이나 우울처럼 ADHD에 흔히 동반되는 다른 질환을 치료하러 오는 경우가 많다.[18] 흔히 진단되지 않은 성인이나 정신 건강 의사 누구도 정서적 고통의 원인을 평가할 때 ADHD 진단 가능성을 살피지 않는데,[19] 이런 상황은 의사들이 성인 ADHD에 대해 훈련이 부족하다는 사실을 반영한다.

다양한 ADHD의 '표현형'

《DSM-5》는 세 가지 공식 ADHD '표현형'을 여전히 나열하고 있지만,[20]

ADHD 환자 중에는 어릴 때 과잉행동/충동성 증상을 나타내다 성인이 되어서야 주의력결핍 증상을 보이는 경우도 있으므로, 오늘날 연구자들은 사실 이 같은 유형이 확연히 구별되지는 않는다고 주장한다.[21]

주의력결핍 ADHD 증상은 다음과 같다.

- 주의 깊게 듣는 기술 부족
- 소지품(안경, 열쇠, 스마트폰)을 잃어버림 그리고/또는 엉뚱한 장소에 둠
- 외부 자극이나 중요하지 않은 자극에 쉽게 이끌려 딴 길로 샘
- 일상적인 활동을 잊음
- 주의 집중 지속 시간이 짧음
- 과제를 완수하기 어려움
- 지시를 따르기 어려움
- 집중해야 하는 일을 피함
- 세부 사항을 잊거나 부주의한 실수가 잦음

과잉행동/충동성 ADHD 증상은 다음과 같다.

- 장시간 앉아 있어야 하는 경우 안절부절못함
- 손발을 자주 꼼지락거리거나 손에 든 물건을 가만두지 않음
- 쉴 새 없이 움직임(이런 경향은 대체로 나이가 들며 줄어듦)
- 차분한 여가 활동을 하기 어렵고 활동적인 일을 원함
- 지나치게 말이 많음
- 기다리기 어려움
- 다른 사람 말에 끼어드는 경향이 있음

- 질문이 끝나지도 않았는데 불쑥 대답해버림
- 충동적인 식사, 지출, 의사 결정 등 《DSM-5》에 언급되지 않은 다른 충동적인 패턴을 경험함

《DSM-5》에서는 다음과 같은 세 가지 ADHD 표현형을 설명한다.

1. 주로 주의력결핍 유형(대부분 증상이 주의력결핍 범주에 있음)
2. 주로 과잉행동/충동성 유형(대부분 증상이 과잉행동/충동성 범주에 있음)
3. 복합형(증상이 주의력결핍과 과잉행동/충동성 범주 둘 다에 속함)

과잉행동 증상은 나이가 들며 줄어드는 경향이 있다. ADHD 노인도 기다려야 할 때 안절부절못하고 초조한 느낌이 든다고 할 수 있지만 보통 과잉행동은 더 이상 보이지 않는다.

ADHD 이해 부족의 오랜 역사

지금의 노인이 어린이였던 1950년대에는 오늘날 우리가 ADHD라고 부르는 질환에 대해 거의 알려진 것이 없었다. 아동은 '미소뇌기능장애', '과잉행동아동증후군', '과운동증'으로 진단받았고, 아동 인구 중 5퍼센트에서 10퍼센트에 이런 문제가 있다고 추정되었다.[22] 수년 전까지 ADHD에 대한 이해가 부족했던 탓에 오늘날 노인 가운데 어릴 때 ADHD로 진단받은 사람이 드물다는 사실은 놀랍지 않다.

오진

성인 ADHD가 단독으로 발생하는 경우는 드물다. 우울, 불안장애, 양극성장애, 자폐스펙트럼장애는 흔히 성인 ADHD와 함께 발생하므로, 우리는 이런 증상과 함께 발생하는 ADHD를 간과하고 다른 장애에 초점을 맞춘다. 성인 ADHD에서 나타나는 꾸물거림, 의욕 저하, 불안정한 기분, 불안, 낮은 자존감 같은 패턴은 보통 성인에게 나타난다고 여겨지는 다른 질환에도 흔한 패턴이어서, 이런 환자는 ADHD가 아닌 다른 질환으로 진단받기 쉽다. 게다가 ADHD 성인은 자신의 ADHD를 감추고 이를 보상할 전략을 열심히 개발해왔기 때문에 흔히 오진된다.[23]

ADHD 여자아이들에 대한 고질적인 과소 진단

여자아이들은 학교에서 더 열심히 노력하는 편이고 행동 문제를 보일 가능성도 적다. 따라서 여자아이가 ADHD로 불릴 가능성은 낮다. 여자아이가 사춘기가 되어 호르몬 수치가 요동치며 ADHD 증상이 심각해지면 그때야 비로소 ADHD가 더 분명해지고 문제가 되는 경우가 흔하다. 과거에는 여자아이나 젊은 여성은 남자아이들만큼 ADHD로 진단받지 못했고 심지어 오늘날에도 여자아이들이 과소 진단받는 경향은 어느 정도 이어지고 있다.[24]

스트레스가 ADHD를 심화시킨다는 사실에 대한 이해 부족

생활환경에 요구가 많고 스트레스가 쌓이면 ADHD가 더욱 골칫거리가 된다는 점은 또 다른 문제다. 관리직으로 승진해 내 일뿐만 아니라 다른 사람의 일을 기억해야 하고, 논문 작성처럼 오래 걸리고 복잡한 일을 완수해야 하고, 부모가 되거나 둘째를 낳은 경우도 그런 사례다. 강력한 실행기능이 갑자기 크게 요구되고 스트레스가 증가하는 상황이 되면 ADHD는 더욱 문제가 된다.[25] 스트레스가 많은 상황에서 심각한 ADHD 증상을 보이는 사람에게도 스트레스가 적은 상황에서는 같은 진단이 내려지지 않을 수 있다.

많은 사람이 계속 진단받지 못하는 현실

성인 ADHD에 대한 인식이 널리 퍼져 많은 관심과 대중적 반향을 일으켰던 1990년대 중반에서 이제 25년이 넘게 흘렀다. 1995년 40~50대에 ADHD 진단을 받았던 이들은 이제 60~70대가 되었다. 결과적으로 이미 ADHD로 진단받은, 거대하고 점점 늘어나는 노인 코호트 집단이 생긴 셈이지만 여전히 진단받지 못한 노인도 많다.

네덜란드의 한 연구에 따르면 60~70세 성인은 71세 이상 노인보다 ADHD 증상을 더 많이 보고한다.[26] ADHD 증상이 나이가 들며 줄어드는 것일까? 그저 노년이 되면 맞닥뜨리는 어려움이 줄어들기 때문에 증상을 적게 보고했을 수 있다.

ADHD로 확인된 노인이 적은 또 다른 이유는 러셀 바클리Russell Barkley의 연구와 밀접한 관련이 있다. 이 연구에서는 건강에 해로운 생활 방식이 당뇨나 심장병 같은 만성질환으로 이어져 많은 ADHD 성인의 수명을 현저히 줄인다고 주장한다.[27] 다시 말해 ADHD가 있는 사람 가운데 70세 이상까지 살아남은 이가 적다는 점에서 이런 사람들은 ADHD '생존자'라고 볼 수 있다.

▶ 정신 건강 전문가가 노인을 평가할 때
ADHD를 고려하지 못하는 이유는 무엇일까?

이런 정보를 모두 고려할 때 당신은 머리를 긁적이며 의료서비스 제공자들이 ADHD를 진단하는 일이 왜 그리 어려운지 의아해할지도 모른다. 다음과 같은 몇 가지 이유가 있다.

훈련 부족

한 가지 중요한 이유는 훈련 부족이다. 성인 정신과 의사들은 훈련 과정에서 ADHD를 거의 다루지 않는다. 게다가 아동 정신과 의사들은 당연히 훈련받을 때 아이들의 필요에 초점을 맞춘다. ADHD는 가족 간에 유전되는 경향이 강하기 때문에 아동 정신과 의사나 소아과 의사는 아동 환자의 부모가 비슷한 증상을 이야기하는 데 분명 더 익숙하다. 흔히 이들은 대부분의 성인 정신과 의사보다 성인 ADHD를 본 경험이 더 많다. 예를 들어 내가 사는 메릴랜드주 마을에서 대부분의 ADHD 성인을 보는 의사는 소아과 의사다. 비슷한 사례로 보통 성인 심리학자보다 아동 심리학자들이 ADHD에 대해 더 많이 듣는다. 임상심리학 프로그램에도 성인 ADHD를 다루는 훈련이 부족하다.

성인 ADHD 치료를 전문으로 하는 몇 안 되는 정신과 의사 중 한 사람인 의학박사 데이비드 굿맨David Goodman은 2012년, 주치의와 정신과 의사가 성인 ADHD를 진단하고 치료할 때 얼마나 편안하게 느끼는지 조사하는 연구[28]를 이끌었다. 약 2000명의 주치의 가운데 성인 ADHD를 진단할 때 '아주 자신 있다'라고 응답한 사람은 고작 8퍼센트에 불과했으며, 정신과 의사 가운데 진단을 내릴 때 '아주 자신 있다'라고 응답한 사람도 28퍼센트뿐이었다. 굿맨 연구진은 정신과 의사라면 성인을 초기 평가할 때 일상적으로 성인 ADHD를 검사해야 한다고 권장한다. 성인 ADHD는 매우 흔하고 불안이나 우울, 물질사용장애 등 여러 질환과 함께 나타나는 경우가 많기 때문이다. 굿맨의 연구는 노인에 초점을 맞추지는 않았지만 60세 이상 노인에게 ADHD 진단을 내리는 데 편안하게 느낄 정신과 의사는 훨씬 드물 것이다.

연령주의

노인 ADHD일 가능성을 고려하는 경우가 드물다는 문제는 부분적으로 연령주의 때문에 일어나기도 한다. 젊은 의사들은 노인의 삶이 텔레비전 시청, 낮잠, 반려견 산책, 일주일에 몇 시간 하는 자원봉사로만 이루어진다고 상상하며 노인의 필요를 무시한다. 미디어에서 노인들은 흔히 말을 더듬고 느리고 까칠하며 무능한 사람으로 비친다. 나는 베이비붐세대가 65세를 넘으면 이런 이미지가 바뀌리라 기대한다. 90세에 사망할 때까지 왕성하게 일했던 인도주의자이자 신학자인 데즈먼드 투투Desmond Tutu를 떠올려보자. 87세로 사망할 때까지 활동했던 대법관 루스 베이더 긴즈버그Ruth Bader Ginsburg, 80대임에도 미국 코로나19 팬데믹 기간에 국민의 이성적인 목소리를 대변하며 여전히 전업으로 활동하고 있는 앤서니 파우치Anthony Fauci도 있다.

기억력 클리닉이 ADHD에 관심을 두지 않음

노인이 건망증을 겪고 소지품을 자주 다른 곳에 두고 일상적인 일을 관리하기 힘들다고 불평할 때 다른 가족이 ADHD를 먼저 떠올리는 경우는 거의 없다. 재빨리 머리에 떠오르는 걱정은 ADHD가 아니라 초기 치매일 가능성이다. 앞서 언급했듯 기억력 클리닉 다섯 곳 중 한 곳만이 일상적으로 ADHD를 검사한다.[29] 그리고 ADHD를 잘 인지하는 이런 클리닉 가운데에도 자세한 정보를 줄 수 있는 가족들로부터 중요한 정보를 얻어 노인이 겪는 문제가 노년에 시작된 인지 저하가 아니라 평생 이어졌지만 진단되지 않은 ADHD 때문일 가능성을 살피는 경우는 극히 드물다.

▶ 치매와 ADHD 구별하기

치매는 상당히 많은 노인이 걸리는 질병이기 때문에 치매 가능성이 한층 가까워진 60대에서 70대에 접어든 노인에게는 ADHD 때문에 오는 건망증이 더 두렵게 느껴진다.

다양한 유형의 치매가 보이는 특성
혹시 치매일까 걱정된다면 치매에서 가장 흔하게 발견되는 다음의 특징적인 패턴[30]을 기초적인 비교 삼아 살펴보자. 물론 치매와 늦게 진단된 ADHD 사이의 가장 중요하고 뚜렷한 차이는 치매 증상은 최근에 발생했고 기존 기능에서 현저하게 벗어난 반면, ADHD에서는 그런 패턴이 어느 정도 평생 지속되었다는 점이다.

알츠하이머

- 최근 대화나 사건을 기억하지 못함

- 무관심과 우울

뇌혈관질환(혈관성치매)

- 판단력 부족

- 결정을 내리기 어려움

- 과제를 계획하거나 체계화하는 능력 저하

- 걸음이 느려지고 균형감각이 떨어지는 등 운동능력 손상

루이소체치매

- 수면 장애

- 환각

- 깊이를 지각하는 능력이 저하되거나 사물에 부딪히고, 잘 넘어지거나 익숙한 환경에서 길을 잃는 등 시공간 인지 손상

- 명백한 기억 소실은 없음

- 흔히 알츠하이머와 동반되어 나타남

▶ 노화에 따른 '정상적인' 인지 변화

노화에 따른 '정상적인' 인지 저하는 치매와 관련 없이도 일어날 수 있다. 이런 인지 변화에는 다음과 같은 것이 있다.

- 처리 속도(일상적인 일을 얼마나 효율적으로 수행할 수 있는지)가 느려짐
- 작업기억(정보를 사용하기 위해 한 번에 기억할 수 있는 정보의 양. 예를 들어 길을 운전할 때 기억할 수 있는 방향 전환 횟수 등) 저하
- 실행기능 능력(여러 단계로 이루어진 작업을 조직하고 계획하고 실행하는 능력) 저하

노년에 마주하는 어려움에 구체적으로 초점을 맞춘 진단 도구를 개발하면 더 많은 노인이 ADHD 진단을 받을 수 있지 않을까?

앞서 살펴보았듯 건강한 생활 방식이 노화와 관련된 인지 저하를 줄이고 지연시킬 수 있으며, 심지어 역전시킬 수도 있다는 증거가 점점 늘고 있다.[31]

▶ 경도신경인지장애일까?

사람들은 보통 자신이나 가족이 볼 때 증상이 염려될 때 기억력 평가를 받으러 온다. 이 경우 기억력 문제가 ADHD 증상인지, 과거 경도인지장애mild cognitive impairment, MCI로 알려졌던 경도신경인지장애mild neurocognitive disease, mNCD 증상인지가 중요한 문제가 된다.

경도신경인지장애는 일반적으로 다음과 같이 설명된다.

- 일상적인 활동에 어려움이 생기고 이런 활동을 할 때 도움이 필요함
- 더하기나 빼기, 시공간 방향감각에서 혼동이 생기고 특정 범주의 단어를 말하기 어려워하는 등 간단한 인지 작업에서 혼동이 일어남

- 기분이 오르락내리락하고 불안하거나 정서적으로 과잉 반응하는 일이 현저히 증가함
- 인지기능 수행이 점점 약화함(이는 신경 퇴행성 과정으로 알려져 있음)

▶ 경도신경인지장애와 ADHD 구별하기

증상이 최근에 일어났고 악화하는가?

경도신경인지장애와 ADHD는 증상이 매우 비슷해 보이지만 결정적인 차이는 ADHD 증상은 오랫동안 지속되었다는 점이다. ADHD 증상은 나이가 들며 감소한다는 연구가 있지만, 경도신경인지장애 증상은 그 반대다. 기억력 문제가 예전과 같은지 또는 시간이 지나며 나아지거나 악화하는지 구별하는 일은 정확한 진단에 매우 중요하다.

ADHD는 평생 안고 사는 장애지만 경도신경인지장애는 노년에 일어나는 장애다. 물론 ADHD와 경도신경인지장애를 둘 다 가진 사람도 있으므로 정확한 병력을 살펴야 한다. ADHD 증상은 성인기 내내 나타나지만 경도신경인지장애 또는 노년에 일어나는 다른 건강 요인 때문에 악화하기도 한다. 신경과 의사와 신경심리학자들은 현재 기능에 주로 초점을 맞추느라 병력을 상세하고 주의 깊게 살피지 않는 경우가 너무 많다.

기억력 문제 병력을 쉽고 명확하게 보고할 수 있는가?

경도신경인지장애 환자는 흔히 증상이 심각하고 최근 악화되었다고 말하지만, 기억력 문제가 있어 이런 저하의 자세한 병력은 제대로 말하지

못하는 경우가 많다. ADHD인 사람은 보통 자신의 문제를 훨씬 자세히 설명할 수 있고 최근에 이런 증상이 악화되었다고 말하지는 않는다.

가까운 가족이 건망증이 오래되었다고 증언해주는가?

이상적으로 경도신경인지장애와 ADHD를 구별하려면 노인의 자가 보고뿐만 아니라 배우자나 성인 자녀 또는 오랫동안 그 사람을 잘 알아온 다른 성인이 증명해주어야 한다. 현재와 과거의 일상 기능을 설명하는 설문지에 응답해줄 가까운 가족이 있으면 큰 도움이 된다. 성인용 실행 기능 행동평정척도Behavior Rating Inventory of Executive Function-Adult Version, BRIEF-A는 도움이 될 만한 설문지 가운데 하나다. (BRIEF-A는 대체로 심리학자로 이루어진 검증된 정신 건강 전문가들만 사용할 수 있다. 다음 웹사이트에서 확인할 수 있다. https://www.parinc.com/Products/Pkey/25.)

약물로 증상이 호전되는가?

경도신경인지장애와 ADHD의 또 다른 중요한 차이점은 현재 경도신경인지장애 치료에 효과적이라고 입증된 약물이 없다는 점이다. 반면 대부분의 ADHD 노인은 각성제를 사용했을 때 상당히 긍정적인 이점이 있다고 보고된다. 사용하는 약물은 아동이나 청년 ADHD에게 도움이 되는 약물과 같다. 이처럼 경도신경인지장애와 ADHD가 약물에 다른 반응을 보인다는 점은 두 질환이 증상은 비슷해 보이지만 장애의 근본은 서로 다르다는 점을 더욱 잘 알려준다.

ADHD 진단을 받은 성인 자녀, 조카, 손주가 있는가?

ADHD는 유전되는 경향이 매우 강하다. ADHD 노인의 가족 중에는 ADHD 진단을 받은 젊은 세대가 있을 가능성이 크다. ADHD에 대한 인식이 지난 50년 동안 크게 높아졌기 때문이다. 따라서 노인이나 그 또래가 공식적으로 ADHD 진단을 받은 경우는 거의 없더라도 가족 중 젊은 세대가 진단받았을 가능성이 있고, 이런 정황은 노인에게 ADHD 진단을 내릴 때 추가 증거가 된다.

▶ 진단에 도움이 되는 설문지

노인 ADHD 진단을 위해 특별히 고안되고 검증된 설문지는 없다. 일부 정신 건강 전문가는 청년 대상으로 고안된 설문지를 사용하는 대신 진단을 내릴 때 부합하는 증상 숫자는 더 적어도 된다고 주장한다. 현재 성인 ADHD 진단에 사용하는 일반적인 평가 척도는 다음과 같다.

- 코너스 성인 ADHD 평정 척도Conners' Adult ADHD Rating Scales
- 브라운 성인 ADD 평정 척도Brown Attention-Deficit Disorder Scale for Adults
- 웬더 유타 평정 척도
- ADHD 평정 척도
- ADHD 평정 척도-4
- 성인용 ADHD 자가 보고형 설문지Adult ADHD Self-Report Scale-v1.1 Symptom Checklist, ASRS

(이 가운데 국내에서 현재 사용할 수 있는 평가 도구는 코너스 성인 ADHD 평정 척도, 웬더 유타 평정 척도, 성인용 ADHD 자가 보고형 설문지다. 한국형 성인 ADHD 척도K-AADHDS, 한국판 성인형 Young ADHD 척도K-YAQ, 한국형 성인 ADHD 평가 척도K-AARS도 있다. 성인 ADHD 선별에 가장 널리 쓰이는 척도는 성인용 ADHD 자가 보고형 설문지를 번역한 한국형 ASRSK-ASRS다. —옮긴이)

이 가운데 일반인이 자가 검진 도구로 사용할 수 있는 것은 ASRS뿐이다. 하지만 많은 ADHD 증상이 다른 장애 증상과 겹칠 수 있으므로 정확한 진단을 받으려면 훈련된 정신 건강 전문가와 상담해야 한다.[32]

웬더 유타 평정 척도를 ADHD의 주요 척도로 사용하는 정신 건강 전문가는 조심해야 한다. 이 척도는 전적으로 노인이 기억하는 어린 시절 행동에만 의존할 뿐 성인기의 기능은 묻지 않는다. 최근 연구에서 알 수 있듯 50~60년 전 기억이 정확할지는 의심스럽다.[33]

성인기 내내 이어진 일상 기능에 초점을 맞춘 평가는 매우 중요하다. 이런 설문은 건망증, 체계 없음, 시간관념 부족, 잦은 소지품 분실 등이 오랫동안 일어났고 최근에 발생한 문제만은 아니라는 점을 확인해준다는 점에서 중요하다.

▶ 성인용 ADHD 자가 보고형 설문지ASRS

ASRS는 성인에게 널리 사용되는 ADHD 검사 설문지다.[34]

여기에는 열여덟 개의 질문이 있는데 그중 파트 A에 해당하는 첫 여섯 개 질문은 성인 ADHD를 확인할 가능성이 가장 큰 항목이다.

1. 일의 어려운 부분을 잘 해결한 다음 그 일을 마무리 짓지 못해 곤란한 적이 얼마나 자주 있는가?
2. 체계가 필요한 일을 할 때 순서대로 일을 진행하는 데 어려움을 느낀 적이 얼마나 자주 있는가?
3. 약속이나 해야 할 일을 깜빡해 난감했던 적이 얼마나 자주 있는가?
4. 생각을 많이 해야 하는 일이 있을 때 그 일의 시작을 피하거나 미루는 경우가 얼마나 자주 있는가?
5. 오래 앉아 있어야 할 때 손을 만지작거리거나 다리를 떠는 일이 얼마나 자주 있는가?
6. 마치 모터가 달린 듯 지나치게 활동적이거나 그래야 한다고 느끼는 적이 얼마나 자주 있는가?

이 중 다섯 개 이상의 항목에 '가끔 그렇다', '자주 그렇다', '매우 자주 그렇다'라고 응답했다면 'ADHD일 가능성이 매우 높다'라고 볼 수 있으며 더욱 심층적인 진단을 받을 필요가 있다.

▶ **ADHD 진단의 '최적 표준'은 정보에 입각한 주의 깊은 임상 면담**

ADHD와 경도신경인지장애를 정확히 구별하는 임상 면담은 철저히 이루어져야 하며 다음과 같은 사항을 포함해야 한다.

- 현재 일상 기능 및 이 기능이 최근 현저하게 달라졌는지
- 보고한 과거 일상 기능과 현재 일상 기능이 대비되는지
- 가족 중 ADHD를 진단받은 젊은 세대가 있는지
- 학업 이력
  - 열심히 노력하면 좋은 학생이 될 수 있다는 말을 들었는가?
  - 보고서나 과제를 막판이 되어서야 제출했는가?
  - 대학에 들어갔지만 학위 과정을 마치지 못했는가?
- 결혼 이력 ─ 초혼 연령, 이혼 횟수, ADHD 자녀 유무
- 근무 이력 ─ 여러 단기 직업을 가진 이력, 해고 이력
- 노인이 자가 보고한 내용에 대한 배우자나 가까운 가족의 확증

배우자는 다음과 같은 질문에 답해줄 수 있다. 배우자의 집 책상에 서류가 분류되지 않은 채 아무렇게나 쌓여 있는가? 세금 고지서나 의료보험 청구 등 서류 작업을 때맞춰 처리하는가? 배우자가 시간관념이 없어 막판에 허둥대는가? 물건을 사용한 다음 제자리에 돌려두는 것을 자주 잊는가? 여러 번 말해준 정보도 자주 잊어버리며, 이런 일이 여러 해 동안 계속되었는가?

우리에게는 아직 노인에게 결정적인 ADHD 진단을 내릴 만한 좋은 진단 도구가 없다는 사실이 중요하다. 따라서 진단을 내릴 때 가장 적합한 사람은 오랫동안 ADHD에 정통한 사람, 즉 해당 성인과 배우자 모두를 세심하게 임상 면담할 수 있는 사람이다. 배우자가 없다면 성인 자녀나 형제 등 다른 가족과 면담해야 한다.

진단을 내리는 전문가라면 인지 문제가 노화에 따른 인지 저하 때문이

라는, 쉽지만 아마도 잘못된 결론으로 건너뛰지 않아야 한다는 점이 가장 중요하다.

▶ ADHD 진단을 위한 신경심리학 검사

신경심리학 검사는 진단 과정에서 도움이 될 수 있지만 엄청나게 비싸다. 굳이 이런 검사를 하지 않아도 경험 많은 임상의(ADHD 전문 심리학자, 정신과 의사, 심리치료사)가 대상자와 가까운 가족을 세심하게 임상 면담해 진단을 내릴 수 있다. 기억력 감퇴가 걱정되어 기억력 클리닉에 간다면 당신을 담당하는 신경과 의사는 검사를 받아보라고 권할 것이다. 검사를 해두면 1년 혹은 그 뒤에 다시 검사할 때 뚜렷한 저하가 왔는지 확인할 인지기능 '기준'이 되어줄 수 있다. 신경과 의사가 인지 저하를 평가하기 위해 실시하는 검사는 보통 의료보험 보장을 받는다. 하지만 성인 ADHD를 평가하기 위해 스스로 신경심리학 검사를 받을 때는 의료보험 보장이 되지 않을 수 있다. 비싼 신경심리학 검사를 진행하기 전에 의료보험사와 상담해 검사 비용을 보장해주는지 확인해야 한다.

당신이 노인이고 진단되지 않은 ADHD라고 의심이 들 때 취해야 할 조치는 다음과 같다.

- ADD 아동과 성인을 위한 단체Children and Adults with Attention Deficit Disorders, CHADD 의 웹사이트(https://chadd.org)를 방문해 자원 항목에서 당신이 사는 지역에 ADHD 전문가가 있는지 확인한다. CHADD는 ADHD인 사람들을 위한 미국에

서 가장 규모 있고 오래된 지원 단체다[국내에서 성인 ADHD 관련 의료기관 정보는 대한소아청소년정신의학회에서 운영하는 ADHD 전문 웹사이트(www.adhd.or.kr)와 대한소아청소년정신의학회 웹사이트(www.kacap.or.kr. '일반인 공간'에서 '병원 검색'을 이용)에서 검색할 수 있다—옮긴이].

- 웹사이트에서 가까운 지역에 자조 모임이 있는지 확인한다. 거주지에 이런 모임이 있다면 가까운 곳에 있는 좋은 전문가를 추천받을 방법을 알려줄 수 있다.
- 거주 지역에 ADHD 전문가가 있는지 검색한다(CHADD 웹사이트에 모든 전문가가 등록되어 있지는 않다).
- 거주 지역에 ADHD 코치가 있는지 검색한다. 일반적으로 코치들은 근처에서 ADHD를 진단할 수 있는 치료 전문가를 안다.
- 당신의 주치의에게 성인 ADHD에 전문 지식이 있는 사람을 소개해줄 수 있는지 문의한다.
- 지역 대학의 장애 학생 지원 사무소에 문의한다. ADHD 진단을 받은 대학생이 아주 많아서 이런 사무소는 보통 해당 지역에서 가장 좋은 치료 전문가를 알고 있다.
- 의료보험 적용이 되는 노인 ADHD 전문의가 주변에 없다면(이런 경우가 매우 흔하다) 자비로 최종 ADHD 진단을 받은 다음 공식 진단이 내려지고 나서 주치의에게 각성제를 처방받을 수 있는지 물어볼 수 있다.

이 장의 핵심 교훈

✓ 늦게라도 ADHD 진단을 받으면 인생이 바뀔 수 있다.

- ✓ ADHD는 매우 흔한 성인 정신장애다.
- ✓ 노인 ADHD에 대해 적절한 훈련을 받은 성인 정신과 의사는 거의 없다.
- ✓ 노인의 필요를 무심하게 추측하면 진단을 방해할 수 있다.
- ✓ ADHD 노인을 위한 좀 더 표적화된 평가 도구가 필요하다.
- ✓ 가족이 입증한 개인 이력에 근거해 ADHD와 노화에 따른 인지 저하를 구별할 수 있다.
- ✓ 젊은 가족 구성원 중 ADHD 진단을 받은 사람이 있다면 자신도 ADHD가 있을지 모른다고 강하게 의심해보아야 한다.
- ✓ 불안, 우울, 양극성장애가 있다고 ADHD 가능성을 배제해서는 안 된다. 이런 장애는 보통 ADHD와 함께 발생하기 때문이다.
- ✓ 학업이나 직업에서 성취를 거두었다고 ADHD 가능성을 배제해서는 안 된다. ADHD가 있어도 큰 성과를 거둘 가능성이 상당하기 때문이다.
- ✓ 신경심리학 검사는 진단을 보조하고 ADHD와 함께 인지 저하가 의심될 때 '기준'이 되어줄 수 있으므로 광범위한 인지기능을 평가할 때 도움이 된다.

5장
ADHD 노인의 각성제 치료

각성제 치료는 안전한가? 경험 많은 의사를 어떻게 찾을까?

4장에서 소개한 아델은 플로리다에 혼자 살며 알츠하이머로 오진받고 나중에 ADHD로 제대로 진단받았다. 여기서 아델의 이야기를 다시 꺼내는 것은 다른 많은 노인처럼 그녀 역시 효과적인 ADHD 치료를 받는 데 어려움을 겪었다는 점을 강조하기 위해서다. 제대로 ADHD 진단을 받았다는 점에서 아델의 사례는 해피 엔딩이라고 생각할 수 있지만 실은 그렇지 않았다. 신경과 의사는 ADHD 진단을 내릴 만큼은 알았지만 ADHD 고령자를 치료하는 방법은 잘 몰랐고, 특히 대부분 고령자에게 각성제를 사용할 때의 안전성과 효과는 충분히 알지 못했다. 그릇되게도 의사는 아델에게 이렇게 말했다. "당신은 ADHD이지만 해볼 수 있는 건 없습니다."

나이가 얼마나 들었든 ADHD 증상을 줄이기 위해 해볼 수 있는 일은 많다. 이 장에서는 각성제가 얼마나 효과적일 수 있는지 살펴보겠다. 하지만 약물치료가 ADHD 증상을 줄이는 데 도움이 되는 유일한 방법은 절대 아니다. 이어지는 장에서 심리치료, 스트레스 관리, ADHD 코칭, 생활 방식 변화 등 다른 효과적인 방법도 살펴볼 것이다. ADHD 진단과 치료의 도움을 받기에 너무 늦은 때란 없다.

▶ 노인에게 각성제를 왜 처방할까?

미국 성인의 삶은 지난 세대 동안 크게 달라졌다. 첫 직업을 갖고 계속 일하는 노인도 많고, 시간이 생겨 새로운 프로젝트나 열망하던 일에 뛰어드는 사람도 있다. 65세 이상 노인 가운데 계속 일하는 사람도 있지만, 완전히 은퇴하더라도 미로처럼 복잡한 의료서비스를 알아보거나 금전을 관리하고 기술을 익혀야 하는 등 여러 인지적 요구에 부딪힌다. 우리는 삶의 각 단계에서 뇌가 제 역할을 하도록 해야 한다. 각성제는 ADHD 증상을 줄이고 인지기능을 개선하는 가장 즉각적이고 효과적인 방법이다. 성인 다섯 명 가운데 네 명은 각성제에 긍정적인 반응을 보인다.[1] 현재 이용할 수 있는 ADHD 약물은 실제로 도움이 된다.

　다음 여러 장에 걸쳐 ADHD 치료에 효과가 있을 만한 여러 방법을 살펴볼 것이다. 하지만 모든 지역에서 이런 도움을 받을 수는 없으며, 도움받을 수 있더라도 약물치료만 받는 것보다 경제적으로 훨씬 부담이 된다. 따라서 여기에서는 약물을 먼저 살펴보기로 한다.

▶ 띄엄띄엄 받는 약물치료: 약물 유지하기의 어려움

이제 60대가 된 크리스틴은 자신이 ADHD임을 인식하고 치료법을 찾는 여정을 수년째 이어오고 있다.

크리스틴은 성격이 밝고 학업성적도 좋았다. 마감이 닥쳐 허겁지겁 숙제를 제출하거나 시험을 앞두고 벼락치기로 공부하는 일이 많았지만 말이다. 그녀가 진짜 힘들어한 것은 '현실 생활'이었다. 다행히도 그녀는 청구서를 확실히 처리하고 중요한 일을 제때 처리하는 집중력 있고 체계적인 사람을 만나 결혼했다. 크리스틴은 늘 싱크대에 설거짓거리를 쌓아두고 집 안을 너저분하게 내버려두었지만, 세 자녀와 놀아주는 등 인생에서 더 중요한 일에 집중하느라 그랬다고 변명했다. "저는 뭔가 '손을 대느니' 그냥 '있는' 편이 나아요."

성인기에 ADHD 진단을 받은 많은 사람처럼 크리스틴도 30대 후반에 큰아이가 ADHD 진단을 받고 나서야 자신도 ADHD가 아닐까 의심하기 시작했다. 아들이 진단받고 얼마 되지 않아 그녀는 서점에서 ADHD 여성을 다룬 책을 발견했다. 책에 나오는 다른 여성들 이야기가 대부분 자기 모습과 닮았다는 사실을 알아챈 그녀는 정서적으로 큰 깨달음을 얻었다고 기억했다.

정신과 의사에게 가보기는 너무 창피해서 아들이 먹는 속효성 각성제를 하나 먹어보았다. 30분쯤 지나자 "일어나서 뭔가 하고 싶은 강한 충동이 들었어요. 식기세척기를 돌리고 조리대를 닦아야

겠다 싶었죠. (중략) 살아 있고 뭔가에 몰두하고 있는 느낌이 들었지만 무서워했던 중독된 것 같은 상태는 아니었어요. (중략) 이번에야말로 제가 해야 할 일을 아무것도 가로막지 않았죠." 잠시 후 그녀는 정신과 의사에게 전화를 걸었다. 의사는 잠깐 간단한 상담을 한 다음 그녀에게 각성제를 처방했다.

빠르게 15년 뒤로 가보자. 크리스틴은 이제 50대가 되었다. 일반의는 심장초음파echocardiogram, ECG 검사를 하고는 심장에 위험할 수 있어서 더 이상 각성제를 처방하지 않을 것이라고 말했다. 재차 ECG를 찍었을 때 건강에 문제는 없었는데도 의사는 바이반스Vyvanse를 아주 적은 양(20밀리그램)밖에 처방해주지 않았다. "제가 진료받는 정신과 의사라면 바이반스를 항상 먹던 양만큼 계속 처방해주겠지만 그 의사를 믿지는 않아요." 정신과 의사는 각성제 처방에 너무 무신경한 반면 일반의는 너무 걱정했다. 둘 다 성인 ADHD에 전문 지식이 없었음은 분명하다.

그러던 중 크리스틴은 시간을 들여 자기 말을 찬찬히 들어주지만 각성제 처방에는 반대하는 의사를 만났다. 통합의학 교육을 받은 그는 좀 더 자연스럽고 전인적인 접근법을 써보자고 말했다. 의사는 초저탄수화물 식단을 제안하고 각종 영양보충제를 처방했다. 수년간 바이반스로 효과를 보았고, 서로 의견을 공유하지 않는 상당히 다른 세 명의 의사에게 진료를 본 끝에 크리스틴은 최종적으로 스스로 치료 결정을 내려야 하는 상황에 놓였다. 통합의학 의사가 가장 편했기 때문에 크리스틴은 그의 방식을 따르기로 했다. 그녀는 순조롭게 상태를 유지하고 일상적인 일을 하는 데 각성제가 가장 효과적으로 도움을 주었다고 말했지만 결국 이런 결정을 내렸다. 의사가 자기 말을 제대로 들어주지 않는다고 느끼는 많은 성인처럼 크리스틴도 각성제를 끊기로 했다.

의사들은 저마다 자신만의 관점으로 그녀에게 약물이 필요한지 살폈다. 일반의는 너무 조심스러워했고 정신과 의사는 너무 무심했으며 기능의학 의사는 각성제에 강한 편견을 가지고 있었다. 셋 다 ADHD에 심층적인 지식은 없었다.

게다가 이제 성인이 된 크리스틴의 아들 역시 ADHD였지만 각성제를 처방해줄 공인된 전문가를 찾는 데 애를 먹었다. 최근에 만난 의심 많은 주치의는 그가 '마약을 구하고 있다'라고 생각해 처방전을 써주지 않았다.

요즘 크리스틴은 열심히 저탄수화물 식단을 따르고 영양보충제를 복용하고 요가를 하며 ADHD를 관리한다. 그녀는 스스로 '내가 원래 그렇지'라고 되뇌며 무질서한 삶을 체념하고 받아들였다. 아들은 약물을 처방해줄 의사를 계속 찾고 있다.

크리스틴과 아들이 ADHD 치료 약물을 받으려 애쓴 경험을 보면 심란하다. 안타깝게도 미국 여러 지역에 사는 ADHD 성인은 성인 ADHD 치료에 실질적인 지식과 경험을 갖춘 전문가를 만나기 힘들다.

> ADHD 성인이 각성제를 끊기로 한 이유 중 하나는
> 의사가 자기 말을 제대로 들어주지 않는다는 느낌 때문이었다.[2]

▶ ADHD 약물의 기초

ADHD 치료에 가장 효과적인 약물은 ADHD 때문에 오는 주의력 및 행동 문제를 개선하는 신경전달물질인 도파민과 노르에피네프린에 영향을 주는 약물이다. 각성제와 비非각성제(비중추신경자극제) 모두 ADHD 치료에 사용된다.

▶ 각성제

각성제는 성인 ADHD 증상 치료에 가장 널리 사용되는 약물이다. 미국 식품의약국Food and Drug Administration, FDA은 아동과 청소년에게 사용되는 모든 각성제를 성인 치료에 사용하도록 연구하거나 승인하지는 않았지만, 성인 ADHD에 사용하는 약물은 아동과 청소년 치료에 사용되는 약물과 동일하다. 현재 미국에서 성인 ADHD 치료제로 허가받은 약물에는 메틸페니데이트Methylphenidate, MPH 계열(상품명 포칼린, 포칼린 XR, 콘서타, 데이트라나, 메타데이트CD)과 암페타민Amphetamine, AMP 계열(상품명 애더럴 XR, 바이반스)이 있다(국내에서는 메틸페니데이트 계열 약물만 승인되어

있으며 국내 상품명은 페니드, 페로스핀, 콘서타, 메타데이트CD, 메디키넷리타드, 비스펜틴 등이다. 암페타민 계열 약물은 마약류로 분류되어 수입 및 유통이 엄격히 금지되어 있다―옮긴이). ADHD가 있는 사람 대다수는 두 각성제 '계열'(메틸페니데이트류와 암페타민류) 모두에 잘 반응하지만, 어느 한쪽에 더 잘 반응하는 사람도 있다. 의사는 두 각성제 '계열' 중 어떤 약물을 먼저 처방할지 선택해 저용량에서부터 점차 '치료' 용량으로 올리면서 반응을 살펴야 한다.

의사가 처음 처방한 약물이 그다지 효과가 없다고 느껴지면 다른 약을 시도해보고 어느 쪽이 효과가 좋은지 결정해야 한다. 이미 ADHD 진단을 받은 가족 가운데 각성제로 효과를 본 사람이 있다면 의사에게 알리고 가족이 효과를 본 것과 같은 약물을 시도해보는 것은 어떤지 상담하는 편이 합리적이다.

속효성 각성제는 보통 3~4시간 지속된다. 지속형 각성제는 약효 지속 시간이 6~8시간, 길게는 10~12시간으로 다양하다. 사람마다 약물 대사 속도가 다르므로 반응은 매우 다양하다. 속효성 각성제는 몸에서 약물이 사라지며 약효가 널뛰기하고 일과 중 다시 약을 먹어야 하는 부담이 있어, 대부분은 지속형 약물을 선호한다. 오후 늦게 지속형 각성제 효과가 떨어지면서 약효를 촉진할 '부스터'로 속효성 각성제를 복용해야겠다고 느끼는 사람도 있다. 그럴 때는 의사와 상담해야 한다. '부스터'를 복용하면 지속형 각성제의 효과가 떨어지며 오히려 더 피곤해지는 '반동 효과'를 줄일 수 있고 약효를 오래 유지해 저녁 활동에 집중하도록 도움을 줄 수 있다.

토머스 브라운Thomas Brown 박사가 최근 실시한 설문조사에 따르면[3]

ADHD 성인은 저녁까지 각성제 효과를 보고 싶어 했으나 이는 가장 흔하게 충족되지 않는 요구였다. ADHD 장애는 365일 24시간 내내 발생하므로 약물을 복용하는 사람은 하루 종일 효과를 보고 싶어 한다. 성인은 낮에도 최상의 상태를 유지해야 하지만 서류 작업을 하거나 집안 재정 상태를 관리하는 일을 하려면 저녁에도 괜찮은 상태를 계속 유지해야 한다. 환자나 의사 가운데는 ADHD 각성제를 추가로 복용하면 잠을 제대로 잘 수 없을지도 모른다고 걱정하는 사람이 많다. 이런 걱정이 든다면 하루치 각성제를 복용하고 점심 식사 뒤 낮잠을 자보자. 각성제에는 ADHD인 사람의 과잉행동을 진정시키고 달래는 역설 효과가 있으므로 대부분 저녁에 각성제를 추가 복용해도 푹 잘 수 있다. 낮잠을 자지 못한다고 전혀 위험하지 않으니 낮잠을 미리 시도해보면 각성제를 더 복용해도 수면이 방해받지 않는다는 사실을 알 수 있다.

아동, 청소년, 성인에게서 각성제의 효과를 살피는 연구는 수백 건 진행되었다. 아마 다른 범주의 약물 효과를 살피는 연구보다 훨씬 많은 숫자일 것이다. 하지만 노인의 약물 반응은 아직 연구되지 않았다. 최근 각성제의 효과를 다룬 다양한 연구를 살펴본 대규모 메타분석에 따르면[4] ADHD 치료에 적용되는 다양한 각성제 및 비각성제는 아동이나 청소년에게만큼 성인에게도 효과적이었다. 최근 연구에 따르면 50세 이상 환자 가운데도 ADHD 치료 약물로 효과를 보았다고 밝힌 사람이 많다.[5] 게다가 성인에 대한 장기적인 연구는 아직 없지만 이미 수년간 각성제를 복용해왔으며 부작용 없이 계속 효과를 보는 성인도 많다.

메틸페니데이트와 암페타민 중 어떤 것이 나은가?

메틸페니데이트와 암페타민은 둘 다 뇌세포가 서로 연결되고 소통하는 시냅스에서 도파민과 노르에피네프린의 양을 증가시킨다. 하지만 작용 기전은 다르다. 당신에게 어느 쪽이 더 잘 맞을지 미리 알려줄 시험법은 없다. 대부분은 메틸페니데이트와 암페타민 둘 다에 잘 반응한다. 먼저 의사와 상의해 어떤 약물을 처방받을지 결정한다. 그다음 의사는 당신의 반응을 살피며 신중하게 용량을 늘린다. 처음 어떤 약물을 시도했을 때 괜찮은 반응이 나타나지 않으면 의사는 약물을 바꿔 처방하고 반응을 살핀다. 비교적 드물지만 메틸페니데이트와 암페타민 모두에 잘 반응하지 않는 사람도 있다. 그런 경우라면 두 약물을 조합해 복용한다는 선택지도 있다.

각성제는 누구에게나 효과가 있을까?

메틸페니데이트와 암페타민에 긍정적인 반응을 보이는 경우는 70퍼센트 정도다.[6] 30퍼센트는 처음 시도한 각성제에 반응하지 않거나 견디지 못한다는 의미다. 가장 잘 맞는 약물과 복용량을 찾는 과정은 시간이 걸리고 의사와 긴밀하게 조정해나가야 한다는 사실을 이해해야 한다. 메틸페니데이트와 암페타민을 조합해서 사용한 사람의 약 85퍼센트는 가벼운 부작용을 상당히 잘 견디며, 강력하고도 인생을 바꿀 만한 효과를 본다. 하지만 바꿔 말하면 표준 각성제를 시도한 사람 가운데 15퍼센트(대략 일곱 명 중 한 명)는 효과를 보지 못하거나 부작용을 견디지 못한다는 의미다. ADHD 약물치료 경험이 많은 의사에게 전문적으로 진료받는 편이 이상적이다. 처음 시도한 각성제에 부작용이 있었거나 아무런 반응을 보이지 않았다고 해서 당신이든 의사든 각성제는 맞지 않는다고 섣불리 결론 내리지 않아야 한다.

대다수 성인 정신과 의사는 성인 ADHD를 치료한다고 주장하지만 (ADHD는 매우 흔한 질환이므로 정신과 의사라면 누구나 성인 ADHD를 본 적이 있다), 그렇다고 이들이 ADHD에 전문가라는 의미는 아니다. 사설 클리닉이든 대학병원과 연계된 클리닉이든 ADHD를 보는 전문 클리닉에 있는 정신과 의사를 찾아야 한다. 근처 대학의 학생 건강 센터에 문의해 성인 ADHD 치료 경험이 있는 정신과 의사를 찾는 것도 한 방법이다. 대학생들에게 ADHD는 매우 흔하므로 대학 학생 건강 센터에는 보통 이런 학생들을 치료하는 전업 또는 시간제 정신과 의사가 있다. ADHD 전문가를 찾는 또 다른 방법은 미국 최대 규모의 전국 ADHD 지원 단체인 CHADD를 이용하는 것이다. 웹사이트(https://chadd.org)에는 미국 전역의 ADHD 전문가 목록이 있다.

당신에게 잘 맞는 의사를 찾는 방법

- 성인 ADHD 자조 모임이 있다면 회원들이 근처에서 가장 자격 있는 의사에 대한 풍부한 정보를 줄 수 있다.
- 가까운 대학 건강 센터에 문의한다. 이런 곳에는 대체로 학생들을 치료하고 성인 ADHD에 대해 잘 아는 의사가 있다.
- ADHD 전문 클리닉이라고 광고하는 지역 병원 소속 의사를 찾는다.

- CHADD(https://chadd.org) 및 주의력결핍장애연합Attention Deficit Disorder Association, ADDA(https://add.org) 같은 전국 ADHD 지원 단체의 웹사이트를 방문해 미국 여러 지역의 전문가 목록을 찾는다.
- 근처에서 ADHD를 전문으로 보는 아동 정신과 의사를 찾는다. 이런 의사 대부분은 성인도 치료한다.
- '약이 잘 받는지' 알아본다며 표준 각성제를 아무렇게나 처방하는 의사에게 정착하지 말자.

각성제를 복용하면 의존하게 될까?

ADHD 약물을 처음 복용하는 많은 성인들은 각성제를 복용하기 시작하면 약물에 의존하게 되고 '평생' 약을 먹어야 할까 봐 걱정한다. 각성제를 코카인처럼 매우 의존성 높은 약물과 동일시하는 일부 사람이 지닌 현실적인 오해다. 물론 둘 다 각성제이기는 하지만 정신자극제 약물은 처방대로 복용하면 의존하게 되지 않는다. 게다가 지속형 각성제는 적당한 속도로 천천히 혈류에 유입되어 하루 종일 집중력과 각성을 일정하게 유지하도록 설계되었기 때문에 의존이나 남용 가능성이 거의 없다.

각성제가 유발할 수 있는 부작용

성인이 느낄 수 있는 부작용은 일반적으로 심각하지 않다. 부작용에는 불면, 식욕부진 및 체중감소, 불안, 일부 심혈관 문제 등이 있다.

- **불면** — 불면은 각성제를 얼마나 늦은 시간에 복용할지 주의 깊게 관찰해서 관리할 수 있다. 속효성 각성제와 지속형 각성제가 있으므로, 지속형 각성제를 복용하고 불면증이 생겼다면 의사와 상담해 속효성 제제로 바꿀 수 있다.
- **식욕부진 및 체중감소** — 식욕부진과 체중감소는 보통 일시적인 부작용이다. 드물게 식욕부진이 계속되는 경우라면 의사와 상담해 약물을 속효성 제제로 바꾸어 아침 식사 후에 약을 먹고 오후 동안 약효가 사라지도록 복용 시간을 조절할 수 있다.
- **불안** — 각성제를 복용하고 불안이나 신경과민을 느낀다면 몇 가지 방법이 있다. 먼저 다른 '계열'의 각성제를 고려해보자. 이렇게 해서 문제가 해결되었다는 사람이 상당히 많다. 각성제에 매우 예민하다면 신경이 과민해진 느낌을 다스리기 위해 정량보다 적은 양을 복용해야 할 수도 있다. ADHD 외에 불안 증세도 있다면 각성제와 항불안제를 같이 복용해야 할 수도 있다.
- **심혈관 부작용** — 혈압이 정상이라면 약간의 혈압 상승이나 심박수 상승 같은 심혈관 부작용을 겪을 수 있다. 심혈관에 미치는 효과를 살핀 몇몇 장기적 대규모 통제 임상시험[7]에서는 각성제 사용이 심장마비나 심장사, 뇌졸중 위험 증가와 연관이 없다는 사실을 발견했다. 각성제를 복용하는 성인에게는 정기적인 혈압 측정을 권한다.

기타 각성제 치료를 고려하자

앞서 언급했듯 ADHD 치료에 경험이 많은 의사를 찾는 것이 중요하다. 이 장의 뒷부분에서 살펴보겠지만 일반적으로 노인 환자와 의사가 긴밀히 협력해 최적의 약물과 복용량을 찾으면 각성제에 긍정적인 반응을 보인다. 참고로 하루 중 특정 시간에 특히 집중해야 하는 성인이라면 특히 요구가 많은 시간에 집중력을 높이기 위해 속방형 각성제를 추가하는 등 약물 복용 시간이나 복용량을 조절할 수 있다. 더 이상 일을 하지 않는 노인이라도 서류 처리, 보험금 청구, 금전 관리 등 더욱 주의 집중이 필요한 업무가 많다. 하지만 각성제는 세부 사항에 집중해야 하는 활동 외에도 일상적인 기능을 이어나가기 위해 필요한 여러 작업을 관리하는 데 도움이 된다.

▶ 비각성제

각성제에 잘 반응하지 않거나 각성제 부작용을 견디지 못하는 ADHD 노인에게는 비각성제를 써볼 수 있다. 일반적으로 비각성제가 각성제보다 효과가 덜 한 것으로 알려져 있다는 점은 말해두어야겠다.[8] 여기에서는 현재 미국에서 사용되는 비각성제를 요약했다(국내에서는 다음 소개하는 비각성제 가운데 아토목세틴과 클로니딘이 사용된다—옮긴이).

아토목세틴Atomoxetine

아토목세틴(국내 상품명은 스트라테라, 아목세틴, 아토모테라 등이 있다—옮긴이)은 성인 ADHD 치료 목적으로 FDA가 승인한 최초의 비각성제다(아동과 청소년에게도 승인되었다). 아토목세틴은 각성제와 달리 유익한 효과를 내는 데 시간이 더 걸리지만 심박수나 혈압이 약간 증가하는 심혈관 부작용은 가볍고 의학적으로 유의하지 않다. 불안이나 우울로 이미 약물을 복용하고 있다면 아토목세틴이 일으킬 수 있는 잠재적인 부작용에 대해 반드시 의사와 상담해야 한다.

항우울제

노르에피네프린 재흡수 억제제norepinephrine reuptake inhibitor, SNRI로 분류되는 항우울제(신경전달물질인 노르에피네프린을 늘리는 직접적인 효과가 있음)는 ADHD의 주요 증상에 긍정적인 영향을 주는 것으로 나타났다. SNRI를 이용한 ADHD 치료는 오프라벨off-label(규제당국에서 허가받은 사항 이외의 범위로 의약품을 사용하는 행위. 허가 외 사용이라고도 한다—옮긴이)이지만 성인에게 상당히 흔하게 적용되며, 특히 노인에게 각성제를 처방하기 주저하는 의사들이 많이 사용한다.

클로니딘Clonidine과 구안파신Guanfacine

클로니딘(상품명 카타프레스, 켑베이) 및 구안파신(상품명 인투니브)은 아동 ADHD에 승인되었고 성인에게도 도움이 될 수 있다. (국내에는 클로니딘 성분만 승인되어 있으며 구안파신은 2023년 현재 승인되지 않았다—옮긴이) 클로니딘과 구안파신은 일반적으로 각성제와 함께 사용하며 단독으로 사용하는 경우는 드물다. 각성제는 주로 주의력결핍에 영향을 미치는 반면, 클로니딘과 구안파신은 주로 ADHD의 과잉행동/충동성에 영향을 미친다. 두 약물은 '마음이 들뜬 느낌'을 줄이고 ADHD가 있는 많은 이들이 호소하는, 끊임없이 무언가 해야 할 것 같은 현상을 줄여준다고 기대된다. 다행히도 이런 약물은 안절부절못하는 느낌을 가라앉히면서도 진정이나 졸음을 유발하지 않는다. 많은 ADHD 성인이 보고하듯 다양한 생각이 동시에 머릿속을 사로잡는 '과잉 활동성 뇌' 패턴도 줄이는 경향이 있다. 아동과 성인의 약 40퍼센트는 클로니딘과 구안파신 둘 다에 반응하지 않는다.

　다음 표에서는 가장 일반적으로 처방되는 약물의 기본 정보를 소개한다. 여러 새로운 각성제나 당신의 담당 의사가 처방할 때 선택할 만한 일부 비각성제는 이 표에 포함하지 않았다.

약물	지속 시간	제형 및 특징
각성제		
메틸페니데이트		
콘서타*	서빙형(12시간)	정제
데이트라나	9시간	경피흡수용 패치, 피부에 부착
조르나이 PM	서방형(12~14시간)	캡슐, 자기 전 복용
메타데이트 CD	서방형(8~10시간)	캡슐
메틸페니데이트 HCl	서방형(6~8시간)	정제
리탈린*	속방형(3~4시간)	정제
리탈린 LA	서방형(8시간)	캡슐
리탈린 SR	서방형(8시간)	정제
덱스메틸페니데이트		
포칼린	속방형(4~6시간)	정제
포칼린 XR	서방형(8~12시간)	캡슐
덱스트로암페타민		
덱스드린	속방형(3~4시간)	정제

약물	지속 시간	제형 및 특징
덱스드린 ER	서방형(5~10시간)	스팬슐(서방형 및 속방형 과립 또는 산제를 캡슐에 충진한 제제 — 옮긴이)
메스암페타민		
데소신	속방형(4~6시간)	정제
암페타민염 혼합물		
애더럴	속방형(4~6시간)	정제
애더럴 XR	서방형(10~12시간)	캡슐
미데이스	서방형(14~16시간)	캡슐
암페타민황산염		
에브케오	속방형(4~6시간)	정제
리스덱스암페타민		
바이반스	서방형(10~13시간)	캡슐
비각성제		
아토목세틴		
스트라테라*	하루 종일(24시간)	캡슐, 복용 후 며칠 이내에 효과가 나타나지만 완전한 효과를 보이는 데는 시간이 더 걸릴 수 있음
구안파신		
인투니브	서방형(24시간)	정제
부프로피온		
웰부트린 XL*	서방형(24시간)	정제. 완전한 효과를 경험하려면 8주 소요됨
클로니딘		
켑베이*	서방형	정제

* 표시는 2023년 현재 국내에서 ADHD에 사용할 수 있는 식품의약품안전처 승인 약물이다. — 옮긴이

▶ ADHD 치료에 사용되는 약물에서 기대할 수 있는 것

약물로 ADHD를 '치유'할 수는 없지만 약물은 ADHD 때문에 오는 몇몇 어려움을 일시적으로 줄이는 데는 도움이 된다. 안경을 쓰는 일과 비슷하다. 안경을 벗으면 여전히 시력 때문에 문제를 겪지만 안경을 쓰면 잘 보이는 것처럼 말이다.

약물치료를 받는다고 갑자기 체계적이고 시간관념 있는 사람이 되지는 않지만 확실히 충동성이 줄고 무언가를 할 때 한 번 더 생각할 시간을 갖게 된다. 집중력이 늘어 지루하고 세부적인 과제를 할 때도 실수를 덜 하면서 마무리할 수 있고 어느 정도 자의식도 향상된다. ADHD인 사람에게 매우 흔한 과도한 감정적 반응을 줄이는 약물도 있다.

내 경험상 많은 의사들은 자신이 처방한 약물에서 어떤 결과를 기대하는지, 또는 환자가 약물의 이점을 측정하고 감시할 체계적인 방법에는 무엇이 있는지에 대해 자세한 정보를 주지 않는다. 실제로도 많은 성인은 의사가 "좀 도움이 됐나요?"처럼 아주 평범한 질문만 던진다고 불평한다.

ADHD 성인은 ADHD라는 장애에서 다양한 정도와 다양한 방식으로 영향을 받는다는 사실을 기억해야 한다. ADHD 성인이 겪는 문제 가운데 일부는 불안, 기분장애, 양극성장애, 섭식장애, 물질사용장애 등 ADHD와 관련된 질환 때문에 일어난 결과일 수 있다. ADHD는 한 가지 이상의 추가 질환을 동반하는 복잡한 장애이므로 당신이 겪는 다양한 장애의 상호작용을 꼭 이해해야 한다. 그렇게 하면 각성제의 약효는 물론 관련 질환의 치료를 위해 처방된 다른 약물의 효과를 평가하는 데도 적극적으로 참여할 수 있다.

이 장에서 함께 살펴본 대로 약물 반응은 분명 사람마다 매우 다르다. 인생이 달라지는 경험을 했다고 말하거나 어떤 측면에서 도움이 되었다고 말하는 사람도 있지만, 거의 효과가 없거나 부작용을 견딜 수 없었다고 말하는 사람도 있다. 사례마다 제각각이며, 다른 정신과 질환이 더 많이 작용할수록 당신의 증상을 모두 해결할 효과적인 치료 과정을 찾는 일이 더욱 복잡해질 수 있다.

한 가지 기억해두어야 할 중요한 사실이 있다. 약물은 뇌가 더욱 제 기능을 발휘하도록 만들어 더 나은 결정을 내리고 좋은 일상 습관을 구축하며 체계적인 기술을 개발하도록 도울 수 있지만, 약물이 당신 대신 이런 일을 해주지는 못한다. 그보다 약물은 당신이 코치나 ADHD 전문 심리치료사, 성인 ADHD 자조 모임의 도움을 받아 삶에서 중요한 변화를 더욱 수월하게 만들 수 있다.

> 약이 삶의 기술을 만들어주지는 않는다.

▶ 내게 맞는 약물 요법 찾기

일정 기간 약물의 이점과 위험을 신중하게 따져보려면 의사와 협력해 약물의 긍정적인 반응과 부작용을 주의 깊게 지켜봐야 한다. 부록 B(354쪽)

의 양식을 매주 기록하면 상태가 호전되었는지는 물론 원치 않은 부작용을 포함해 약물 반응을 자세히 지켜보는 데 도움이 될 것이다. 개인 용도라면 이 양식을 복사해 사용해도 좋다. 이전의 평가와 현재의 평가를 비교하지 않고 매주 반응을 지켜보는 것부터 시작하기를 강력히 권한다. 이렇게 하면 약물 반응을 더욱 정확하게 추적할 수 있다. 그런 다음 의사를 만날 때마다 이 주간 차트를 모아 가져가보자.

심리치료사를 만난다면 치료사에게 피드백을 요청할 수도 있다. 의사는 당신이 약물 반응을 관찰한 결과를 분석할 시간이 훨씬 적지만, 일반적으로 치료사는 당신과 더 많은 시간을 보내기 때문에 의사보다 당신의 약물 반응을 더욱 정확하게 살필 수 있다. 이런 세심한 모니터링을 거쳐 다른 약물이나 ADHD 치료(심리치료, 수면·영양·운동 등 일상 습관 변화, 스트레스 관리 기술, 일상생활 관리 개선을 위한 코칭이나 개인 지도 등을 포함)를 병행할 것을 고려할 수 있다. 이런 방법에 대해서는 다음 여러 장에 걸쳐 자세히 살펴볼 것이다.

의사는 가장 일반적인 두 가지 각성제 계열(메틸페니데이트와 암페타민) 중 어느 약물을 얼마만큼 복용해야 당신에게 가장 효과적일지 미리 알 수 없다. 흔히 의사는 각성제를 처방할 때 저용량에서 시작해 상태가 호전될 때까지 며칠마다 점차 복용량을 늘린다. 약물을 얼마나 빨리 대사하는지(약물의 효과가 얼마나 오래갈지), 약물에 얼마나 민감한지(치료 효과를 보려면 얼마나 많은 양을 복용해야 할지), 어떤 각성제가 가장 효과적일지는 사람마다 차이가 있다. 경험 많은 의사를 만나 서로 협력하며 가장 효과적인 약물과 그 복용량을 찾아야 한다. 약물이 '효과가 없다'거나 '좋아지는 느낌이 별로 없다'고 성급하게 단정 짓지 말자. 복용한 각 약물에 당신이 어떤 느낌을 받고 어떤 반응을 보였는지 인내심을 갖고 매일 기록하고, 의사와 협력해 올바른 약물이나 약물 조합을 찾아야 한다.

생활 기능과 삶의 질 개선하기

의사들은 노인이 겪는 가장 큰 어려움이 무엇인지는 간과하면서 ADHD의 '핵심 증상'이 줄어든 경향만 놓고 약물 효과를 판단하는 경우가 많다. 공식적인 ADHD 증상은 아동의 행동 패턴을 연구해 개발된 탓에 대체로 성인에게 영향을 미치는 ADHD 문제는 포함하지 않는다. 전반적인 삶의 질, 즉 일상생활 관리나 대인관계 같은 요구에 효과적으로 대처하는 능력이나 전반적인 웰빙 감각이 얼마나 나아졌는지로 약물의 효과를 측정하는 편이 더 낫다. 약물의 이점과 부작용을 추적하는 주간 기록에는 이런 삶의 질 측정도 포함된다.

복용하는 각성제가 예전만큼 효과가 없으면 어떻게 할까?

성인이 각성제에 괜찮은 반응을 보이다가 점차 반응성이 떨어지는 경우는 드물다.[9] 부작용을 견디는 힘은 흔히 복용 시작 며칠 안에도 생기지만 각성제의 이점이 줄어드는 일은 청소년, 성인, 노인에게 거의 나타나지 않는다. 일단 꼭 맞는 약물과 복용량이 결정되면 여간해서는 평생 바뀌지 않는다. 약이 예전만큼 효과가 없다고 느껴진다면 의사에게 조언을 구하자. 아마 내성이 생기거나 약효가 떨어져서 그런 것은 아닐 것이다. 그보다는 호르몬 변화(특히 50대 여성이 폐경을 겪으며 나타나는 변화), 특정 생활 방식(고당류 식이, 수면 부족, 운동 부족 등), 스트레스, 늘어난 일상적인 요구 때문일 수 있다. 다시 말하면 ADHD 증상이 심해진다고 이를 해결하기 위해 약물에만 또는 대부분 의존하지는 말아야 한다. 다시 각성제의 효과를 보려고 용량을 늘리는 일은 거의 권장되지 않는다.[10] 의사와 상의하지 않고 멋대로 약물을 조절하려는 생각은 결코 바람직하지 않다. 항상 처방대로 약물을 복용하고 무언가 바꾸기 전에는 의사와 상담해야 한다.

다른 질환과 관련된 '복합형 ADHD' 치료하기

성인의 경우 ADHD가 단독으로 발생하는 경우는 거의 없다는 점을 알아두어야 한다.[11] 대다수의 성인 ADHD는 '복합형'이다. ADHD 성인의 80퍼센트 정도가 우울, 불안, 양극성장애 등 다른 질환도 함께 지닌 것으로 진단되었기 때문이다. ADHD는 어떤 각성제든 한 가지를 복용한다고 해결될 문제가 아니다. 게다가 불안이나 여러 기분 문제를 치료하기 위해 다른 약물을 복용해야 할 수도 있다. 모든 요소를 함께 고려해야 한다. 내가 면담했던 여성들은 흔히 불안 그리고/또는 우울이 같이 있다고 보고했으며 그 가운데 많은 사람이 항우울제와 각성제를 함께 복용하고 있었다.

의사와 협력하고 인내심을 갖자

사람마다 약물을 대사하는 속도는 물론 약물에 대한 민감도는 크게 다르다. 문제를 해결하고, 용량을 조절하고, 지속형 약물과 속효성 약물을 비교해보고, 수면 문제나 기타 부작용 때문에 비각성제를 고려할 때 의사와 협력해야 한다는 의미다. 이런 과정에는 인내심이 필요하다. 쉽지 않은 일이지만 장기적으로 당신에게 매우 유익하다.

약물 복용에 양가적 입장인 사람들은 약물 복용 초기에 부작용이 발생하면 의사와 상담해 문제를 해결하지 않고 충동적으로 약을 끊는 경우가 너무 많다. 균형 있는 약물치료를 위해서는 정확히 당사자에게 맞춤이어야 한다.

복용량을 줄여야 할 수도 있고 다른 약물이 필요할 수도 있다. 내가 수년간 만난 ADHD 성인 대다수는 자신의 필요에 꼭 맞는 치료법을 찾기만 하면 상당한 효과를 보았다.

다음 이야기는 자신에게 가장 잘 맞는 약물을 찾으려 할 때 의사와 끈기 있게 협력하는 일이 얼마나 중요한지 잘 보여준다.

"각성제를 복용하자 빈맥(빠른 심박수)이 생겼어요. 다행히 제 의사는 노인에게 각성제를 처방한 경험이 아주 많았죠. 의사는 제게 각성제를 아주 적은 용량 처방한 다음 실제로 효과를 보고 빈맥은 아주 조금만 나타날 정도의 양으로 매우 서서히 증량했습니다. 그는 이런 방법이 안전하다고 확신을 주었고 그 방법은 제가 기꺼이 할 수 있는 절충안이었죠."

"어떤 각성제를 복용하기 시작했는데 심장이 빨리 뛰어서 무서웠어요. 다음에는 다른 각성제로 바꿨고 지금은 맥박이 올라가지 않는 비각성제를 먹고 있어요."

"처음에 약을 먹을 때는 안 맞았어요. 전 약물에 아주 예민하거든요. 1년 후 주치의에게 이야기했더니 저용량으로 하루 두 번 먹으라고 처방해주었고 그렇게 했더니 아주 효과가 좋았습니다."

"각성제를 복용하기 시작했을 때는 그다지 효과가 없는 것 같았어요. 그 뒤로 지금도 실직 상태고요. 그다음 'ADHD를 믿지 않는' 의사를 만난 탓에 다른 각성제를 처방받지 못했지요. 결국 어떤 ADHD 전문가 얘기를 듣고 몇 주를 기다려 그 의사를 만났습니다. 지금은 지속형 각성제를 고용량으로 먹고 있는데 정말 도움이 돼요. 더 이상 분노를 터트릴 일이 없습니다."

마지막 사례를 이야기해준 사람은 ADHD 전문가가 아닌 의사 두 명을 만났다. 흔히 발생하는 일이다. 다행히 그는 끈질긴 노력 끝에 ADHD 전문가를 찾았고 마침내 좋은 결과를 얻었다.

각성제 복용에 대해 불안해하거나 양가감정을 느끼는 일부 성인은 의사와 상담하지 않고 충동적으로 약을 끊을 가능성이 더 컸다. 어떤 사람은 각성제가 나쁘다는 생각에 확신을 더해줄 사람을 찾기도 한다. 이들은 그렇게 의사와 상담하지 않고 각성제 복용을 주저하는 것이 정당하다고 믿으며 혼자서 문제를 해결하려 한다. 안타깝게도 이런 성인들은 더 차분하고 스트레스 적은 삶을 누리는 데 도움이 될지도 모를 각성제의 혜택을 볼 기회를 스스로 빼앗는다.

당신이 약물에 아주 특이한 반응을 보일 수도 있지만 그렇다고 해서 각성제가 별 효용이 없다고 성급하게 결론 내리지 않아야 한다. 롭이 보낸 편지를 보자.

"각성제를 먹으면 이상하게도 진정 작용이 일어납니다. 머릿속이 너무 어수선해서 전혀 집중할 수 없을 때만 가끔 복용해요. 약효가 떨어지면 반동효과가 너무 심해서 아주 적은 양만 먹습니다."

ADHD 치료를 하면서 특이한 반응을 보이는 또 다른 사례도 만난 적이 있다. 이 남성은 키가 훤칠하고 건장한 성인이었지만 보통 아동에게 처방되는 각성제 표준 복용량의 4분의 1밖에 견디지 못했다. 이렇게 미량만 복용해도 큰 도움이 되었지만 조금만 양을 늘려도 그는 불안하고 초조해했다.

결론적으로 대다수 성인은 각성제 복용으로 상당한 혜택을 본다. 부작용을 견디지 못하는 소수에게는 다른 약물이 도움이 될 수 있다(앞서 108~109쪽에서 제시한 약물 표를 참고하자). 하지만 이런 2차 약물이 각성제만큼 효과를 내는 경우는 드물다. 의사가 경험이 부족해 노인에게 각성제 처방을 망설인다고 해서 이런 2차 약물을 순순히 받아들이지는 말자. 성인 ADHD 치료에 경험이 많은 의사를 찾는 편이 낫다.

▶ 약물 탐색을 가로막는 걸림돌이 될 수 있는 것

이 글을 읽고 "좋은데, 나한텐 약이 딱 맞을 것 같아. 당장 시작해야겠어!"라고 생각할 수도 있다. 하지만 장애물도 있다. 이 걸림돌에 대해 알아두는 편이 낫다. 몇 가지 가장 일반적인 걸림돌을 살펴보자.

적절한 훈련을 받았고 경험 있는 의사를 찾기 어렵다

의사가 ADHD 노인에게 약물 처방을 꺼리는 이유 가운데 하나는 성인 ADHD가 가장 흔한 성인 정신장애 중 하나인데도 의사들이 이 장애에 대해 받는 훈련은 놀랄 만큼 부족하기 때문이다. 양극성장애 발생률은 성인 ADHD 발생률의 절반 정도밖에 되지 않는데도(성인 가운데 양극성장애가 있는 사람은 2.4퍼센트이지만[12] ADHD가 있는 성인은 4.4퍼센트다[13]) 성인 정신과 의사는 양극성장애 치료에 훨씬 익숙하다. 의사가 환자에게 성인 ADHD가 있을 가능성을 보지 못하게 가로막는 복잡한 요인 중 하나는 ADHD 성인에게 기분장애와 불안장애가 매우 흔하다는 점이다. 의사가 정신과 훈련을 받을 때는 기분장애와 불안장애에 훨씬 초점을 맞추기 때문에, 정신과 의사는 진단되지 않은 ADHD는 간과하고 기분장애나 불안장애 같은 문제를 해결하려 할 가능성이 크다. 비ADHD 성인보다 ADHD 성인에게는 우울, 불안, 물질사용장애, 성격장애가 있을 가능성이 더 크다는 사실을 이해해야 한다.[14] 따라서 이런 동반 장애를 지닌 환자를 세심하게 진단·평가하는 정신과 의사라면 환자가 ADHD일 수도 있다는 가능성을 고려하는 것이 표준이 되어야 한다. 심지어 정신과 의사가 환자의 ADHD를 인지하더라도 표준 치료 접근법은 일차적으로 동반 장애에 초점을 맞춘다.

"다른 질환(불안, 우울, 양극성장애)을 치료하는 약물에 대한 반응을 먼저 보고 그래도 ADHD 증상이 남아 있는지 나중에 살펴봅시다." 의사는 보통 당신에게 이렇게 말하지만 이것은 잘못된 치료법이다. 이런 접근법이 잘못된 이유는 ADHD를 먼저 치료하면 보통 불안이나 우울 같은 동반 장애의 영향이 줄어들기 때문이다.[15] 먼저 ADHD를 해결한 다음 불안 그리고/또는 우울 질환의 증상이 남아 있는지 평가하는 편이 더 합리적이다.

호주 브리즈번에서 진료하는 정신과 의사이자 ADHD 전문가인 의학박사 조시 게펀Josh Geffen은 이렇게 썼다. "많은 정신과 의사가 그렇듯 우리는 지난 세기에 들어서야 의학 및 정신과 훈련을 받기 시작했다. 우리는 성인 환자에게 ADHD가 있다는 것은 의심스러운 진단이며 이런 사람들은 아마도 범죄 목적으로 각성제를 찾고 있을 것이라고 교육받았다. 이 분야에서 일하는 의사들은 의심의 눈초리를 받았다. 이런 의사들은 잘 속아 넘어가고 잘못을 묵인하거나 더 나쁘게는 마약을 찾는 사람에게 각성제를 제공하는 파렴치한 공급원으로 여겨졌다."[16]

ADHD 노인 치료를 전문으로 하는 몇 안 되는 정신과 의사 중 한 명인 의사 데이비드 굿맨은 일반 정신과 의사들이 성인 ADHD 진단과 치료에 대한 교육을 채 하루도 받지 않는다고 보고했다.[17] 아동 정신과 의사는 당연하게도 아동의 필요에 초점을 맞춰 교육받는다. ADHD 진료를 받으려는 노인이 취할 수 있는 제일 나은 방법은 성인을 치료할 의지가 있는 아동 정신과 의사나 소아과 의사라도 찾는 것이다. (아동 정신과 의사는 모두 아동 정신과를 전공하기 전에 성인 정신과 교육도 받는다.) ADHD는 유전되는 경향이 있으므로 아동 정신과 의사와 소아과 의사는 아동 환자의 부모가 비슷한 증상을 보고하는 현상에 확실히 익숙하다.

성인 ADHD 진단 및 치료에 대한 적절한 교육을 받은 의사는 전국적으로 턱없이 부족하다. 미국 대도시나 근교에서는 전문가를 찾기가 분명 더 쉽다. 운전해서 갈 만한 거리에 대학병원과 연계된 전문 센터가 있다면 그중 한 곳에서 진단받고 치료를 시작한 다음, 여기서 확립된 치료 절차를 기꺼이 따라줄 지역 의사가 있는 곳으로 전원하여 치료를 이어가는 방법도 괜찮다. 불안이나 우울, 양극성장애 같은 다른 질환 때문에 치료가 복잡하다면 정기적으로 전문가를 찾아가 약물 요법이 계속 효과가 있는지 확인하고 처방전은 일반의나 주치의가 써주는 방법이 가장 좋을 것이다.

전문가와 상담하는 것은 좋은 의료 행위다. 해당 분야의 전문가와 상담하는 데는 비용이 많이 들지만, 나는 전문적인 ADHD 약물 지식을 원하는 성인들에게 보통 그런 상담은 치료 과정에서 좋은 투자가 될 수 있다고 조언한다. 일단 전문가에게 진단을 확정받고 효과적인 약물 요법을 찾은 다음 이 분야의 전문가가 처방한 내용을 계속 따라줄, 치료 비용이 저렴한 지역 의사에게 치료를 이관할 수 있다.

이런 상담을 받으면 흔히 환자와 의사 모두가 지닌 불안이 크게 완화된다. 전문성이 부족한 의사는 이런 상담을 통해 다른 의사와 책임을 분담할 수 있으므로 노인에게 각성제를 처방하는 일을 덜 걱정하게 된다.

의사가 성인에게 "환자분 연령에는 각성제를 복용하면 득보다 실이 훨씬 큽니다"라고 말하는 경우가 너무 많다. 60대에서 70대의 ADHD '전기 고령자'에게 각성제를 처방하기 꺼림칙할 수 있지만, 요양원에서는 우울과 무기력을 줄일 목적으로 80대 이상의 '후기 고령자'에게 같은 각성제를 자주 처방한다.[18] (세계보건기구는 65세 이상의 고령자들을 세분화하여, 65~74세를 '전기 고령자', 75~85세를 '후기 고령자', 85세 이상을 '말기 고령자'로 분류한다. ─옮긴이) 의사가 '위험' 때문에 각성제 처방을 꺼린다면 그 의사가 뭘 모른다고 여겨도 좋다. 물론 노인의 심장병 위험을 검사하는 일은 타당하지만 의사가 노인에게 각성제를 처방하는 일을 아무런 근거 없이 막무가내로 거부하는 것은 말도 안 된다. (이 문제는 잠시 뒤에 다시 설명하겠다.)

혼란스러운 진단: 경도 인지 저하일까 평생 지속된 ADHD일까?

노인이 건망증을 겪고 소지품을 자주 잃어버리거나 일상적인 일을 해내기 힘들다고 불평할 때 다른 가족이나 의사가 ADHD를 먼저 떠올리는 경우는 드물다. ADHD가 아니라 초기 치매에서 오는 인지 저하를 걱정하는 것이 전형적인 반응이다. ADHD는 유전되는 경향이 매우 강하기 때문에 특히 가족 가운데 성인이나 아동이 ADHD 진단을 받은 적이 있다면 노인도 같은 진단을 받을 수 있다는 사실을 고려해야 한다. 이 중요한 주제에 대해서는 4장을 다시 참조하자.

건강 및 안전 문제

성인 ADHD 치료 경험이 없는 의사들은 노인이 각성제를 복용할 때 득보다 실이 많다는 말을 너무 자주 한다. 물론 심장 부작용 위험을 뒷받침하는 증거가 적으나마 있으므로, 각성제 처방을 시작하기 전에는 환자의 병력을 철저히 조사해야 한다. 대다수 의사는 심장 문제가 있는 환자에게 각성제를 자신 있게 처방하지 못한다.[19] 심장 부작용 위험을 판단하려면 담당 의사는 정해진 대로 적절한 평가를 의뢰해야 한다.[20] 정신자극제가 심박수와 수축기 혈압을 증가시킬 수 있다는 증거가 있고 심장 합병증에 대한 우려도 살펴야 하지만, 이런 이유로 특별한 금기사항에 해당하지 않는 노인에게 각성제를 처방하는 일을 당연한 듯 배제해서는 안 된다.[21] 치료 중에는 심박수와 혈압을 마땅히 관찰해야 한다. 심혈관에 미치는 영향이 발견될 때 정신자극제를 줄이거나 끊으면 보통 정상으로 돌아간다.

하나 이상의 심각한 건강 문제가 있어서 당뇨병, 고혈압, 고지혈증 등 나이 들며 발생하는 일반적인 질병을 치료하는 약물을 이미 여럿 복용하는 노인에게는 의사가 ADHD 약물치료를 지나치게 경계하거나 아예 거부할 수도 있다. 여러 위태로운 건강 문제가 있어도 각성제를 안전하게 복용하는 노인도 상당히 많다. 경험이 부족하고 확신이 없는 의사가 많으므로, 처음에는 노인 ADHD 치료 경험이 있는 정신과 의사와 상담하고 초기 치료를 받은 다음 약물 요법이 확립되면 집에서 가깝고 치료비가 더 저렴한 의사에게 옮겨 가 치료받는 방법을 권할 수 있다.

일반의들의 거부감

우리 ADHD 전문 클리닉에서조차 일부 의사들은 복잡한 건강 문제가 있든 없든 60세 이상의 성인에게는 각성제 처방을 전적으로 반대하지는 않더라도 상당히 꺼리는 경우가 있다. 이런 거부감은 많은 의사가 제대로 된 정보에 근거해 결정을 내리지 않고 그저 위험을 가정하는 데서 온다. 심장병을 동반한 성인 ADHD 환자를 관리할 때 의사들이 얼마나 확신하는지 설문 조사한 연구에 따르면, 의사 가운데 매우 소수(가정의의 5퍼센트 및 정신과 의사의 13퍼센트)만이 심장 문제가 있는 ADHD 환자를 치료할 때 "매우 자신 있다"라고 보고했다.[22]

내가 면담한 많은 ADHD 노인 가운데 일부는 의사가 각성제를 아예 고려하지 않거나 고질적인 만성 위장관 문제 때문에 약물을 끊었다고 말했다. 이들 가운데 두 명은 위 우회술을 받은 적이 있고, 다른 사람들은 혈압이 올라 의사가 약물치료를 중단했다고 말했다.

노인에게 각성제를 처방하기 주저하는 의사의 뜻을 거스를 수 없었던 성인들의 이야기를 살펴보자.

- "제 담당 정신과 의사는 각성제를 처방한 다음 갑자기 마음을 바꿔 처방하지 않기로 했어요."
- 노인 ADHD 치료가 분명 익숙하지 않아 보이는 한 의사는 "제 혈압이 약간 올라갔다고 저용량 스트라테라마저 끊으라고 한 다음 다른 각성제도 처방해주지 않았어요."
- 한 여성은 40대부터 각성제를 수년간 복용하며 매우 효과를 보았다. 담당 의사가 은퇴하자 그녀는 다른 의사를 여기저기 찾아보았지만 이제 60대 후반이 된 그녀에게 각성제를 기꺼이 처방해줄 의사는 없었다.

우울장애나 다른 질환은 아닐까? 복잡한 여러 질환

동반 질환(공존하는 정신장애 또는 기타 의학적 질환)은 ADHD 성인을 치료하는 과정에서 어떤 약물이 적합할지 살필 때 문제를 복잡하게 만든다.

심리치료에서 만난 노년 여성 데니즈는 담당 의사가 우울이 '조절될 때까지는' ADHD를 치료하지 않을 것이라 말했다고 내게 전했다. 수년 동안 우울 치료를 받으며 여러 약물을 복용하면서 그녀의 증상은 완전히는 아니지만 부분적으로 완화되었다. 나는 ADHD에 전문 지식이 없는 담당 정신과 의사에게 각성제를 추가해보는 것이 어떻겠냐고 권했다. 내가 만난 성인들은 ADHD 치료 목적의 약물을 복용하면서 불안과 우울도 크게 나아졌다고도 덧붙였다. 그는 데니즈가 오랫동안 복용해온 우울 치료 약물에 각성제를 시험 삼아 더하는 데 동의했다. 그녀는 추가 약물을 복용하자 즉시 우울이 줄었음은 물론 집중력과 업무 수행 능력이 개선되었다고 말했다.

내 경험상, ADHD 성인이 겪는 우울과 불안은 치료되지 않은 ADHD 때문에 나타나므로 ADHD를 직접 치료하면 우울과 불안도 상당히 나아지는 경우가 많았다.

여러 잠재적인 동반 질환에는 전문 지식과 실험이 둘 다 필요하다. 예를 들어 양극성장애가 있는 성인 25퍼센트는 ADHD도 갖고 있지만, 양극성장애가 있는 사람은 각성제에 긍정적인 반응을 보이지 않을 수 있다. 사실 어떤 경우에는 각성제가 조증 삽화manic episode를 유발하기도 한다. 노인이 불안 진단을 받았다면 각성제를 복용할 때 불안 수준이 높아질 수 있다. 이 경우 항불안제 약물을 추가해야 할 수 있고 이미 복용하고 있다면 증량해야 할 수도 있다. 하지만 수년간 불안 그리고/또는 우울을 치료해온 많은 성인이 각성제를 추가로 복용했을 때 우울과 불안이 줄었다고 말한다는 점 역시 알아두어야 한다.

의사가 꾸준히 지원해주는 경우는 제한적

약물을 처방받더라도 세심한 모니터링이나 후속 조치를 거의 받지 못했다고 말하는 성인이 상당히 많다. "의사는 그저 각성제를 처방하고 도움이 되는지 말해달라고 하더군요." 이처럼 의사가 세심하게 관찰하거나 적극적으로 치료에 참여하지 않으면 환자는 처방된 약물을 꾸준히 복용하기 어렵다. ADHD 치료를 받은 성인을 대상으로 한 2012년 한 연구에 따르면 많은 사람은 자신이 의료서비스 제공자의 관심 밖이라고 느꼈다. "흔히 의료 전문가가 약물에 대한 후속 조치를 거의 또는 전혀 하지 않은 채로 부적절하게 관찰하는 탓에, 환자들은 약을 꾸준히 먹기 어렵고 의료 체계에서 내팽개쳐졌다는 느낌을 받는다."[23]

노인들은 치료받을 경제적 여력이 없다

치료 비용은 많은 노인에게 중요한 고려 사항이다. 성인 정신과 의사, 특히 전문 지식이 많은 의사는 메디케어에 참여하지 않는 경우가 많아 한 번 상담받는데도 비용이 너무 비싸서 예산이 한정된 노인들에게는 부담이 된다.

게다가 미국에서 많은 의료보험 회사는 ADHD 성인에게 처방되는 정신자극제 비용을 보장하지 않는다(국내에서는 국민건강보험으로 65세 이하의 성인에게는 ADHD 약물치료 비용이 보장된다—옮긴이). 안타깝게도 이런 두 가지 요소 때문에 예산이 한정된 노인들은 각성제 사용에서 배제된다. 보험사들은 ADHD가 아동기에 일어나는 정신장애라는 철 지난 믿음을 고수한다. ADHD 지원 단체들은 이런 상황에 맞서 많은 지원을 요구한다. 이 중 CHADD(미국에서 가장 규모 있는 ADHD 지원 단체, 웹사이트 https://chadd.org 참고)는 ADHD가 평생 이어지는 질환이고 ADHD가 있는 사람은 나이와 무관하게 약물 사용으로 혜택을 볼 수 있다는 오늘날의 지식에 맞춰 기준을 수정하도록 보험사에 로비한다. 내 연구에 참여한 많은 사람이 각성제를 구입할 여유가 없어서 복용하지 않았다고 말했다.

한 노인은 내게 이렇게 말했다. "보험사가 각성제 비용을 보장해주지 않았습니다. 제게 전혀 도움이 안 되는 항우울제를 복용하라고 하더군요. 마침내 제 ADHD를 치료할 의향이 있는 의사를 찾았습니다. 제 보험사는 오리지널 약을 보장해주지 않아서 복제약을 먹고 있어요. 전 더 차분하고 감정이 덜 격렬해지고 특정 생각이나 사물에 덜 집착하게 되었습니다. 이제 모든 것을 흘러가는 대로 내려놓을 수 있어요."

처방된 약을 살 형편이 안 되거나 그 약을 보장해주는 의료보험에 가입하지 않은 경우 정보를 제공하는 여러 웹사이트가 있다. 처방 의약품 지원 제도를 살피기는 버거울 수 있다. 이런 것이 바로 ADHD인 사람들이 흔히 어려워하는 종류의 일이기 때문이다. 친구나 가족에게 자료 검색을 도와달라고 요청할 절호의 기회다. 복잡해 보인다고 포기하지 말자! 도움을 요청하고 문제를 해결하면 기뻐질 것이다.

▶ ADHD 노인의 목소리 듣기: 노인의 약물치료

상당히 많은 노인은 ADHD 치료를 위해 약물을 복용하면서 매우 긍정적인 혜택을 보았다고 말했다. 다음은 그들의 이야기 중 일부다.

> "약 먹기가 두려웠는데 한번 시도해보고 그다음엔 용량을 늘렸어요. 이렇게 푹 잔 적이 없었어요. 이제 흥분하거나 다른 사람들을 슬프게 만들지 않습니다. 일을 맡으면 모두 해낼 수 있어요."

"각성제는 집중하는 데 도움이 되었습니다. 이제 책도 읽을 수 있어요. 항우울제는 그렇지 못했는데 이 약은 제 무기력도 해결해주었습니다."

"각성제를 먹고 사흘 만에 책 한 권을 읽을 수 있게 되었어요. 약을 먹으니 생각 없이 말을 내뱉지 않게 되었지만 말 속도가 늦춰지지는 않았네요. 약을 먹지 않으면 눈치 없고 무례한 사람이 될 걸요."

"약을 먹으면 집중할 수 있고 집중력을 유지할 수 있어요. 수면을 조절하고 대인관계를 개선하는 데도 도움이 되죠."

"예전처럼 사람들 말에 끼어들거나 남들 얘기를 이해하지 못할 일은 없어요. 말끝마다 토를 달거나 대화마다 제 얘기를 하며 끼어들지 않죠."

"생산성에 도움이 되었어요."

"어느 정도 '주도적으로' 움직이게 되었지요."

"직장에서 더 많은 역할을 할 수 있게 되었습니다."

"머리가 맑고 차분해지는 느낌을 받았습니다."

"약을 안 먹었으면 더 불안하고 초조해졌을 거예요."

"약을 먹으면서 저 자신에 대해 자각하게 되었습니다. 놀라운 깨달음을 얻고 있어요. 더 일찍 치료받았다면 결혼생활이 그렇게 끝나지는 않았을 텐데요. 지금은 그렇게 혼란스럽지 않고 충분히 심사숙고할 수 있습니다."

"각성제를 복용하지 않으면 안개 속에 있는 것 같아요. 다시 약을 먹으면 모든 것이 맑아지죠."

"각성제가 없으면 생산성이 아주 떨어지고 하루에 열두 시간씩 자버려요. 약물치료 덕분에 더욱 활기와 의욕이 생겼어요. 집중력이 늘었고 자존감도 많이 높아졌죠."

"더 많이 자기 각성하게 되었습니다. 낡은 옷이나 '나' 아닌 것들을 버리고 새사람이 된 기분이에요. 갑자기 체계적인 사람이 되었고 실제로 작업을 완료할 수 있게 되었습니다."

"각성제로 마침내 섭식장애를 극복할 수 있게 되었습니다. 예전에는 주로 게워냈거든요. 압박이 와서 불안이 커지면 진정하려고 먹어댔어요. 폭식하고 게워내기 시작하는 거죠. 각성제를 복용하면서 마음이 더 차분해지고 더 이상 폭식하지 않게 되었습니다."

"약 복용을 시작한 지 닷새 만에 딴사람이 되었습니다. 이전에는 뭐든 늘 까먹었어요. 훨씬 자신감을 얻었습니다. 예전에는 다른 사람들이 평생 저를 평가했는데 말이지요."

"저는 20년 넘게 각성제를 복용하고 있습니다. 약물치료로 집중력이 늘고 주의력이 좋아졌어요. 일상적인 활동을 완수하고 체계적으로 정리하는 데도 도움이 되었죠. 아내나 직장 사람들과 더 잘 지내는 데도 도움이 됩니다."

"저는 의사입니다. 약을 안 먹으면 하늘과 땅 차이죠. 환자나 직원들에게 친절하지도 않아요. 그저 이쪽저쪽 진료실을 돌아다닐 뿐이죠. 일도 재미가 없고 최소한의 일만 했어요. 약을 먹으면 스트레스를 덜 받습니다. 아내는 제가 약을 먹지 않으면 그런 차이가 있다고 해요."

"저는 프로젝트에 관심을 두는 데 약이 도움이 되었다고 생각합니다. 약을 먹으면 프로젝트에 집중할 수 있을 뿐만 아니라 실제로 관심을 갖게 돼요. 너무 혼란스러울 때는 제가 하는 일에 신경도 쓰지 않죠."

"각성제를 먹고 인생이 완전히 달라졌어요. 약 없이 62년을 어떻게 버텼는지 모르겠네요. 약을 먹고 세상이 확 달라졌어요."

"약을 먹고 저 자신과 업무 생산성에 아주 긍정적인 차이가 생겼습니다. 뭐랄까, 지금 제 나이에도 훨씬 복잡한 문제를 시각화하고 꿰뚫어 볼 수 있게 되었고, 예전에는 할 수 없었지만 문제를 해결할 훨씬 복잡한 기술 장치를 설계할 수도 있게 되었습니다. 약을 먹지 않으면 정확하고 복잡한 사고를 하고 설계 해결책을 내기란 사실상 불가능합니다."

> 각성제는 시야가 아니라 삶을 환하게 보여주는 렌즈다.

▶ 하지만 각성제가 모두에게 맞지는 않고, 문제를 전부 해결하지도 않는다

내가 면담한 성인 대다수는 약물을 복용하고 긍정적인 경험을 했지만 일부는 약간만 효과를 보거나 거의 효과를 보지 못하는 등, 약물치료 성공률은 다양했다.

"각성제가 도움이 되는지는 모르겠지만 그렇다고 해가 되지도 않았어요. 지금은 그냥 기분안정제를 먹고 있어요."

"실제로 효과 있는 약은 하나도 없었고 부작용으로 몸만 나빠졌어요. 복용할 가치가 없었죠. 각성제 때문에 커피를 너무 많이 마신 것처럼 초조해졌어요."

"여러 약물을 시도했지만 하나도 도움이 안 됐어요."

"원하는 만큼 의욕이나 집중력이 나아지지 않았어요. 집에는 아직도 치우고 싶은 파일과 잡동사니가 산더미처럼 쌓여 있네요."

"약은 많은 도움이 되었지만 제 삶이 완벽해지지는 않았어요. 약이 전부 다 해결해주지는 못합니다. 제 문제는 대부분 생활 방식과 관련 있어요. 하지만 필요할 때 집중하는 데는 도움이 됩니다."

"각성제를 먹으면 진정되지만 집중하는 데는 그다지 도움이 되지 않는 것 같아요."

이 장에 소개한 인용문에서 각성제 제품명은 일부러 뺐다. 특정 약물을 추천하고 싶지는 않기 때문이다. 나와 면담한 노인들은 다양한 각성제를 처방받았다. 일부는 메틸페니데이트 계열, 다른 이들은 덱스트로암페타민 계열, 또 다른 이들은 ADHD의 2차 치료제로 사용되는 일부 비각성제를 사용했다. 연구에 따르면 비각성제는 보통 효과가 약하지만, 특히 노인 치료에 경험이 부족한 많은 의사는 자연스럽게 비각성제라는 대체제에 의존한다.[24] 약물 부작용이나 다른 의학적 질환 때문에 각성제를 복용할 수 없는 경우에는 비각성제도 탁월한 대안이다.

증상 감소는 문제의 절반에 불과한데도 너무 많은 의사가 '증상 감소'

에만 매달린다. 치료는 '증상'만을 목표로 할 것이 아니라 일상생활 기능에 더욱 초점을 맞추어야 한다. ADHD '증상'은 ADHD 때문에 매일 마주하는 문제를 실제로 다루지 않는다. 당신과 담당 의사는 약물이 일상생활에서 제대로 역할을 하는 데 도움이 되는지에 더 많은 주의를 기울여야 한다. 부록 B에 나와 있는 'ADHD 약물의 이점 및 부작용 추적 양식'을 사용하면 일상생활 기능이 개선되었는지 더욱 주목해서 살펴볼 수 있다.

각성제의 효과를 상당히 긍정적으로 보는 수많은 이야기는 내가 직접 면담한 사람들의 말에서 인용한 것이다. 하지만 어떤 식으로든 당신의 ADHD를 치료하는 데 각성제 복용이 유일하거나 가장 중요한 치료법이라고 주장하고 싶지는 않다. 다음 장에서는 전반적인 삶의 질을 향상하고 일상 기능을 개선하는 데 매우 중요한 또 다른 치료법을 살펴볼 것이다.

이 장의 핵심 교훈

✓ 노인 ADHD 치료에 전문성이 있는 의사를 찾는 일이 항상 쉽지는 않다. (이 장에서 쉽게 검색할 방법을 제안했다.)

✓ 성인 ADHD 치료에 경험 있는 의사를 근처에서 찾기 어렵다면 먼저 전문가와 상담한 다음 그 전문가의 권고를 지역 의사에게 가져와 후속 치료를 이어가는 편이 유용할 수 있다.

✓ ADHD 치료에 사용되는 각성제 및 비각성제가 많다. ADHD에 사용할 수 있는 약물을 모두 알아보려면 앞서 제시한 표(108~109쪽)를 참고하자.

✓ 각성제는 ADHD 증상을 줄이는 데 탁월한 효과가 있다. 하지만 각성제에 부작용이 있거나 건강 문제로 이런 약물이 권장되지 않을 때는 다른 약물이 유

용할 수 있다.

✓ 노인이 각성제를 복용할 때 심장 문제가 발생할 위험이 있다는 우려는 흔히 과장이다. 하지만 노인이 각성제를 복용할 때는 항상 혈압과 맥박을 지켜봐야 한다. 특히 심장 병력이 있다면 각성제를 복용하기 전에 심장 전문의와 상담해야 한다.

✓ 의사와 협력해 올바른 약물과 복용량을 찾아야 한다. 의사와 먼저 상담하지 않고 처방된 약을 임의로 끊지 말자.

✓ 각성제 및 관련 질환 치료를 위해 처방된 다른 약물 반응을 주의 깊게 기록해야 한다. 이 책 끝에 첨부한 주간 기록표(부록 B, 354~355쪽)는 약물 반응을 기록하고 처방자와 함께 살펴볼 편리한 방법이 되어줄 것이다.

✓ 성인은 '복합형 ADHD'(불안, 우울 또는 기타 문제와 결합된 ADHD)인 경우가 많고, 그 때문에 각성제 외에 다른 약물도 함께 처방받는 경우가 흔하다.

✓ 각성제가 문제를 전부 해결할 수도 없고 모두에게 맞지도 않지만 내가 만난 많은 성인은 각성제를 복용할 때 매우 긍정적인 이점이 있다고 말했다.

6장
ADHD를 이해하고 받아들이며
ADHD와 함께 살아가기

ADHD 노인을 위한 해결 중심 심리치료

ADHD를 안고 살아가는 경험은 사람마다 매우 다르다. 증상의 강도와 유형도 제각각이고 그 가운데 여러 증상이 다른 정신장애와 겹친다.[1] ADHD에 전문성이 없는 많은 정신 건강 전문가들은 ADHD가 나타나는 넓은 범위와 복잡성을 모른 채 그저 ADHD를 '주의 집중'과 관련된 비교적 단순한 문제라 치부하고, 각성제를 처방하거나 약간의 '심리 교육'으로 환자가 자신의 ADHD를 이해하도록 도우면 해결된다고 생각한다. 모두 사실과 거리가 멀다. 4장에서 언급한 대로 ADHD는 여러 다른 '동반 질환'과 함께 나타나기 때문에 무엇을 어떻게 치료할지 알아내기가 어렵다. 무엇보다 ADHD는 '주의 집중' 능력뿐만 아니라 삶의 대부분에 365일 24시간 내내 영향을 미치는 장애다.

▶ 무엇을 '치료'하고 싶은가?

ADHD 치료법을 찾고 있다면 가장 먼저 할 일은 자신의 주된 고민이 무엇인지 명확히 하는 것이다. 무엇에 초점을 맞추어야 할지 잘 모르겠거나 수면 문제, 잘못된 식습관, 물질 사용 문제, 불안, 우울, 가족 갈등, 사회적 고립 같은 삶의 여러 문제가 ADHD와 관련 있을 수도 있다는 사실을 모를 수도 있다. 흔히 일반인들은 '주의력결핍장애'라는 이름 때문에 '주의 집중'이 가장 큰 문제라고 오해한다. 하지만 ADHD는 삶의 거의 모든 측면에 영향을 미친다.

ADHD 치료는 삶에서 무엇을 바꿔야 하는지 평가하는 것부터 시작해야 하며, 그다음으로 가장 시급한 문제가 무엇인지 우선순위를 정해야 한다. 경험 많은 ADHD 전문가라면 한 번만 치료 면담을 해도 솜씨 좋게 이리저리 질문하면서 당신이 품고 있는 생각을 말하고 감정을 처리하며 문제를 해결하도록 할 것이다. 모두 당신의 기분이 더 나아지고 일상에서 제 역할을 하도록 돕는 것이 목표다.

▶ ADHD를 안고 사는 다른 노인들과 어떻게 비교할까?

나는 노인들을 면담하면서 현재 인생 단계에서 겪는 'ADHD 관련 고민 중 가장 힘든 다섯 가지'를 알려달라고 요청했다. 개인별 상황에 따라 가장 힘든 '상위 다섯 가지' 문제는 다르겠지만 많은 ADHD 노인과 이야기를 나누며 끌어낸 문제를 살펴보면 유용할 것이다.

ADHD 노인이 말하는 가장 힘든 다섯 가지 고민

- 체계가 없음
- 정서적 문제 — 불안, 우울, 정서 조절 문제
- 의욕 부족/생산적이지 못함 — "아무것도 끝낼 수 없을 것 같아요"
- 고독이나 문제 있는 관계 등 사회적 문제
- 기억력 문제 — 멍하니 있거나 잘 잊어버림

당신의 응답을 다른 ADHD 노인들의 응답과 비교해보고 싶다면 내가 만든 자가 보고 설문지를 참고하자. 부록 A(352~353쪽)에 나와 있다. 내가 면담한 노인들은 이 설문에 응답했다.

설문 응답을 치료사와 함께 살펴보며 점수가 가장 높은 항목에 최대한 주목하자. 이것이 치료사와 함께 해결할 항목의 우선순위를 정하는 과정의 첫 단계다.

▶ ADHD 문제 해결을 도와줄 치료사 찾기

ADHD는 매우 흔한 질환이라서 치료사라면 거의 누구나 ADHD 치료 경험이 있다고 말할 정도다. 실제로 미국에서는 〈사이콜로지투데이Psy-chology Today〉 웹사이트(https://www.psychologytoday.com/us/therapists)에서 치료사를 검색하면 당신이 사는 지역에서만도 ADHD를 치료한다고 자임하는 수많은 사람을 발견할 수 있다. 하지만 조심해야 한다! ADHD를 주요 치료 과목으로 올려놓지 않은 치료사라면 당신에게 필요한 치료를 해주지 못할 수 있다. 불안, 우울, 흔히 ADHD에 동반되는 다른 질환도 함께 다루는 치료사가 필요한 경우도 있다. 그러나 어떤 심리치료사가 다룬다고 주장하는 질환 가운데 ADHD가 그저 한 가지에 불과하다면 그는 상당한 전문 지식을 갖춘 치료사가 아닐 가능성이 매우 높다.

ADHD 전문 심리치료사를 찾는 좋은 출발점 중 하나는 CHADD 웹사이트다. CHADD는 평생 ADHD를 겪는 사람들을 지원하는 역사가 오래된 단체다. ADHD를 전문으로 보는 전문가 목록(https://chadd.org/professional-directory)이나 ADHD 치료 단체 목록(https://chadd.org/organization-directory)도 이곳에서 찾을 수 있다.

실제로 ADHD 전문인 심리치료사를 찾기가 쉬운 일은 아니지만, 심리치료사들 사이에서도 ADHD 성인의 구체적인 요구를 점점 더 깨닫고 있다. 보통 ADHD 전문가는 도시에 더 많다. 하지만 요즘은 온라인 심리치료도 늘고 있으므로 도시에 살지 않더라도 심리치료사를 만나고 치료받기가 훨씬 수월해졌다.

경험 많은 ADHD 코치와 함께하는 것도 가능한 방법이다. 이런 코치 가운데는 수년 동안 현장에서 일했고 코치 자격증 외에 정신 건강 문제에 경험 많은 사람도 있다. 코칭 서비스는 의료보험이 적용되지 않지만 대체로 코칭 비용은 보통 심리치료 비용보다 훨씬 저렴하다. 8장에는 자격 있는 코치를 찾는 방법에 대한 자세한 정보를 적었다.

이런 점은 주의하자!

ADHD를 다룬 경험이 부족한 치료사는 다음과 같은 ADHD 행동 패턴을 잘못 해석

해 실제로도 위험할 수 있다는 사실을 꼭 알아두자.

예약 시간에 늦는 일을 시간 관리 능력이 부족하고 잘 깜박한다는 ADHD 렌즈를 통

해 보지 않고 치료에 대한 '저항감'이나 동기 부족, 미성숙함으로 오해할 수 있다.

합의한 과제나 행동을 따르지 않는 경우를 더 체계를 잡고 도와주며 해결해야 할 전

형적인 ADHD 증상으로 보지 않고, 치료에 대한 저항감이나 동기 부족으로 오해할

수 있다.

감정 변덕을 ADHD와 관련된 충동성, 거절 민감성 불쾌감, 감정 조절 곤란으로 보지

않고 경계성인격장애로 잘못 진단할 수 있다.

▶ ADHD 중심 치료에 포함되어야 하는 요소

ADHD와 함께 불안이나 우울도 있다면 비지시적(내담자에게 직접 지시

하지 않고 스스로 장애를 극복하도록 유도하는 심리치료법 — 옮긴이)이고 자

기관찰적이며 감정 또는 관계에 초점을 맞추는 표준 심리치료가 도움이

된다. 지난 몇 년간 우리 클리닉을 찾아온 많은 내담자는 지금껏 받았던

치료가 불안에는 도움이 되었지만 ADHD 문제에는 전혀 초점을 맞추지

않았다고 했다. 효과적으로 ADHD를 치료하려면 실행기능과 관련된

ADHD의 핵심 요소를 살펴야 한다.[2] 담당 치료사가 ADHD에서 오는 실

행기능 결함을 이해하고, 감정과 심리적 장벽만 살피지 않고 명확하고 직접적이며 실용적인 접근 방식을 이용하는지 확인해야 한다. ADHD 중심 치료는 아래의 능력을 개선하는 데 도움이 되어야 한다.

- 크고 작은 목표를 달성한다.
- 더 신뢰받고 시간을 잘 지키는 사람이 된다.
- 소지품을 제대로 정리 정돈한다.
- 들은 말과 약속을 기억한다.
- 격렬한 정서적 반응을 잘 통제할 수 있다.
- 과제를 방해하는 충동적인 행동을 하지 않는다.
- 내적·외적으로 주의가 흐트러져도 다시 집중할 수 있다.

담당 치료사가 일상생활 기능을 개선하려는 필요를 해결하기 위해 코치를 추천한다면 그 치료사는 숙련된 ADHD 치료사가 아니다. 8장에서 살펴보겠지만 코치는 분명 과제나 시간, 일상생활 전반을 잘 다루는 방법을 개발하는 데 매우 효과적인 도움을 줄 수 있다. 하지만 치료사라면 이런 문제를 함께 해결하며 생활 관리 기술을 제공하고 각 면담 사이에 이런 기술을 연습할 '숙제'도 내주어야 한다. 보통 나도 내담자들이 전반적으로 제 역할을 잘 해내고 상태가 좋을 때는 코치를 추천하지만 하루 일과를 체계화하고, 집 안 물건을 줄이고, 서류 작업을 완료하는 등 구체적인 도움이 필요한 경우에만 그렇게 한다.

▶ 뇌 기반 ADHD 치료 면담에서는 체계를 잡아주어야 한다

'대화 요법'은 보통 체계가 없다. 치료사는 흔히 "어떻게 지내요?", "기분은 어떤가요?" 같은 일반적인 질문으로 시작해 몇 가지 명확한 질문을 던지고 특정 대인관계나 살면서 일어난 사건이 당신의 기분에 영향을 미치는지 제대로 이해하도록 도우며 당신이 면담을 주도하도록 한다. 이런 접근법을 ADHD가 있는 사람에게 적용할 때는 흔히 각 면담 사이에 연속성이 없다는 점이 문제가 된다. 이전 면담에서 무슨 이야기를 나눴는지 정확히 기억하지 못할 수도 있고, 그 주에 머릿속에 먼저 떠오르는 문제를 되는대로 끄집어낼 수도 있다. ADHD인 당신의 머릿속에는 보통 여러 가지 이야기가 뒤섞여 있어서 당신은 이 주제 저 주제로 건너뛰며 치료에 방향성이 없다고 느끼게 된다.

뇌 기반 ADHD 중심 치료 면담에서는 다음과 같은 접근법을 이용해 문제를 계속 해결하는 데 도움이 되도록 체계를 잡고 지원해주어야 한다.

- 그 주에 연습할 주제, 목표, '과제'를 글로 요약해준다.
- 이전 면담을 검토해 연속성을 유지한다.
- 딴생각하느라 면담이 옆길로 새고 있다면 토론하던 주제로 다시 이끌어준다.
- 당신의 뇌가 어떻게 기능하는지 이해하도록 돕는다.
- 목표를 이루는 데 방해가 되는 성향에 대응할 도구를 제공한다.
- 지금 더 만족스러운 삶을 영위하기 위한 자기 관리 도구를 구축하는 데 초점을 맞추는 한편 감정과 개인사에 대한 토론을 엮어나간다.
- 뇌를 건강하게 만드는 일상생활 습관을 구축해 ADHD 증상을 어떻게 줄일지 이

해하도록 교육한다(9장에서 자세히 다룰 것이다).

다양한 방법이 치료에 도움이 된다.

진단 자체가 치료에 도움이 된다. 자기 행동이 '내 탓'이 아니라는 사실을 깨닫는다고 당신에게 그런 행동을 바꿀 '책임'이 없다는 의미는 아니다. ADHD는 평계가 아니라 기능 장애 패턴에 대한 설명이다. ADHD 심리치료사는 당신의 사고 패턴을 바꿔 과거의 잘못을 두고 자신을 탓하지 않고 당신이 치료할 수 있는 실제 질환을 지녔다는 사실을 이해하도록 도와야 한다.

심리 교육은 치료에 도움이 된다. 치료사는 '심리 교육'이라는 과정을 통해 ADHD가 무엇인지, 노인으로서 당신이 ADHD에 어떻게 영향받는지 심도 있고 정교하게 이해하도록 돕는다. 좋은 심리치료라면 문제를 해결할 긍정적인 방법을 개발해 ADHD 때문에 겪는 어려움을 관리하도록 이끌 수 있다.

배우자나 파트너가 치료 과정에 참여하면 치료에 도움이 된다. 당신이 ADHD에서 어떠한 영향을 받는지 배우자나 파트너가 이해하기 시작하면 당신의 당황스러운 행동을 다르게 볼 수 있다. 치료사는 노년 부부가 ADHD에 관한 문제를 해결하는 긍정적인 방법을 개발하도록 이끌 수 있다. ADHD로 문제를 겪는 노년 부부가 심리 교육을 받으면 비ADHD 배우자나 파트너가 더욱 현실적인 기대치를 설정하는 데 도움이 된다. 비ADHD 배우자나 파트너가 치료에 참여하지 않은 채 그저 상대방이 '고쳐지기를' 기대한다면 치료 효과가 떨어진다. 두 사람이 함께 심리 교육에 참여하면 함께 노력하고 합당한 기대치를 설정하고, 서로에게 어떤 작업을 할당하는 것이 가장 좋은지 이해하고 장기적인 변화를 위해 노력하면서 서로를 지원하는 데 도움이 된다.

치료 면담에서 직접 해보면 치료에 도움이 된다. 내담자들에게 뜯지 않은 우편물 상자를 가져오라고 한 적이 있다. 우편물을 너무 오래 방치해서 집에서 혼자 그것을 뜯어볼 생각에 숨이 막히고 불안해했기 때문이다. 내담자들은 내 사무실로 상자를 가져와선 별도 공간에 앉아 산더미 같은 우편물을 처리했다. 곧 나와 함께 치료 면담을 할 것이라는 사실을 알고 있었기 때문에 그 일을 완수할 용기와 도움을 얻은 것이다. 어려운 전화를 거는 일을 너무 힘들어했던 사람도 있다. 이런 사람들에게 이렇게 말한 적이 여러 번이다. "주중에 혼자 전화 걸기 힘들면 다음 면담 때 여기 와서 저와 함께 전화를 걸어요." 면담 중 대학생 환자가 수강 신청하는 일을 도와 ADHD 친화적인 일정을 짜는 데 지침을 주기도 했다. 딸에게 보내야 할 몹시 어려운 이메일을 쓰는 일을 몇 주 동안 미루던 여성 노인과 함께 앉아 편지 쓰는 것을 지켜봐준 적도 있다.

당신의 강점을 깨달으면 치료에 도움이 된다. ADHD 치료의 초점을 부정적인 것에 맞추는 경우가 너무 많다. 무엇이 방해가 될까? 다음에는 무엇을 바꿔야 할까? 하지만 당신이 지닌 강점을 발견하고 축하하고 강조하는 일도 매우 중요하다. 손주의 생일을 기억했다가 카드나 선물을 보내지 못하는 조부모도 재미있고 자발적이며 창의적인 조부모가 되어 손주들을 즐겁게 해줄 수 있다. 나는 분명 ADHD였던 할아버지와 놀던 시간을 아주 좋아했다. 우리 가족은 할아버지에게 어떻게 신혼여행 때 호텔에 기차표를 두고 와버릴 수 있냐는 이야기를 매번 꺼내곤 한다. 할

아버지는 나와 함께 여기저기 오래 산책하며 온갖 흥미로운 이야기를 들려주곤 했다. 그러느라 저녁 식사에 조금 늦었을지는 몰라도 할아버지는 같이 있으면 몹시 즐거운 조부모였다.

자기 패배적인 사고방식을 바꾸면 치료에 도움이 된다. 치료사는 "난 틀렸어!", "난 항상 실패해", "절대 바뀌지 않을걸"처럼 반사적으로 일어나는 오랜 부정적인 생각을 들여다보라고 할 수 있다. 이런 생각은 곧바로 부정적인 감정을 일으킨다. ADHD를 끌어안고 살아온 사람은 자기 비난을 하고 노골적으로 자기혐오를 드러내는 경우가 많다. 이런 점은 ADHD에서 중심적이고 대단히 중요한 문제다. 치료사는 당신을 도와 자기 이해와 자기 연민이라는 렌즈를 통해 실패와 실수를 다시 살피도록 한다. ADHD는 성격 결함이 아니라 특정 유형의 기능 저하로 이어지는 뇌의 신경생리학적 차이 때문에 일어난다. 이렇게 생각을 바꾸면 '나는 왜 실패자일까?'에서 '어떻게 인지기능을 개선할 수 있을까?'로 탐구를 전환할 수 있다.

자기 진정 기술을 배우면 치료에 도움이 된다. ADHD에 대한 우리 지식은 계속 달라져왔다. 극심한 정서적 민감성(거절 민감성 불쾌감)과 정서적 과잉 반응(정서 조절 장애)[3]은 ADHD를 겪는 많은 이들에게 중요한 측면이라는 사실이 이제 분명해졌다. 마음챙김에 기반한 인지 요법Mindfulness-Based Cognitive Therapy, MBCT은 이런 문제로 어려움을 겪을 때 사용할 수 있는 좋은 접근법이다. MBCT에는 매일의 마음챙김 수련이 포함된다. 자기 패배적인 사고방식을 바꾸고, 일상생활을 더욱 잘 관리할 전략을 배우고, 집중력을 향상하고 정서적 반응을 진정시키는 마음챙김 기술을 습득하는 등 여러 방법을 조합한 새로운 치료법이다. 마음챙김과 인지행동치료Cognitive Behavioral Therapy, CBT를 조합한 새로운 접근법은 많은 가능성을 보여준다.[4]

ADHD 치료 모임에 참여하면 치료에 도움이 된다. 종종 간과되는 치료의 한 가지 측면은 함께 변화를 향해 나아가는 과정에서 얻는 치유력이다. ADHD 성인, 특히 노년까지 진단받지 못한 ADHD 노인은 해야 할 일을 잊거나 늦거나 잘하지 못해서 바보 같다고 느끼며 창피해하고 부끄럽게 느낀 경우가 수없이 많다. 이런 사람들은 대부분의 주변 사람보다 자신이 '못났다'고 생각한다. 치료 모임에 참여한 노인은 비슷한 문제 대부분을 겪는 다른 사람을 처음으로 만나 함께 문제를 해결하고 어려울 때 서로 격려하는 강력한 치료 효과를 경험할 수 있다.

▶ 효과적인 치료는 포괄적이고 협력적이어야 한다

책 전반에 걸쳐 언급했듯 ADHD는 흔히 여러 가지는 아니더라도 적어도 하나 이상의 다른 정신과 질환을 동반한다. '복합형' ADHD가 아니더라도 성인 한 명을 치료하는 데 정신과 의사, 심리치료사, 코치를 포함해 두세 명의 정신 건강 전문가가 관여하는 경우가 많다.

이상적으로 심리치료로 ADHD를 치료하려는 정신 건강 전문가라면 각 서비스를 제공하는 다른 전문가들을 여럿 소개해주기보다는 직접 다양한 서비스를 제공할 수 있어야 한다. 다양한 서비스 제공자와 함께 치료하면 대부분 환자들은 감당하기 힘든 큰돈이 들고 불필요하게 일이 복잡해진다. 예를 들어 나는 내담자들에게 개인 치료는 물론 배우자나 적절한 가족 구성원과 함께하는 치료를 포함해 다양한 서비스를 제공하려고 노력하지, 가족 문제를 다루는 '가족치료사'를 소개하지는 않는다. 심리치료에는 코칭도 포함되어 내담자가 하루를 조직하고 더 건강한 생활 방식을 영위하고 수면 문제를 개선하는 등 실질적으로 문제 해결을 할 수 있도록 돕는다.

심리치료사는 '사례 조정자'가 되어야 한다

저명한 ADHD 전문가 집단이 ADHD 진단과 치료에 관해 쓴 최근 논문에서 강력하게 권고하는 사항 가운데 하나는 ADHD 심리치료사가 '사례 조정자case coordinator' 역할을 해야 한다는 것이다. 무슨 뜻일까? 사례 조정자는 당신이 다양한 치료 제공자와 의사소통할 수 있도록 도와주는 사람이다. 사례 조정자는 당신의 가이드가 되어 여러 치료 제공자의 치료를 조정하고, 당신과 긴밀하게 협력해 구체적인 필요와 어려움을 이해하고, 필요하다면 다른 도움을 찾는 일을 돕는다.[5]

사례 조정자의 역할 가운데 중요한 부분의 하나는 치료의 일환으로 약물을 복용할 때 의사와 협력하는 것이다. 많은 의사가 시간 부족으로 인해 약물 반응을 심층적으로 살피지 못한다. 심리치료사는 당신과 더 많은 시간을 보내기 때문에 약물의 이점이나 부작용을 신중하게 평가할 기회도 더 많다.

안타깝게도 많은 ADHD 성인이 치료 과정을 스스로 조정해야 한다. 하지만 이런 일은 그들에게 적합하지 않다. 체계화, 계획, 우선순위 정하기는 보통 ADHD 성인에게 부족한 자질이기 때문이다. 심리치료사는 사례 조정자가 되어 ADHD 성인이 스스로 기록을 공유하고 예약 일정을 짜야 한다고 압박을 느끼지 않도록 임무를 맡아주어야 한다.

치료사가 이런 방식을 따르지 않는다면 어떻게 해야 할까?

이상하게 들릴지 모르지만 치료사가 당신의 필요를 더 잘 이해하려면 당신이 치료사를 코치해야 할 수도 있다.

- 면담을 녹음해 나중에 검토해봐도 되는지 물어본다.
- 논의한 내용과 그 주에 하기로 한 일을 요약해 이메일로 보내달라고 한다.
- 치료사에게 당신이 대화 중 옆길로 새는 경향이 있는지 말해달라고 하고 논점을 벗어나기 시작하면 토론하던 주제로 다시 이끌어달라고 부탁한다.
- 치료사에게 구체적인 정보를 알려주고 더욱 효율적인 일상 습관을 들이는 방법을 추천해달라고 부탁한다.

실제적인 변화를 이끌어주지 못하는 치료사와는 함께하지 말자

담당 치료사가 당신에게 필요한 실제적인 변화를 이루기 위해 (자기와 함께 치료하는 것이 아니라) 코치를 만나봐야 한다고 권한다면 다른 치료사를 알아보는 편이 낫다. 구체적인 목표를 달성하려 할 때 코치와 함께하면 상당히 도움이 되는 것은 분명하지만, ADHD 치료사라면 당신이 더 차분해지고 체계를 잡고 과제를 완수하고 뇌를 건강하게 만드는 일상생활 습관을 들여 인지기능을 개선할 도구를 개발하도록 도와야 한다. (코치와 함께할 수 있는 일과 언제 치료사가 아닌 코치를 선택해야 하는지는 8장을 참고하자.)

치료에서 가장 집중해야 할 중요한 문제는 무엇일까?

앞서 말했듯 사람마다 ADHD에서 서로 다른 영향을 받는다는 사실을 기억하자. 아래에 나열한 문제가 모두 당신에게 주된 요구 사항은 아닐 수도 있다.

- **감정 조절 기술 개발** — ADHD에는 흔히 격렬한 감정이 따라온다. 어떤 여성은 ADHD가 있는 자기 성인 딸에 대해 이렇게 말했다. "딸에 대해 뭐라고 묘사하든 거기에 '매우'라는 말을 덧붙일 수 있어요. 딸애는 **매우 빨리 매우** 화를 내요. 마음은 **매우** 쉽게 상처받죠. **매우** 충동적으로 정서적 반응을 하는 경향이 있고 나중에 **매우** 후회할 말을 자주 해요." 정서적 반응을 통제하기 어렵다면 인지적 행동치료의 일종인 변증법적 행동치료Dialectical Behavior Therapy, DBT에 배경지식이 있는 치료사를 만나보자. 감정 조절 기술을 배우고 연습하도록 도우면서 정서적 반응이 인생에서 더는 문제를 일으키지 않도록 도와줄 수 있다. 인지행동치료는 부정적인 사고방식을 알아내고 바꿔 긍정적인 행동으로 나아가게 해주지만, 변증법적 행동치료에는 스스로 진정하고 감정을 조절하는 여러 기술을 습득하는 방법도 포함된다.

- **낮은 자존감이 감정 민감성과 과잉 반응에 어떻게 영향을 미치는지 이해하기** — ADHD가 있는 많은 사람은 오랫동안 비난받고 자신이 실패자라고 느끼며 몹시 부정적인 자아상을 길러왔다. 인지행동치료 접근법을 이용하면 **"희망이 없어, 난 바뀌지 않을 거야"**, **"난 완전 패배자야. 원래 그랬잖아"** 같은 내적 자아비판을 가라앉히는 데 도움이 된다. 그리고 **"발전하고 있어"**, **"난 정리 정돈은 잘 못하지만 창의적으로 문제를 해결하지"**, **"내 문제만 보지 않고 장점을 알아주는 사람을 찾을 거야"**처럼 건설적인 메시지를 주어 긍정적인 변화를 이끌 수 있다.

ADHD 치료를 위한 인지행동치료는 매우 유용한 접근법으로 여겨졌지만, 최근 이 분야 전문가들은 ADHD가 예전에 생각했던 것보다 훨씬 복잡하므로 감정 조절 문제로 어려움을 겪는 ADHD 성인을 도우려면 더욱 광범위한 치료법에 초점을 맞추어야 한다고 주장한다.[6]

- **충동성이 기분에 어떻게 불을 지피는지 이해하기** ─ ADHD를 안고 사는 사람들은 생각에 앞서 반응해 감정에 따라 행동하고 나중에 후회할 만한 행동이나 말을 하기도 한다. 각성제를 복용하면 충동성이 줄어 여유를 갖게 되고, 반응하기 전에 결과를 따져볼 수 있다.

▶ 쉬운 지름길은 없다

성인들을 치료한 경험에 비추어보니 변화는 평생 계속되는 과정이다. 결혼생활 문제, 경제적 문제, 삶의 질 문제 등 다양한 문제에 초점을 맞추어 변화가 일어나며, 그 과정에서 주요 생활 방식이 바뀔 수도 있다. 치료에 상당한 도움이 되는 방법이 많다. 치료사나 코치를 만나든, 온라인 자조 모임에 들어가든, 친구나 가족의 지원을 받든, 당신이 어떤 ADHD 해결법을 취하더라도 그 방법은 당신에게 가장 문제가 되는 고민을 해결할 맞춤형 설계가 되어야 한다.

다음 몇 장에 걸쳐 당신이 받는 치료에 포함할 수 있고 치료에 도움이 되는 여러 개입 방법을 소개한다. 예를 들면 다음과 같다.

- **스스로 할 수 있는 방법** ─ 스스로 또는 친구나 가족의 도움을 받아 새로운 습관이나 패턴을 개발한다.
- **ADHD/실행기능 코치와 함께하기** ─ 이런 사람들은 대체로 ADHD에 정통한 심리치료사보다 접근성이 좋다.
- **스트레스 분석 및 스트레스 줄이기** ─ 스트레스가 ADHD 문제를 어떻게 심화시키는지 이해하고 문제를 해결해 스트레스의 원인을 줄인다.
- **ADHD 친화적인 환경 구축** ─ 가정환경, 사회환경, 전반적인 공동체 환경에서 ADHD 친화적인 환경을 구축한다.
- **ADHD 심리 교육 및 자조 모임** ─ 비슷한 문제를 겪고 있어 당신을 이해하고 받아들이는 사람들과 함께 어려움과 해결법을 공유하면 치료에 상당히 도움이 되는 경험을 할 수 있다.
- **뇌를 건강하게 만드는 일상생활 습관 개발** ─ 인지기능 및 전반적인 웰빙 감각을 개선할 수 있다.
- **ADHD에 주목하는 동반자 교육** ─ 부부가 함께, 혹은 여러 부부들과 함께 참여하는 모임에서 이런 교육을 시행할 수 있다.

이 장의 핵심 교훈

✓ 담당 치료사는 ADHD가 그저 '주의 집중' 문제가 아니라 365일 24시간 삶의 여러 측면에 영향을 미치는 복합적인 장애라는 점을 이해해야 한다.
✓ 다른 여러 질환과 함께 ADHD를 치료한다고 주장하는 치료사가 많다. 제대로 치료받으려면 진짜 ADHD 전문 치료사를 찾자.

✓ 경험 많은 ADHD 전문가라면 일상생활의 기능 개선에 초점을 맞추는 한편 자기 회의감과 수치심, 불안, 우울, 대인관계 문제 같은 심리적 문제를 함께 살펴볼 것이다.

✓ ADHD는 '여러 색깔의 외투'라서 각자에게 매우 다른 영향을 미친다. 치료의 첫 번째 과제는 치료사의 도움을 받아 당신의 문제와 개인적인 목표를 명확히 하는 것이다.

✓ 치료사는 ADHD 약물을 처방하는 의사나 ADHD 코치 등 당신과 함께하는 다른 치료 제공자들과 소통하며 사례 조정자 역할을 해야 한다.

7장
스스로 노력하는 방법

ADHD 문제를 줄이는 자기 관리 전략

스스로 ADHD 문제를 해결하고 제 역할을 하며 만족스러운 삶을 이끌 방법이 많다.

▶ 먼저 스스로 ADHD에 대해 배우자

ADHD에 대해 많이 알수록 자신의 어려움을 이해하고 삶에 긍정적인 변화를 만들며 자신을 탓하지 않을 수 있다.

ADHD를 다룬 책을 읽자

ADHD가 있는 사람 가운데는 독서를 상당히 버거워하는 사람이 많다. 머리맡에 ADHD 책이 쌓여 있지만 단 한 권도 다 읽지 못했다고 하소연한다. ADHD를 다룬 좋은 책을 부록 C(356~358쪽)에 몇 권 소개했다.

독서를 즐기지 않는 사람이라도 이 책 가운데 오디오북으로 나온 책을 구매해서 들어보면 많은 것을 배울 수 있다. 내담자 중에는 운전할 때 ADHD 책을 자주 듣는 사람도 있다. 그저 흘려보낼 수도 있는 시간을 활용하는 좋은 방법이다.

책이 ADHD에 대해 알아보는 데 당신에게 가장 잘 맞는 방법이 아닌 것 같아도 걱정하지 말라. 당신만 그런 것은 아니다. 책이 너무 부담스럽다면 믿을만한 출처에서 나온 짧은 기사를 읽어보자. 부록 C에는 이런 기사 목록도 실었다.

가족에게 ADHD가 무엇이고 ADHD가 당신에게 어떤 영향을 주는지 알려주자

ADHD에 대해 알았다면 그 지식을 가족이나 가까운 사람들과 나누자. ADHD는 현실이다. 많은 사람이 오해하듯 '단순한 변명'이 아니다. 이와 동시에 우리는 모두 특히 주변 사람에게 영향을 미치는 자신의 ADHD에 책임을 져야 한다. 분명 가족 가운데 당신만 ADHD에 영향받는 것은 아닐 것이다. ADHD가 아닌 가족 구성원들은 ADHD가 당신에게 어떻게 영향을 미치는지 이해해야 한다. 건설적으로 소통하고 문제를 해결하는 것이 목표다. (대인관계 및 양육에 대해서는 11장과 12장을 읽어보자.)

ADHD 자조 모임에 참여하거나 스스로 조직해서 ADHD를 알아가자

당신이 사는 지역에 성인 ADHD 자조 모임이 꾸려져 있다면 운이 좋은 편이다. 이런 모임 가운데 몇몇은 전국 ADHD 지원 단체인 CHADD의 후원을 받는다. 그만큼 운이 좋지는 않다면 ADDA(또 다른 ADHD 지원 조직, https://add.org)가 운영하는 온라인 자조 모임도 아주 좋다. ADHD

성인 자조 모임을 찾을 만한 또 다른 곳은 밋업Meetup이다(https://www.meetup.com). 전국에서 다른 ADHD 성인을 만나고 함께 배우려는 ADHD 성인들이 모인 밋업 그룹이 많다.

코로나19 팬데믹 첫해 동안 우리 클리닉은 ADHD 노인을 위한 무료 온라인 자조 모임을 열었다. 사실상 미국 전역에서 모인 사람들로 구성된 이 모임은 많은 회원에게 진정한 안식처가 되어주었다. 회원 가운데 한 명인 샐리는 자신이 ADHD일지도 모른다고 여기며 이 모임에 참석했다. 그녀는 모임을 통해 자기가 사는 지역에서 도움받을 방법을 발견하고 ADHD 진단을 받기로 했다. 샐리는 모임에 참가한 경험이 매우 긍정적이었다고 말했다.

> "이 모임이 아니었다면 전 뭘 하고 있었을지 모르겠네요. 모임에서 ADHD에 대해 알아가면서 마치 계속 퍼즐 조각을 찾는 것 같았어요. 아직 퍼즐을 다 맞추지는 못했지만요. 여기서 제게 맞는 무리를 찾은 것 같아요. 우리는 모두 서로를 이해하는 이상한 새들이죠."

샐리는 회원들이 주도하는 자조 모임에 계속 참여한다. 그녀는 자신과 ADHD에 대해 알아가는 "모험을 계속하는 중"이라고 말했다.

치료해준다는 온라인광고에 속지 말고 스스로 조사하자

ADHD는 이제 거대한 사업이 되었다. 도움받을 방법을 찾는 사람이 많고, 점점 늘어나는 이들의 요구에 부응하는 회사도 많다. 온라인에는

ADHD 치료에 관한 괜찮은 정보도 분명히 있지만 서비스나 제품을 파는 회사가 제공하는 정보도 많다는 사실에 유의해야 한다. 이들 가운데 상당 부분은 과학적으로 검증되지 않았다. 이런 제품이나 서비스를 제공하는 사람들이 믿을 만한지 철저히 파고들어 살펴야 한다. 예를 들어 온라인에는 약물 복용을 걱정하는 사람들을 이용해 비의학적인 제품을 ADHD에 '특효'라며 판매하는 사람이나 회사도 많다.

ADHD를 치료하거나 싹 낫게 한다고 주장하는 장치나 치료법, 식이보조제를 만났을 때 사기꾼이나 미심쩍은 회사로부터 당신을 보호하는 간단한 방법이 하나 있다. 이런 제품이나 서비스 이름 앞에 '구글 스콜라 Google Scholar'를 붙여 검색해보는 것이다. 해당 주장을 뒷받침하는 연구 기사가 나올 수도 있지만, 이런 제품이나 서비스가 도움을 준다 해도 아주 미미한 도움만 준다는 기사를 금세 발견하게 되는 경우가 꽤 많을 것이다. 제품이나 서비스를 뒷받침하는 연구가 하나도 보이지 않는다면 아마도 그런 제품이 효과가 없거나 심지어 해로울 수도 있다는 뜻이다. 이름 있는 회사라면 자신들의 주장을 뒷받침할 연구 결과를 제공하고 싶어 한다.

> 인터넷에서 본 제품이나 서비스는 조심하자.
> 믿을 만한 정보를 얻으려면 검증된 온라인 ADHD 정보 출처만 이용하자.
> (부록 C, 356~358쪽을 참고하라.)

▶ 이제 스스로 할 수 있는 건 다 알았으니 어떻게 시작할까?

목표를 확인하고 우선순위에 집중하자

많은 ADHD 성인들은 의도는 좋지만 합리적이든 그렇지 않든 목표를 너무 많이 잡고 한꺼번에 많은 것을 바꾸려 한다. 내가 이전에 출간한 《인생을 체계적으로 만드는 ADD 친화적인 방법ADD-Friendly Ways to Organize Your Life》[1]에서는 요점을 기억하기 쉽도록 많은 슬로건을 나열했다. 그중 하나는 이런 것이다.

> '한꺼번에'는 가장 효과가 없다!

이제는 이렇게 조언하겠다.

> 한 번에 하나만!

열정은 좋지만 비현실적인 목표로 당신의 희망을 꺾으면 안 된다. 우리 클리닉에서 제공하는 ADHD 생활 기술 코칭 모임ADHD Life Skills coaching group에서는 더욱 성공적인 목표 달성에 도움이 되는 기술을 가르치는 데 많은 시간을 할애한다. 시중에는 습관을 들이고 목표를 달성하는 가장 성공적인 방법을 알려준다는 책들이 많다. 그 가운데 내가 매우 좋아하는 책은 스탠퍼드대학교 행동설계연구소Behavior Design Lab의 설립자인 BJ 포그BJ Fogg 박사가 광범위한 학술 연구에 바탕을 두고 쓴 《습관의 디테일》[2]이다.

'내가 해야 할 일'은 누구나 안다. 우리 진료실을 찾아오는 ADHD 환자들은 "좀 더 체계적인 사람이 되어야겠어요"라든가 "아침에 제시간에 일어나야 해요", "당황했을 때 소리 지르거나 화내지 말아야 할 텐데요", "일을 마무리해야죠" 같은 말을 한다. 확실히 당신은 무엇을 해야 하는지 안다. 치료사가 할 일은 그것을 어떻게 할지 알아내도록 돕는 것이다.

국제적으로 유명한 ADHD 권위자인 러셀 바클리는 ADHD가 있는 사람들 사이에서 유명해진 다음과 같은 말을 했다. ADHD가 있는 사람의 "문제는 무엇을 해야 할지 모르는 것이 아니라 아는 데도 하지 않는 것입니다."[3] 나는 이 말이 어떤 면에서 문제를 정확히 포착하지 못한다고 생각한다. ADHD가 있든 없든 누구나 '무엇을 해야 하는지'는 잘 알지만 그 일을 하지 않는 경우가 많다. "담배를 끊어야 한다는 건 알죠", "옷장 정리를 해야 한다는 건 알아요", "운동을 더 많이 해야 한다는 건 알죠". 세상에는 금연 클리닉이나 퍼스널 오거나이저, 개인 트레이너, 피트니스 프로그램이 널려 있다. 사람들이 무엇을 해야 하는지는 잘 알지만 그 일을 스스로 어떻게 해야 하는지는 모르기 때문이다. ADHD가 있는 사람에게는 이 말이 더욱 잘 들어맞는다.

> ADHD가 있는 사람의 문제는 무엇을 해야 하는지 모르는 것이 아니다.
> 그것을 어떻게 해야 하는지 모르는 것이다.

목표를 실행하는 데 어려움이 있다면 먼저 문제를 해결해야 할 때

스스로 이렇게 질문해보자.

무엇이 방해가 되는가?

원하는 행동을 더 쉽게 완수할 방법은 무엇인가?

목표가 현실적인가? 때로 우리는 비현실적인 목표를 세우고는 실패했다며 자신을 몰아세운다.

문제 해결

치료사나 코치와 함께 문제를 해결할 수도 있지만 가족이나 ADHD가 있는 동료들과 함께 문제를 해결할 수도 있다.

다음은 ADHD가 있는 사람의 문제 해결 사례다.

문제: 분노 과잉 반응

문제 해결(문제 해결 과정을 설명하기 위한 하나의 사례다):

1. 먼저 분노를 일으키는 유발 요인을 확인하자.

당신은 다음과 같은 유발 요인에 반응할 수 있다.

- 일과를 마치고 지쳤을 때

- 밤에 잠을 설쳤을 때

- 까다로운 일을 하려고 애쓰고 있을 때

- 업무에 집중하려고 하는데 계속 방해받을 때

- 배우자가 당신을 탓할 때

- 실패자처럼 느껴질 때

2. 이제 문제를 해결하자.

분노를 유발하는 각 상황을 따져보며 감정 과잉 반응을 줄이거나 막을 방법을 찾아보자.

- 피곤해서 짜증 나고 화가 난다면:
  - 누워서 쉰다.
  - 바깥에 나가 앉아서 잠시 긴장을 푼다.
  - 가족에게 혼자 있을 시간이 필요하다고 말한다.
  - 일상적인 스트레스를 줄일 방법을 찾는다.
- 밤에 잠을 설쳐 짜증 난다면:
  - 잠들 시간을 놓치고 너무 늦게까지 깨어 있는가? 그렇다면 알람을 반복해서 설정해두면 자러 갈 시간을 깨닫는 데 도움이 되지 않을까?
  - 텔레비전 앞에 붙어 있느라 너무 늦게까지 깨어 있는가? 불을 끄고 팟캐스트를 듣거나 오디오북을 들으며 잠들도록 해보자. 졸음이 올 때 침대에 누워 있는 상태면 밤에 더 질 좋은 수면을 취할 수 있다. (수면의 중요성과 수면 패턴 개선 기술은 9장에서 설명한다.)
- 좌절감 때문에 짜증 난다면:

- 반복되는 좌절의 원인을 알아보자 — 좌절감 일부가 자신이나 다른 사람의 비현실적인 기대 때문은 아닌지 치료사와 함께 생각해보자.
- 치료사와 함께 진정할 수 있는 도구를 개발해보자.
- 치료사와 함께 '좌절감을 다른 사람에게 전가하는' 습관을 바꿔보자.
- 만성적으로 너무 많은 약속을 만들어 좌절감이 생기는 것은 아닌지 확인해보자.

• 업무에 깊이 빠져 있는데 방해받는 것이 싫다면:
- 방해받고 싶지 않다고 가족이나 동료에게 미리 말해둔다.
- 사무실 문을 닫아둔다.
- 다른 사람에게 방해하지 말라고 침착하게 말해둔다.
- 방해받지 말아야 할 시간대를 주변 사람들에게 알려준다.

• 배우자가 당신을 탓한다고 느껴진다면:
- ADHD 때문에 영향받는 많은 가족은 환자를 탓하는 패턴에 빠진다. 배우자와 함께 문제를 해결하는 치료 과정에 참여하면 비난하고 따지는 오랜 패턴을 깨는 데 도움이 된다. (ADHD가 있는 부부가 겪는 문제에 대해서는 11장을 참조하자.)

• 실패자처럼 느껴진다면:
- 낮은 자존감은 치료에서 주목해야 할 상당히 중요한 '감정 문제' 가운데 하나다. ADHD를 치료하지 않고 살아왔다면 자신에 대해 방어적이고 부정적인 감정을 느낄 수 있다. ADHD가 당신 '잘못'이 아니라는 사실을 이해하고 ADHD 문제를 줄일 방법을 배우면 자존감을 높이는 데 도움이 된다.
- 자신에 대한 기대치가 비현실적인 건 아닌지 생각해본다.
- 작은 실수 하나를 커다란 실패라고 믿게 만드는 이분법적 사고에 빠져 있는 건 아닌지 잠시 생각해보자.

분노하는 과잉 반응 말고 다른 문제가 있을 수도 있다. 당신의 문제가 무엇이든 문제 해결 과정은 비슷하다.

1. 문제성 있는 패턴을 확인한다.
2. 문제성 있는 패턴을 일으키는 상황이나 유발 요인을 확인한다.
3. 그런 상황이나 유발 요인을 줄이거나 제거하는 방식으로 문제를 해결한다.

▶ 체계와 지원

ADHD 성인 중에는 면담 사이에 해야 하는 '숙제'를 하지 않아서 치료할 때 실패자처럼 느껴진다고 말하는 사람이 많다. 이런 사람들은 '숙제도 안 한다면 치료를 그만두는 게 나을 거야. 매주 치료사한테 가서 약속을 지키지 못했다고 말하는 것도 지겨워'라고 생각한다. 여기서 부족한 것은 당신이 의도한 대로 일을 해내도록 도와줄 적절한 체계와 지원이다. 체계와 지원이라는 매우 중요한 두 단어는 앞으로 계속 나올 것이다. 일상 기능을 개선하기 위해 집에서 무엇을 '해야 하는지' 파악하기는 쉽다. ADHD 치료는 좋은 의도를 지닌 것만으로는 충분하지 않다는 데서 시작한다. 체계와 지원이 필요한 부분이다.

평생 유지될 변화를 이루려면 성공하기 위한 체계와 지원을 찾아야 한다.

성공적인 변화의 핵심은 특정 업무를 완수하거나 습관, 행동, 정서적 반응에서 변화를 이끄는 데 필요한 적정 수준의 체계와 지원을 파악하는 것이다.

당신에게 매우 힘든 활동에는 언제나 높은 수준의 체계와 지원이 필요하다. 하지만 그렇게 어려운 과제를 수행할 때마다 전문가의 도움에 의지할 필요는 없다. 때로는 집에서, 혹은 여전히 직장에 다니고 있다면 일터에서 과제를 어떻게 분할할지 다시 생각해보는 것도 도움이 된다. 함께 사는 가족이 있다면 당신이 할 수 있는 범위 안에서 과제에 대한 책임을 다시 나눠야 할 수도 있다. 직장 업무도 마찬가지다. 매우 성공한 ADHD 성인은 직장에서 적절한 체계와 지원을 찾아냈고 자신의 강점에 집중하면서 일해왔다.

애초에 상당한 수준의 체계와 지원이 필요한 과제도 있다(자세한 내용은 ADHD 코칭을 다룬 8장을 참고하자). 나중에 강력한 습관을 새로 들이면 지원이 덜 필요해질 수 있다. 치료사나 ADHD 코치는 문제 해결 능력을 길러주는 한편 체계와 지원을 제공할 수 있다. 치료사나 코치와 함께 특정 과제를 해결할 최선의 접근법을 결정했다면 그다음에는 가족이나 친구가 체계와 지원을 제공해줄 수도 있다.

과제가 너무 버겁게 느껴진다면 주저하지 말고 전문가에게 의지하자. 많은 ADHD 노인이 흔히 힘들어하는 일 가운데 하나는 더 작은 요양원으로 이사하기 전에 평생 쌓아온 물건을 덜어내는 일이다. 다운사이징 전문가의 도움을 받으면 이 중요한 삶의 전환을 맞이해 무엇을 가져가고 무엇을 덜어낼지 결정할 수 있다. 정리 전문가나 작은 집으로 옮기는 일을 돕는 다운사이징 전문가를 찾을 수 없거나 그럴 만한 형편이 되지 않는가? 덜어내고 작은 집으로 옮기는 작업을 조금씩 해낼 동안 도와줄 책임감 파트너(https://www.focusmate.com에 있다), 옆에서 '대역' 역할을 해줄 친구나 가족도 대안이 된다('대역'에 대해서는 잠시 후 더 자세히 살펴보겠다).

도움이 필요하다는 사실을 편하게 받아들이자

첫 번째이자 때로 가장 어려운 단계는 도움이 필요하다는 사실을 받아들이는 것이다. 많은 노인은 자책에 빠져 있다. 모든 정황상 그렇지 않은데도 스스로 "이 일을 할 수 있어야 하는데"라고 자책한다. 평생 "할 수 있어, 좀 더 노력하면 돼"라는 말을 들어온 사람들은 스스로에게도 똑같은 말을 되뇔 가능성이 있다. 당신의 목표는 '더 열심히 노력'하지만 실패하는 것이 아니라 당신의 ADHD 뇌가 어떻게 해야 가장 잘 작동할지 이해한 다음 성공하는 데 필요한 체계와 지원을 찾는 것이다.

'대역' 이용하기

대역은 당신과 한방에 있지만 당신과 함께 작업에 참여하지 않고 당신이 책임지고 작업을 계속 수행할 수 있도록 그저 곁에 있어주는 사람이다. 때로 친구나 가족이 곁에 있어주기만 해도 목표를 향해 나아갈 수 있다. 친구나 가족이 시간을 내어 당신이 과제를 완수하도록 곁에서 도와주면 다른 일에 주의를 돌리느라 하던 과제를 계속 멈추는 일이 훨씬 줄어든다. 대역은 당신을 산만하게 만들지 않는 선에서 자기 일을 할 수 있다. 대역은 적극적으로 당신을 돕는 것이 아니라 그저 지원해주기 위해 거기 있는 것이다. 다음은 대역이 장기 프로젝트를 완수하는 데 얼마나 도움이 되는지 보여주는 고무적인 사례다.

작가인 에밀리는 몇 달 동안 글쓰기 작업이 꽉 '막히자' 내게 도움을 청했다. 글쓰기 작업이 너무 버겁게 느껴진 그녀는 작업을 시작할 수도 없을 것 같아 항상 '끝내야 하는' 다른 일을 찾곤 했다. 나는 작업을 수행하는 동안 그녀와 같은 방에 그저 앉아 있을 대역을 찾으라고 권했다. 6개월 후 에밀리는 내게 다시 연락해 글쓰기 작업을 마쳤다고 흥분하며 말했다. 그녀는 근처에 사는 노모에게 매일 아침 식사를 마치고 자기 집에 와서 함께 오전 시간을 보내달라고 부탁했다. 어머니가 책을 읽고 인터넷을 하고 커피를 마시며 일상적인 아침 일과를 보내는 동안 에밀리는 주방 테이블에 앉아 글을 썼다. 그녀는 대역을 두자 거의 마술처럼 일이 술술 풀렸고 작업을 계속할 수 있었다고 말했다.

포커스메이트

삶에서 체계와 지원을 얻는 또 다른 매우 저렴한 방법은 포커스메이트 Focusmate라는 서비스에 가입하는 것이다(https://www.focusmate.com). (우리나라 공부 유튜버들이 올리는 '스터디 위드 미' 라이브 영상 같은 형태를 서비스화한 것으로 볼 수 있다.—옮긴이) 포커스메이트에 가입해 매달 소액의 비용을 내면 지정된 시간에 다른 포커스메이트 회원들과 온라인에 접속해 혼자서는 하기 어려웠던 작업을 할 수 있다. 작업은 운동 습관, 정리 정돈 작업, 청구서 처리 등 혼자 해내기 어려웠던 것이면 무엇이든 가능하다. 포커스메이트 파트너도 체계와 지원이 필요한 사람이다.

포커스메이트를 사용하려면 지정된 날짜의 지정된 시간에 온라인 포커스메이트 만남에 들어가면 된다. 원한다면 포커스메이트 시간을 정기적으로 반복 지정할 수도 있다. 예를 들어 운동 습관에 도움을 받으려면 월수금 아침 7시로 포커스메이트 만남을 지정할 수 있다. '협업 모임'이 시작될 때마다 당신과 무작위로 지정된 포커스메이트 파트너는 서로에게 각자의 작업을 알리고 서로의 동의하에 (휴대전화나 태블릿, 노트북의) '카메라 앞에서' 서로 진실로 '책임 있게 임한다'는 사실을 알린다. 당신은 포커스메이트 파트너가 일하는 모습을 볼 수 있고 상대방도 마찬가지다. 포커스메이트는 삶에서 체계와 지원을 늘리는 쉽고 매우 저렴한 방법이다. 최근 포커스메이트는 모임에 들어온 모든 사람이 같은 과제에 집중하는 과제별 모임을 형성할 수 있도록 했다.

ADHD 리와이어드

ADHD 리와이어드ADHD reWired(https://www.adhdrewired.com)는 ADHD인 사람이 도움을 받을 수 있는 또 다른 온라인 선택지다. ADHD 코치 에릭 티버스Eric Tivers는 ADHD가 있는 사람들을 위한 온라인 코칭 그룹을 만들었다. 코칭 그룹 졸업생이나 '동문'은 회원들만 들어갈 수 있는 '책임 모임'에 가입할 수 있다. ADHD 성인으로만 구성된 이 모임 회원은 줌Zoom 통화에 로그인해 자신이 하려고 하는 과제를 말한 다음 온라인에서 작업을 수행한다. 포커스메이트와는 다음과 같은 차이가 있다. ① 참가자 모두가 ADHD다. ② 일대일 만남이 아닌 그룹으로 진행된다. ③ 참가자들은 자신이 하려는 일을 하면서 서로 협조하고 도움을 주도록 권장된다. ADHD 리와이어드는 참가자들이 체계와 지원을 얻을 수 있는 대규모 온라인 ADHD 공동체를 형성해왔다.

ADDA

ADDA는 ADHD 성인을 지원하기 위해 설립된 유서 깊은 비영리단체다. 2023년 현재 개인은 월 7.6달러, 가족은 월 15.6달러라는 저렴한 회비를 내면 온라인(https://add.org)에서 진행되는 수업, 세미나, 자조 모임에 들어갈 수 있다. 노인들이 특히 관심을 두는 모임에는 다음과 같은 것이 있다.

- 50세 이상 여성을 지원하는 가상 동료 지원 모임
- 생산성 집중 시간(일을 완수하기 위한 자조 모임)
- 건강한 습관을 만드는 ADHD 뇌 작업 모임
- 은퇴자를 위한 주간 작업 모임

ADDA는 ADHD 성인으로 이루어진 자원봉사 단체다. 근처에 사는 노인들로 구성된 ADHD 자조 모임을 만들고 싶다면 ADDA는 기꺼이 모임을 만드는 일을 돕고 자조 모임을 꾸리고 성공적으로 유지하는 방법도 알려줄 것이다. ADDA 회원이 되면 목표와 어려움을 이야기할 때 당신을 진실로 '이해하는' 다른 성인 '동지'들을 만나게 될 것이다.

▶ 인지기능 개선

인지기능 개선은 문제 있는 ADHD 패턴을 바꾸는 핵심이다. 새로운 내담자와 이야기를 나눌 때 나는 내 방식을 소개하며 이렇게 말한다. "제

일은 당신이 인지기능을 개선할 방법을 제가 아는 범위에서 최대한 많이 가르쳐드리는 것입니다." 여기에는 약물치료뿐만 아니라 다음과 같은 다양한 접근법이 포함된다.

뇌를 건강하게 만드는 일상 습관

- **수면** — 회복력 있는 적당한 수면은 전전두엽 기능에 매우 긍정적인 영향을 미친다. 반대로 만성적으로 수면 패턴이 좋지 않으면 전전두엽 기능에 부정적인 영향을 주어 ADHD 문제를 더욱 악화시킨다.
- **건강한 식습관** — 저당 저탄수화물 식단을 먹거나 과일과 채소, 통곡물, 저지방 단백질이 풍부한 식단을 먹으면 뇌에 연료가 되는 혈당을 안정적이고 확실하게 공급할 수 있다.
- **규칙적인 유산소운동** — 유산소운동을 하면 뇌에서 뇌유래신경영양인자Brain-Derived Neurotrophic Factor, BDNF 생성이 늘어 새로운 기술 학습 능력이 향상된다.
- **스트레스 줄이기** — 여기에는 일상생활에서 스트레스를 줄이는 것은 물론 스트레스를 줄이는 방법을 배우는 것도 포함된다. 살면서 피할 수 없는 스트레스 요인을 만날 때 스트레스 반응을 줄이기 위한 마음챙김 같은 방법이다.
- **비타민 및 영양보충제 섭취**
- **자연과 만나기** — 하루에 한 번 이상은 야외로 나가 자연과 만나는 '녹색 휴식'을 취한다.
- **긍정적인 사회적 만남** — 친구 그리고/또는 가족과 일상적으로 교류한다.

9장에서는 이런 뇌 친화적인 일상 습관을 좀 더 자세히 다룰 것이다.

일상적인 마음챙김 수행으로 마음을 더욱 가라앉히는 방법 익히기

하루에 10분에서 15분이라도 마음챙김을 하면 상처, 분노, 패배감을 느낄 수 있는 문제에서 한 발 떨어져 나와 마음을 가라앉히는 데 도움이 된다. ADHD 치료를 위한 마음챙김에 대해 더 읽어보려면 9장을 참고하자. 리디아 자일로스카Lidia Zylowska의 책《성인 ADHD를 위한 마음챙김 Mindfulness for Adult ADHD》은 ADHD 성인이 일상적인 마음챙김 수행을 시작하고 계속하는 데 도움이 되는 훌륭한 자료다.[4]

일상적인 마음챙김 습관을 따르기 어렵다면 온라인에서 '책임감 파트너'를 찾아보자. 앞서 언급한 포커스메이트는 자신과의 약속을 이행하는 데 도움이 될 파트너를 찾는 손쉬운 서비스다. 일주일에 세 번 이하로 사용하면 무료이고 매우 저렴한 월 회비를 내면 더 자주 사용할 수 있다.

핵심은 코치나 치료사와 함께하든 하지 않든 인생에서 중요한 변화를 이끄는 일은 당신에게 달려 있다는 사실이다. 약물치료를 하면 집중력이 늘고 하루 종일 자기 행동을 더욱 잘 파악하는 데 도움이 되지만, ADHD에서 문제가 되는 측면을 관리할 방법을 익히는 것은 늘 진행 중이어야 하는 일이다. 당신의 목표는 ADHD가 없는 사람이 되려는 것이 아니다. 당신이 계속 밀고 나가야 할 목표는 당신 및 가까운 사람에게 부정적인 영향을 미치는 행동과 습관을 바꾸는 것이다.

결혼 문제를 다루는 11장에서 자세히 살펴보겠지만 당신이 ADHD가 있다고 해서 ADHD가 없는 상대방이 기준을 정하고 당신은 '고쳐야' 한다는 의미는 아니라는 점을 명심하자. ADHD의 여러 긍정적인 특성이 당신의 삶과 대인관계에 높은 가치를 부여해줄 수 있다는 사실도 기억하자. 창의적이고 위험을 감수하고 매우 집중하고 생기 있고 재미있고 순간순간을 의미 있게 사는 특성 말이다. ADHD를 안고 사는 많은 성인은 쾌활하게 이렇게 말한다. "전 그냥 존재하는 사람이지 뭘 하려고 있는 사람이 아니랍니다!" 당신의 목표는 다른 사람이 세운 임의의 기준에 맞춰 살려고 늘 애쓰는 것이 아니라, 당신에게 방해가 되는 패턴을 바꿀 방법을 익히는 것이다.

이 장의 핵심 교훈

ADHD를 전문으로 하는 전문가에게 치료를 받는 것만이 ADHD를 관리할 유일한 방법은 아니다. 집에서 스스로 또는 ADHD가 있는 동료들과 함께 다음과 같은 방법을 시도해볼 수 있다.

- ✔ ADHD에 관한 책을 읽거나 근거 있는 팟캐스트 또는 유튜브 영상을 듣고 보면서 스스로 배우자.
- ✔ 대면 또는 비대면 자조 모임을 찾아보자.
- ✔ 자신에게 적절한 목표를 설정하자.
- ✔ 친구나 가족에게 체계와 지원을 얻자.
- ✔ 문제 해결 방법을 배우자.
- ✔ 뇌를 건강하게 만드는 습관을 들이자(9장에서 좀 더 자세히 살펴보자).

8장
ADHD 코치와 함께하기

좋은 결정을 내리고 습관을 들이고 행동을 바꾸는 전략 배우기

ADHD 코칭에는 많은 장점이 있다. 어떤 코치는[1] 코칭이란 변화를 바라는 열망과 성공적인 변화 사이를 잇는 '잃어버린 고리'라고 설명했다. 네덜란드에서 실시된 한 연구에서는 심리치료 대신 코칭을 선택한 성인 집단을 면담했다. 이들은 정신 건강 서비스를 무료로 이용할 수 있었는데도 자비로 코칭을 선택했다. 이들은 코칭에서 사용하는, 강점에 기반을 두고 해결법을 중심으로 하는 낙관적인 접근법을 높게 평가했다. 반대로 정신 건강 관리는 부족한 점과 증상에 초점을 맞춘다고 느꼈다. 이들은 자신이 '진단'받은 '환자'라고 느끼기보다 삶에 어떻게 접근하고 앞으로 마주할 문제를 어떻게 다룰지 알게 되면서 코치와 파트너 관계를 형성했다고 느꼈다.[2]

대부분 코칭은 전화나 영상통화를 이용해 비대면으로 이루어진다. 우리 센터(https://thechesapeakecenter.com)에도 회원들의 특정 문제를 중심으로 한 그룹 코칭이 있다. 학습 및 체계화 기술에 중점을 두며 대학생을 지도하는 코칭 그룹도 있고, 성인의 일상생활 관리 기술에 초점을 맞추는 그룹도 있다. 음식과 더 건강한 관계를 맺는 ADHD 친화적인 방법을 가르치는 그룹도 있다. 체계화와 시간 관리 기술에 중점을 둔 그룹 치료 접근법을 연구한 결과 성인 참가자들에게 상당한 도움이 된 것으로 나타났다. 그룹 치료에 참여하면 일상생활에 변화를 만들고 싶을 때 지원을 받을 수 있으며 그룹 내 다른 회원을 모델로 삼을 기회도 얻을 수 있다. 게다가 그룹 코칭은 더 저렴하다.[3]

코칭의 효과를 기록한 연구가 점점 늘고 있다. 대부분 대학생의 학업 성취도에 초점을 맞춘 연구다.[4] 하지만 코칭 분야의 범위가 ADHD 성인의 생활 기술로 넓어지면서 ADHD 노인으로까지 확장되고 있다.[5] 코치들처럼 치료사들도 치료 과정에서 적절하다면 치료와 코칭이라는 두 가지 중재 기법을 함께 사용할 수 있도록 서로의 방법을 배우는 훈련을 강조하기도 한다.[6] 우리 센터에도 코치가 있지만 나는 우리 치료사들 모두에게 코칭 기술을 익히고 후속 치료에 코칭 기술을 적용하도록 적극 권장한다. 당신이 만난 치료사가 생활 코칭이나 ADHD 코칭도 훈련받은 치료사라면 ADHD 노인의 필요에 모두 신경 써줄 수 있는 사람일 가능성이 크다.

▶ 코칭과 기타 서비스의 비용 및 경제성

보통 코칭 비용은 심리치료 비용보다 시간당 50퍼센트 정도 저렴하지만 지역과 코치마다 크게 다르다. 코칭 비용은 의료보험이 적용되지 않고 모두 본인 부담이라는 점은 단점이다.

▶ 행동을 개시할 준비가 되었지만 어떻게 해야 할지 모르겠다면

ADHD 노인은 혼자 사는 경우가 많고 ADHD 문제를 관리할 방법을 배울 혜택을 받은 적이 없다. 자녀를 다 키우고 직장에서 은퇴하면 인생이 더 편해질 것 같지만 건강이 나빠지고 경제력이 제한되는 등 다른 문제가 여럿 도사리고 있다. 다음은 내가 면담한 몇몇 성인의 이야기다.

> "은퇴하고 나니 인생에 체계가 없어요. 다 혼자 해야 해요."
> "낮에는 그다지 바깥에 나가지 않아요. 삶이 외로움투성이지만 관계를 전부 바꾸고 싶지는 않네요."
> "자주 지각하고 체계가 없어서 퇴직해야 했습니다."
> "가끔 새벽 2~3시까지 깨어 있다가 옷도 안 갈아입은 채로 잠들곤 해요."
> "그냥 생각나면 대충 먹어요. 오늘은 아무것도 안 먹었네요."
> "서류 작업이나 세금 내기, 집안일 아무것도 할 수가 없어요. 일어나면 그냥 컴퓨터에 붙어 앉아서 친구들과 연락을 이어나가려고 해요."

▶ 첫 번째 단계는 누구와 함께 노력할지 찾는 것

코치와 치료사 중 누구와 함께해야 할까?

ADHD 치료사와 ADHD 코치가 내담자와 함께하는 방식에는 겹치는 부분이 있다. 좋은 ADHD 치료사라면 치료에 코칭 기술도 포함한다. 좋은 ADHD 코치도 분명 면담에 심리 교육을 더해 어떤 감정 문제가 변화를 방해하는지 평가하는 등 내담자에게 ADHD에 대해 가르쳐줄 것이다. 하지만 보통 코치들은 정서 조절, 가족 관계, 자존감 문제, 동반되는 정신장애 등 ADHD의 다양한 면을 해결할 방법을 훈련받지 않는다. 치료사와 코치 둘 다 이용하는 사람도 있지만 그런 팀 접근법은 비용이 상당해 대부분의 ADHD 성인에게 부담이 된다. 당신에게 가장 적절한 방법을 결정하는 데 도움이 될 만한 정보를 나열했다.

코치와 함께할 때의 장점:

- 보통 ADHD 전문 치료사보다 ADHD 코치를 찾기가 훨씬 쉽다.
- 미국에서 법적으로 코치는 내담자가 어디 살든 코치할 수 있지만, 심리학자나 정신과 의사, 임상 사회복지사, 상담사는 면허를 받은 주의 거주자만 상담할 수 있다.

치료사와 함께할 때의 장점:

- 치료사는 ADHD는 물론 ADHD에 동반되는 다양한 문제와 정신과적 진단을 다루는 훈련을 받는다.
- 치료사는 ADHD 환자에게 매우 흔한 정서 문제와 관계 문제에 초점을 맞추는

한편 문제를 해결하고 건설적인 습관을 들이는 데 도움이 될 방법을 코치할 수 있다.

• 치료는 대체로 의료보험이 적용된다.

다음 상황 가운데 하나라도 당신에게 해당한다면 치료사가 낫다:

• 사회적으로 고립된 느낌이 들고/들거나 사회적 문제를 겪는다.

• 우울하고 의욕이 없다.

• 불안하다.

• 폭식이나 과식을 한다.

• 잠을 푹 자지 못한다.

• 자신을 비하한다.

• 결정을 내리지 못하거나 충동적으로 잘못된 결정을 내린다.

• 가족 갈등이 있다.

다음 내용이 당신에게 해당한다면 코치가 낫다:

• 전반적으로 기분이 괜찮다.

• 최근에 별거 또는 이혼하거나 부부 갈등을 겪는 등 중대한 관계 문제를 겪지 않았다.

• 지원해줄 사회관계망이 있다.

• 체계화, 시간 관리, 일과 만들기, 당신이 어려워하는 과제 완수 등 특정한 실행 기능을 개선하는 데 중점을 두고 싶다.

코치는 어떻게 도움이 될까?

ADHD 코치는 다음과 같은 영역에서 도움을 줄 수 있다.

- 체계
- 지원
- 책임
- 협력
- 해결

체계

정기적인 코칭 면담에서는 당신이 목표를 달성하는 데 가장 방해가 되는 문제에 집중할 수 있도록 체계를 잡아준다. 더 많은 체계를 잡아야 한다면 일주일에 한 번 한 시간씩이 아니라 일주일에 두 번 30분씩 코치와 만날 수도 있다. 코치는 코칭 면담 사이에 이메일이나 문자로 알림을 보내 새로운 접근법을 시도하거나 새로운 습관을 들이려 할 때 꾸준히 이어나가도록 체계를 잡아줄 수 있다.

지원

코치는 이해하고 격려하면서 지원해준다. 코치는 당신과 비슷한 어려움을 겪는 사람들을 성공적으로 도운 경험이 있으므로 당신이 실패했다고 느낄 때도 긍정적으로 바라볼 수 있다. 좀 더 합리적인 척도를 이용해 당신이 얼마나 나아졌는지 측정하는 데도 도움이 된다.

책임

ADHD가 있든 없든 목표를 달성하기 위해 연습하고 노력하면서 누군가와 함께 책임감을 가지면 새로운 습관이나 기술을 쌓을 가능성이 더 크다. 마라톤 대회를 준비하거나 외국어를 배우거나 식습관을 더욱 건강하게 바꾸려 할 때 책임감 있고 정기적으로 만날 수 있는 운동 코치, 영양사, 교사가 곁에 있으면 더 잘 해낼 수 있는 것과 마찬가지다. 코치와 함께 논의해 진행 상황을 얼마나 자주 보고할지 결정하자.

협력

코치는 당신에게 무엇을 해야 하는지 말해주지 않는다. 좋은 코치라면 당신이 과거에 무엇을 시도했는지 함께 이야기하고 목표를 달성하는 데 무엇이 방해되었는지 이해하도록 도와줄 것이다. 두 사람이 문제를 함께 풀어나가야 한다.

해결

문제 해결은 코치와 협력하는 과정이지만, 코치는 ADHD가 있는 사람을 수없이 만났기 때문에 당신은 모르는 다양한 해결책이 있을 수 있다는 사실을 잘 안다는 장점이 있다.

▶ 코치와 함께하면 인생이 바뀔 수 있다

들은 말을 금세 잊어버리는 문제가 있거나 올바른 결정을 내리고 일상생활에서 질서를 유지하는 능력이 부족해 어려움을 겪는다면 제 몫을 하고 만족스러운 삶을 꾸리는 데 중요한 모든 측면에서 매우 부정적인 결과가 일어날 수 있다.

정신과 의사들은 지금도 인지·실행기능을 간과하는 경우가 많지만,[7] 이런 문제를 해결하지 않으면 소속감을 느끼고 생산적인 삶을 영위하는 데 도움을 주는 치료의 효과가 떨어질 수 있다. 평생 제 역할을 상당히 잘해왔더라도 노년에 일상생활을 관리할 때는 큰 어려움에 직면할 수 있다. 코치와 함께할 때 큰 도움을 받을 수 있는 또 다른 이유다.

▶ 노인과 함께할 코치 찾기

ADHD 코치 훈련 프로그램 가운데 특별히 노인에게 초점을 맞춘 프로그램은 없다. 은퇴라는 변화를 겪는 사람들을 돕는 '은퇴 코치'나 고령의 부모를 돌보는 성인 자녀를 지원하는 '노인 돌봄 코치'가 있기는 하지만 이런 코치들도 노년의 ADHD 문제를 전문적으로 코치하지는 않는다. 함께하고 싶은 코치와 상담할 때 가장 먼저 해야 할 질문은 다음과 같다.

- ADHD 성인과 함께한 경험이 충분한가?
- ADHD 노인과 함께한 적이 있는가?

- 노인을 코치할 때 중점을 두었던 문제에는 어떤 것이 있었는지 설명해줄 수 있는가?

당신이 직면한 가장 어려운 문제를 겪는 성인을 도운 경험이 있는지는 꼭 확인하자. 첫 면담에서 당신 스스로 자문해보는 것도 중요하다. "이 사람과 있을 때 편안했는가? 이 사람이 내 문제를 이해했는가? 이 사람과 대화하기가 수월했는가?"

▶ 코치가 당신에게 치료사를 추천해야 할 때도 있을까?

코칭이 효과를 보려면 당신이 먼저 적극적으로 문제를 해결하고 행동할 준비가 되어 있어야 한다. 루틴을 만들고 습관을 들이고 코치에게 적절한 수준의 지원을 받을 '준비'가 되어 있다면 꾸준한 진전을 볼 것이다. 하지만 당신이 정체되어 있거나 변화를 이끄는 과정을 무언가가 분명 방해하고 있다면, 코치는 치료 진행을 방해하는 더 심각한 문제에 집중하도록 당신에게 치료사를 추천할 것이다. 가령 최근 배우자를 잃었다면 코치와 함께 생산성 향상법을 배울 준비를 하기 전에 먼저 슬픔과 상실감을 극복해야 한다. 가족을 떠나 좀 더 저렴한 요양 시설로 옮겨야 할지 결정하기 막막한 경우에도 상담사나 치료사와 상담해야 한다. 우울해서 의욕이 저하되고, 나쁜 식습관이나 쌓여 있는 집안일 때문에 우울해질 때도 마찬가지다. 사회적 불안 때문에 계속 사회에서 고립된 경우에도 그렇다.

다음 이야기는 치료사와 코치의 서로 다른 역할을 보여준다.

ADHD가 있는 여성 노인 루이즈는 오랫동안 살던 집을 팔아야 하는 삶의 큰 전환기를 맞아 자신을 도와줄 코치와 함께하고 있었다. 작년에 남편을 잃은 그녀는 집을 유지하는 데 드는 비용 때문에 경제적 압박을 느끼고 있었다. 성인 자녀들은 그녀가 어떻게 해야 할지 의견이 분분했다. 아들은 자신이 자란 집을 파는 데 강하게 반대했다. 몇 년 안에 돈을 모아 어머니에게서 집을 사서 집을 계속 가족 소유로 두면 불어나는 자기 가족도 더 많은 공간을 얻을 수 있으리라 상상했다. 하지만 딸은 돌아가시기 전 아버지가 대부분 관리했던 집을 엄마 혼자 유지하기가 얼마나 어려운지 잘 알았다. 딸은 집을 팔아야 할 시점이라고 굳게 믿었다. 게다가 루이즈는 상실감과 슬픔에 빠져 있었다. 무언가 정리하려 할 때마다 옛 추억이 넘쳐흘렀다. 그녀는 코치가 효율적으로 물건을 정리하고 분류하는 일을 도와줄 수 있다고 생각했다. 그러나 몇 번의 코칭 면담 끝에 루이즈가 코칭을 받을 준비가 전혀 되어 있지 않다는 사실이 분명해졌다. 의도는 좋았지만 평생 소중히 여긴 물건을 정리하는 일에는 거의 진전이 없었다. 코치는 행동을 취하는 것이 중요하다고 강조하며 코칭 준비가 되어 있어야 한다고 조언했다. 코치가 보기에 루이즈는 결정을 내릴 준비가 되어 있지 않았고 심리치료가 더 도움이 될 것이 분명했다. 남편을 잃은 슬픔을 해결하고, 성인 자녀들에게 자신의 필요를 더욱 분명하게 이야기하며 집을 팔겠다는 생각을 두고 올바른 결정을 내리기 위해서는 그래야 했다.

루이즈는 심리치료를 받았고 일부 면담은 성인 자녀들과 함께 받왔다. 몇 달 뒤 그녀는 자신의 요구 사항을 명확히 설명할 수 있게 되었고 아들과 대화할 때 자신의 의견을 더욱 옹호할 수 있게 되었다. 루이즈는 치료받으면서 아들이 집에 집착하는 것이 돌아가신 아버지를 붙잡는 방법이기 때문이라는 사실을 이해했다.

자신의 상실감과 화해한 그녀는 아들과 공감하며 소통할 수 있게 되었고, 아들은 집을 파는 것이 엄마에게 최선이라는 사실을 점차 이해했다. 루이즈는 집을 내놓기로 했고 코치에게 다시 연락해 물건을 버리고 살림 규모를 줄이는 일을 도와달라고 부탁했다. 이제 그녀는 준비가 되었고 코칭에서 큰 도움을 받았다.

▶ 코치와 함께 해결할 수 있는 문제

ADHD와 관련된 다른 여러 문제와 마찬가지로 코치는 특히 노인이 어려워하는 몇 가지 문제에 실제로 도움이 된다.

넘쳐나는 온라인 소통 속에서 허둥댄다

20세기 중반에 태어난 사람이라면 디지털 세계에서 자라지 않았을 것이다. 디지털 기술이 너무 버겁고 노인인 자신에게는 그런 기술을 다룰 좋은 체계가 없다고 여기는 사람이 많다. 이런 어려움을 선명하게 보여주는 사례가 있다. ADHD를 겪는 여성 노인에게 이메일을 보냈더니 다음과 같은 자동응답이 온 것이다. "이메일을 보냈다면 전화나 문자로 알려주세요. 이메일이 너무 많이 밀려서 6월 한 달 동안 이메일 확인을 포기했어요." 6월이라고 돼 있었지만 내가 이 자동응답을 받은 것은 그녀가 자동응답을 설정한 지 아홉 달이나 지난 뒤였다! 아홉 달이 지났는데도 분명 그녀는 여전히 넘치는 이메일 속에서 허우적대고 있었다. 최신 기술을 제대로 따라잡으려는 의도는 좋았지만 비효율적인 노력을 들인 그녀의 사례는 많은 ADHD 노인이 겪는 몹시 벅찬 경험과 비슷하다.

디지털 시대인 오늘날의 삶은 계속 빠르고 격렬하게 우리에게 다가온다. 오늘날 우리는 한 해에만도 조부모 세대가 평생 의사소통한 것보다 더 많이 소통한다. 이메일과 소셜 미디어를 관리하는 일은 꼬박 하루가 걸릴 수도 있다. ADHD인 사람은 앞서 언급한 여성처럼 이런 일이 너무 벅차서 포기하고 그만둬버리는 경향이 있다. 스팸과 불필요한 이메일의 홍수 속에서 중요한 이메일이 사라지기도 한다. 의사소통이 쉽다는 점은 축복이자 저주다. 현실을 따라잡기 위해 하루를 전부 써버리는 것과 그냥 문을 닫아걸고 소통하지 않는 것 사이에서 중간 지점을 찾아야 한다.

ADHD인 한 남성은 메일함에 열어보지 않은 이메일이 만 통은 넘는다며, 그래서 그냥 포기하고 이메일 계정을 닫아버렸다고 말했다. 밤늦게까지 자지 않고 친구나 친척들의 페이스북 게시글을 강박적으로 들여다본다고 말하는 여성들도 많다. 디지털 커뮤니케이션이 삶을 지배하도록 놓아두지 않으면서 인생에서 중요한 사람들과 소통할 방법을 남겨둘 중간 지대를 찾아야 한다. 한 여성은 이메일 계정을 새로 만들고 친구와 친척 몇 명에게만 그 계정을 알려주었다. ADHD인 한 남성은 이메일 계정을 닫으면서 매우 안도하며 기뻐했고, 이메일을 보내는 상대방이 정말 그와 연락하고 싶다면 옛날 방식으로 돌아가 전화해달라는 자동 메일 발신을 설정했다. 기술 세계에 익숙한 코치라면 기술을 감당할 수 없는 데서 오는 버거움을 줄일 체계를 찾도록 도와줄 수 있다.

잡동사니에 파묻혀 있다

자신이 잡동사니에 파묻혀 있다는 사실을 깨달은 여러 ADHD 노인의
이야기를 함께 나누려고 한다. 최근 연구에서는 공식 정신과 진단명으로
'저장장애hoarding disorder'라 불리는 장애가 흔히 ADHD와 함께 오며,
ADHD 성인 다섯 명 가운데 한 명이 저장장애로 고생한다고 밝혔다. 과
거에는 저장장애 행동이 강박장애Obsessive-Compulsive Disorder, OCD의 하나
라고 생각했지만 지금은 흔히 주의력결핍형 ADHD와 연관된 별개의 장
애라고 여긴다.[8] 저장장애는 물건을 과도하게 모으고 일상생활을 방해
할 정도로 물건을 쌓아둔 상태에서 살며 물건을 버리기 어려운 상태로
정의된다.

하지만 저장장애를 동반한 ADHD 성인이 아니더라도 집 안 환경을
정리하고 관리하거나 잡동사니를 치우는 일이 어려울 수 있다.

> ADHD 노인인 빈스는 내게 연락해 도움을 청하며 집을 팔고 작
> 은 집으로 옮기고 싶지만 죽을 때까지 집 안에 갇힐까 봐 겁이 난
> 다고 절망적인 목소리로 말했다. 그는 아내가 결국 자기를 떠났는
> 데 그중 큰 이유는 오랜 세월 점점 불어나 집 안과 마당을 점령한
> 정신 사나운 수집품 때문이라고 설명했다. 그는 몇 년간 혼자 살
> 았고 그러면서 혼돈은 해가 갈수록 커졌다. 그는 결국 정리 전문
> 가의 도움을 받아 곤경에서 빠져나왔다. 그는 정리 전문가와 함께
> 방 두 칸짜리 집에 들어갈 만한 가구와 물건에 딱지를 붙였다. 그

다음 쓰레기 수거인을 불러 집을 청소하고 쓸 만한 물건은 기부한 다음 나머지는 쓰레기처리장으로 가져가도록 했다. 그다지 필요 없지만 애착을 느끼는 물건들을 되찾기 위해 멀어져가는 트럭을 따라갈지도 모른다는 사실을 잘 알았던 그는 일이 진행되는 동안 건물을 떠나 있어야 했다.

노년의 과학자 스티브는 이혼 후 수년간 혼자 살았다. 스티브가 사는 아파트 관리인은 중년인 스티브의 외아들에게 전화를 걸어 아버지가 아파트에서 물건을 덜어내도록 돕지 않으면 기관에 전화해 아버지를 내보내야겠다고 경고했다. 그의 아파트는 오랫동안 직장생활을 하며 모은 책, 잡지, 낡은 종이 뭉치 같은 서류로 넘쳐났다. 스티브는 심리적으로 이 서류들을 온라인 디지털화하려고 노력한 적이 한 번도 없었다. 그는 서류 하나하나가 자신의 연장이자 전문가로서의 경력을 집대성한 보관소라고 보았고 하나도 덜어낼 수 없다고 굳게 믿었다. 상황을 해결하려 아파트에 도착한 아들은 몹시 당황했다. 스티브도 빈스처럼 새 아파트로 이사해 새로 시작하기로 하고 매우 실무적이고 힘을 북돋워주는 정리 전문가에게 도움을 받았다. 이전에 그 혼돈을 스티브의 아들이 처리해야 했을 때 부자 관계가 틀어졌고, 스티브는 그 어느 때보다 더욱 외로워졌기 때문이다.

마시의 이야기도 있다. 마시는 대도시 교외에서 자기만큼 나이 든 낡은 집에 살았다. 지금은 30대가 된 아들이 학교에 들어가기 전에 구매한 집이었다. 결혼생활은 불안정했고, 그녀는 일을 하면서 아들에게 필요한 것이라면 뭐든 해주고 요리하거나 공놀이와 악기 연습에 데려다주며 할 수 있는 한 최선을 다해 홀로 아들을 키웠다. 집을 정리할 시간이나 돈 따위는 없었다. 이제 은퇴한 그녀는 집을 정리할 시간이 충분하겠다고 생각했다. 하지만 아무리 애를 써도 혼돈은 커져만 갔다. 그녀는 위층 침실에서 물건이란 물건은 모두 끌어내 옆방을 더 큰 혼돈의 도가니로 만든 다음 어찌할 바를 몰라 버거워하고 있었다. 집에 들렀다가 이런 광경을 본 아들은 깜짝 놀라 걱정했다. 어머니를 도와 더 이상 필요하지 않고 사용하지도 않는 수십 년 된 물건을 끌어내느라 며칠을 고생했고, 몇 주 안에 다시 와서 어머니가 일을 마치도록 돕기로 했다.

빈스와 스티브, 마시는 직장생활을 해낼 수는 있었지만 '쓸 수 있는 에너지'를 모두 직장에 써버리는 바람에 집 안을 관리할 활력이나 의욕은 거의 남아 있지 않았다. 계획하고 조직하고 내려놓고 재정리할 시간은 없었다. 결국 산처럼 쌓인 물건들을 직면했을 땐 그 일을 도저히 감당할 수 없는 지경이었다. 이 세 명 가운데 누구도 고전적인 의미에서 '호더 hoarder'는 아니라는 점은 꼭 이해해두어야 한다. 이들은 강박적으로 물건을 사들이지 않았다. 자신의 물건을 버리지 못하고 집착한 것도 아니었다. 그저 수년 동안 사용하지 않고 쌓아둔 물건을 버리고 집 안을 정돈된 상태로 유지하는 데 필요한 수천 번의 결정을 감당하지 못한 것뿐이다.

많은 코치는 정리 전문가 역할도 한다. 전문적인 정리는 보통 정리 전문가가 집에 와서 물건을 분류하고 정리하는 일을 도와주는 실제적인 과정으로 이루어진다. 더 작은 요양원으로 옮길 준비를 하면서 살림을 줄이려는 노인들을 돕는 일을 전문으로 하는 정리 전문가도 있다.

어수선하고 무질서하다

이전 단락에서 나는 ADHD 노인들이 '물건들에 파묻혀 있는' 상태에 관해 썼다. 이런 패턴은 일반적으로 물건을 버리지 못함은 물론 쌓인 물건을 내려놓는 데 필요한 결정을 회피하는 행동과 관련 있다.

이번 단락에서는 이와 조금 다르지만 비슷한 패턴인 일상적인 어수선함과 무질서를 살펴본다. 쓰지도 않는 물건에 매달리면서 가는 곳마다 어지럽히는 두 가지 패턴을 모두 지녀 곤란을 겪는 한 여성의 이야기를 통해 이 둘의 차이를 살펴보자.

> 해리엇과 남편은 수십 년 동안 소지품과 서류 등을 모아온 탓에 공간이 부족해진 지 한참 되었다. 해리엇은 50대 후반에 대학원 과정 몇 가지를 수강하기로 했고 논문 제출일을 앞두고 있었다. 어수선한 집 안 때문에 정신이 흐트러지고 싶지 않았던 그녀는 며칠 만이라도 모텔에 가 있기로 했다. 다음 치료 면담에서 그녀는 어수선하고 엉망인 집에서 단 며칠이라도 벗어나려고 노트북, 서류, 책, 옷만 들고 깔끔하게 정돈된 모텔 방에 갔는데 채 한 시간도 안 되어 다시 엉망인 환경이 생겨버렸다고 고백했다.

다시 말하면 지하실, 다락방, 벽장, 심지어 외부 창고는 '물건들에 파묻힌' 상태이더라도 생활 공간은 비교적 정돈된 환경일 수 있다. 이런 패턴과 달리 이번 단락에서 다루는 패턴은 일상적으로 주변을 어지러뜨리는 것이다. 신문을 의자 옆 바닥에 던져두거나, 머그잔과 유리컵을 집 안 여기저기에 놓아두고, 거실 탁자에 뜯지도 않은 우편물을 쌓아두거나, 옷을 의자나 난간에 아무렇게나 걸쳐두고, 더러운 접시나 주전자, 프라이팬을 조리대에 그냥 쌓아두거나, 신발을 휙 벗어 던져 그대로 두고, 포장된 물건을 집 안으로 들고 와 풀지도 않은 채 내버려두는 등의 행동이다.

어수선한 환경에 있으면 제 역할을 할 수 없다는 사실을 보여주는 연구가 많다. 2011년 연구자들은 과제를 수행하는 동안 뇌를 스캔하는 기능적 자기공명영상functional Magnetic Resonance Imaging, fMRI을 이용해 잡동사니를 치우면 더욱 집중하고 정보를 수월하게 처리할 수 있으며 작업기억(메모하지 않고 기억할 수 있는 항목의 수)이 개선된다는 사실을 발견했다. ADHD는 집중력, 처리 속도, 작업기억에 모두 좋지 않은 영향을 준다. 게다가 ADHD인 사람은 보통 주변 환경을 질서 있게 유지하기 어렵기 때문에 ADHD 문제가 두 배로 는다. 하나는 ADHD 뇌에서 오는 문제, 다른 하나는 주변의 정신 사나운 잡동사니에서 오는 문제다.[9] 잡동사니는 건강에 좋지 않은 식습관을 유발할 수도 있다! 한 연구에서는 학부 여학생들을 질서 정연한 주방 환경과 정돈되지 않은 주방 환경에 각각 있게 하자, 정돈되지 않은 주방에 있는 학생이 특히 단 음식 같은 건강에 좋지 않은 음식을 더 많이 선택한다는 사실을 발견했다.[10]

> 주변의 잡동사니를 치우면 마음의 잡동사니도 '치울' 수 있다.

시각적·물리적으로 어수선한 환경은 집중하고 정보를 처리하고 좋은 결정을 내리고 기억하고 싶은 정보를 재빨리 불러내는 능력에 부정적인 영향을 미친다. 따라서 ADHD를 관리하려는 목표 가운데 하나가 집중력과 생산성을 높이고 은퇴 후에 하고 싶었던 일을 완수하는 것이라면, 복잡하고 어수선한 환경은 당신이 의미 있는 일을 하는 데 도움을 받기 위해 해결해야 할 중요한 문제 가운데 하나다. 코치가 그 일을 도와줄 수 있다.

> 어수선함은 행동과 결정을 미룬 결과다.

"이걸 갖고 있을까, 버릴까?" 같은 질문을 마주할 때 가장 손쉽게 내릴 수 있는 기본적인 결정은 그대로 갖고 있는 것이다. 그리고 그런 결정이 수십 년 동안 셀 수 없이 많이 내려졌다면 ADHD 노인은 활력이 부족해지고 건강뿐만 아니라 체력과 이동성에 문제가 생겼을 때 산더미 같은 잡동사니를 마주하게 된다.

이런 상황에 놓여 있다면 코치의 도움을 받아 잡동사니를 더 늘리지 않고 점차 집 안에 질서를 부여할 새로운 습관을 들일 수 있다. 코치는 질서를 잡는 일이 한 방에 해결할 거대한 프로젝트가 아니라 지속적이고 일상적으로 이루어지는 과정이라는 사실을 알려준다. 내 책《인생을 체계적으로 만드는 ADD 친화적인 방법》[11]에서는 ADHD 성인에게 "식당 직원이라고 생각해보세요"라고 조언한다. 식당 직원들은 식당이 난장판이 되도록 내버려둔 다음 한꺼번에 대청소하지 않고, 주변이 어질러질 새라 식당 안을 계속 돌아다니며 물건을 집어 원래 위치로 되돌려놓으며 치우는 과정을 끊임없이 반복한다.

의료비 청구와 비용 처리가 버겁다

ADHD 노인이라면 건강도 좋지 않을 것이다. 70세라면 보통 여러 의사를 만나며 다양한 약을 먹고 수술을 받았거나 받을 예정일 수 있다. 미국 의료 체계는 절대 단순하지 않으며, 주치의는 당신이 다양한 의료서비스 제공자의 치료를 탐색하고 메디케어나 민간 의료보험 적용과 관련된 복잡한 보험 체계와 씨름할 때 사례 조정자 역할을 해줄 시간이 없다.

진료 예약, 약물치료, 보험 청구, 의료비 청구서 지불은 많은 ADHD 노인이 관리할 수 있는 한도를 넘어선다. 당신이 이런 상황이라면 담당 코치에게 이런 일을 모두 관리할 간단한 체계를 만드는 일을 도와달라고 요청하자.

금전 관리가 어렵다

나와 면담한 많은 성인들은 경제적으로 안정되고 은퇴가 준비되어 있었지만, 대부분 이들의 경제적 안정은 비ADHD인 파트너의 경제력과 금전 관리 기술 덕분이었다. 경제적으로 안정된 상황은 예외적이며, 경제적 스트레스라는 짐을 어깨에서 내려놓을 수 있게 도와준 상대방과 결혼한 고기능 노인이 지닌 특권이라는 사실을 말해두어야겠다.

현실은 내가 만난 한 남성이 "전 쓰러질 때까지 일해야 할걸요"라고 말한 것과 더욱 비슷하다. 대다수의 ADHD 성인은 일할 수 있는 기간 동안 불완전 고용되었거나 실직을 경험했다. 게다가 그 가운데 많은 이들은 당장 돈을 써버리기보다 미래를 위해 저축하는 자기 훈련을 꾸준히 하지 못했다.

ADHD 코치는 금전 문제로 계속 스트레스를 받게 만드는 지출 패턴과 경제적 결정에 더욱 신경 쓰고 변화를 주도록 도와줄 수 있다.

산만해져서 시간이 '뒤죽박죽'이다

어수선한 환경은 뇌 기능에 부정적인 영향을 미친다. '주도하는' 방식이 아니라 '반응하는' 방식으로 산다면 시간도 '뒤죽박죽'이 된다. '반응 모드'로 살면 주변 모든 것이 주의를 끌어 정신이 산만해진다. 뭔가가 눈에 들어오면 그것을 집어 제자리에 두려고 다른 방에 들어가서 또 거기에서 뭔가를 보고 정신이 팔리고 하면 절대 원래 하던 일로 돌아오지 못한다. 반응하는 것에 정신이 팔려 시간도 '뒤죽박죽'된다. 온라인으로 뭔가 주문하려고 하다가 눈 깜짝할 사이에 정신이 산만해져 인터넷을 돌아다니며 '아이쇼핑'하거나 더 심각하게는 실제로 무언가를 사버리느라 5분이면 될 일에 두 시간 이상을 훌쩍 써버린다. 더 중요한 과제에서 주의를 흐트러뜨리는 이런저런 일들 때문에 하루가 '뒤죽박죽'되어버린다.

"지금 안 하면 잊어버릴지도 몰라서요!" ADHD 성인들이 상당히 자주 하는 말이다. 이런 사람들은 자기가 이 일 저 일 왔다 갔다 하는 것은 어떤 일이 생각났을 때 나중까지 미뤘다가는 잊어버릴까 봐 걱정돼서 곧바로 해버려야 한다고 느끼기 때문이라고 주장한다. ADHD 뇌 작동을 설명하는 자조적인 변명이 아주 많다. 한 여성 ADHD 노인이 실제로 털어놓은 변명을 들어보자.

"오늘 세금 관련 서류를 모아서 회계사에게 갖다주어야 한다고 마음먹고 있었어요. 몇 주 동안 미뤘는데 이제는 더 이상 미룰 수 없어요! 집중하려면 커피를 한 잔 마셔야 할 것 같아서 부엌으로 갔어요. 필터에 커피 찌꺼기가 가득해서 쓰레기통에 버리려 하니 쓰레기통이 가득 찼더군요. 재빨리 쓰레기봉투를 갖다 버리려고 꺼냈는데 근처 길가에 내놓은 이웃들의 쓰레기 수거통은 다 수거할 준비가 되었더라고요. 쓰레기차 오는 시간에 맞추려고 급하게 쓰레기봉투를 끌고 나갔는데 이웃 사람이 정원에서 솎아낸 양치식물 좀 가져가지 않겠냐고 하더군요. 전 양치식물을 좋아해서 기회를 놓치고 싶지 않았죠. 그래서 이웃 정원에 가서 양치식물을 좀 가져온 다음 우리 집 마당으로 갔어요. 음, 식물이 말라버리게 그냥 둘 수는 없잖아요. 제가 그걸 심을 때까지 싱싱하게 있지는 않을 것 같아서 재활용함에서 신문지를 좀 가져와 적신 다음 식물을 감싸두어야겠다는 생각이 떠올라 차고로 갔죠. 그때 갑자기 재활용함도 밖에 내놓아야 한다는 생각이 들었어요. 재활용 트럭이 오기 전에 서둘러 나갔는데 한발 늦었더군요. 그런데 이웃 친구가 개를 산책시키고 있더라고요. 같이 가자고 하대요. 날씨가 너무 좋았어요. 어떻게 싫다고 해요? 운동도 좀 하고 싶었고요. 집 안에 들어가서 운동화를 집어 들고 저희 개한테도 목줄을 채워 친구와 합류했죠. 30분쯤 지나 집에 돌아와 부엌에 들어갔는데 전화벨이 울렸어요. 전화를 받았더니 동네 주택소유주협회 회원이었는데 제가 회비를 내지 않았다고 하더군요. 전 정말 미안하다고 사과하고, 곧바로 책상으로 가서 수표를 써서 봉투에 담아 우편함에 꼭 넣어야지 하고 스스로 다짐했어요. 절대 미루지 않을 거야! 그런데 수표책에 수표가 하나도 없어서 온 책상 서랍을 뒤져 수표를 찾는데, 여기저기 한참 찾아 헤맸던 스마트폰 충전 케이블이 거기 있지 않겠어요. 그걸 들고 스마트폰을 찾으러 갔죠. 배가 고파져서 시계를 보았어요. 점심시간이더라고요. 부엌에 갔더니 커피 주전자는 필터도 새로 끼우지 않은 채 그대로 열려 있더군요. 그러고 보니 커피 찌꺼기를 버린 순간부터 계속 바빠서 커피도 못 만들었더라고요. 세금 서류를 정리하려면 집중해야 하니 커피를 준비해야겠다고 생각했던 게 세 시간 전인데요. 아마 점심 먹고 해야겠죠."

당신의 하루도 비슷한가? 반응 모드로 사는 것은 피곤한 일이다. 이 여성은 아침 내내 바빴지만 양치식물을 심지도 못했고, 밀린 회비도 내지 못했고, 커피도 만들지 못했고, 분명 세금 서류도 정리하지 못했을 것이다. 스마트폰 찾는 데 얼마나 걸렸을지는 누가 알겠는가. 그녀의 시간은 '뒤죽박죽'이어서 원래 하려던 중요한 세금 서류 정리 같은 작업에 집중하기는 거의 불가능했다. 당신도 마찬가지라면 코치가 당신의 반응 충동성을 알아보고 주의가 흐트러지거나 방해받은 다음에도 원래 과제로 다시 돌아올 수 있도록 도와줄 수 있다.

우편물과 서류 작업이 버겁다

디지털 의사소통이 노인들에게 큰 짐이 될 수 있지만, 종이로 하는 의사소통도 마찬가지다. 코치는 우편물이 배달되면 곧바로 처리하는 습관을 기르도록 도와줄 수 있다. 광고지는 재활용함에 곧바로 넣고, 중요한 서류는 홈 오피스나 거실 책상 같은 업무 공간으로 가져가 즉시 할 수 있는 일은 처리하거나 보관할 서류를 정리할 수 있다.

일상 업무를 간소화하는 습관을 들인다

한 여성은 농담조로 이렇게 말한 적이 있다. "전 나쁜 습관 빼면 습관이 하나도 없어요." 습관 들이기는 목표를 달성하기 위해 일상생활을 관리하는 데 핵심적인 요소다. 습관은 마음을 가라앉히고 스트레스를 줄이고 자신을 잘 돌보고 목표를 달성하는 일과 관련 있다.

당신을 방해하는 몇 가지 흔한 ADHD 습관을 살펴보자.

- 충동적으로 지출한다.
- 사용한 물건을 치우지 않는다.
- 물건을 제자리에 두지 않는다.
- 규칙적인 시간에 잠자리에 들지 않는다.
- 규칙적으로 운동하지 않는다.
- 친구나 가족과 연락하지 않는다.
- 계획을 세워 식사 준비를 하지 않는다.
- 매일 밖에 나가지 않는다.
- 너무 많은 프로젝트에 손대지만 끝내지 못한다.
- 중요한 과제를 할 시간을 마련해두지 않는다.

알겠는가? 나쁜 습관은 건강에 해로운 식습관이나 운동 부족, 나쁜 수

면 습관, 만성 스트레스에서 오는 버거운 느낌, 건강 악화에 직접 영향을
미친다.

습관을 만든다

습관 형성은 코치 또는 치료사와 함께하는 가장 중요한 일 가운데 하나
다. 습관 형성을 다룬 책이 많다. 내가 가장 좋아하는 책 가운데 하나는
제임스 클리어James Clear의 《아주 작은 습관의 힘》이다.[12] 한 번에 너무 많
은 일을 하지 않고, 말도 안 되는 목표를 달성하지 못했다고 자신을 몰아
세우지 않으면서 성공적으로 습관을 들이도록 이끄는 책이다. BJ 포그의
《습관의 디테일》도 좋다.[13]

> 코치는 당신에게 이런 점을 익히도록 안내할 수 있다.
> • 바람직한 새로운 습관은 더 하기 쉽게 만든다.
> • 원치 않는 오래된 습관은 더 하기 어렵게 만든다.

내가 만난 성인 중에는 계획하고 시작하고 과제를 끝까지 완수하며 하
고 싶은 일을 해내지 못하는 자신의 무능력을 한탄하는 사람이 너무나
많았다. 무언가 때문에 방해를 받거나 정신이 팔린 다음 완료해야 하는
과제로 돌아가야 한다는 것을 잊기 쉬운 ADHD 성인에게 이런 일은 매
우 어렵다.

"아이들을 키울 때는 그림 그릴 시간이 전혀 없었어요. 항상 시간
이 나면 다시 해야겠다고 생각했습니다. 지금은 은퇴했지만 여전

히 그림은 손도 못 대고 있어요. 그 대신 소셜 미디어나 인터넷을 뒤적이며 그냥 아무거나 하고 있죠."

"외국어를 배워서 한동안 외국에서 살아보고 싶다고 늘 생각했어요. 일에 얽매여 있다고 생각하던 시절에는 내내 스페인어를 배우고 싶었고, 어학연수를 가든가 생활비가 훨씬 저렴한 라틴아메리카 어딘가에서 살고 싶다고 꿈꾸기도 했죠. 오히려 지금은 틀에 박힌 것 같아요. 뭘 하면서 시간을 보내는지는 잘 모르겠지만 스페인어를 배우는 건 분명 아니에요. 스페인어를 배우는 데 도움이 될까 싶어 컴퓨터 프로그램을 구매했지만 몇 번밖에 쓰지 않았죠."

정리하자면 코칭의 목표는 그저 인생을 '정리 정돈'하는 데 집중하는 것이 아니다. 코칭의 목표는 상황을 개선해서 당신이 항상 꿈꿔왔던 일을 성취하는 것이다.

ADHD 코칭은 지난 25년 동안 광범위한 훈련과 자격을 통해 전문직으로 성숙해왔다. 하지만 코치는 면허가 필요한 전문직이 아니기 때문에 누구든 코치라는 간판을 걸고 자신을 코치라 부를 수 있다. 따라서 당신이 함께하고 싶은 코치가 교육과 자격증을 받았는지 스스로 잘 알아보아야 한다. 부록 C(356~358쪽)에서는 저명하고 높은 평가를 받는 몇몇 ADHD 코치 훈련 기관을 나열했다. 이런 기관의 웹사이트에서 자격을 갖춘 ADHD 코치를 찾을 수 있다.

이 장의 핵심 교훈

✓ 행동을 취할 준비가 되었지만 어떻게 해야 할지 모를 때 코칭이 도움을 줄 수 있다.

✓ 코칭은 시간 관리, 과제 관리, 소지품 관리 등 일상생활의 실용적인 면에 중점을 둔다.

✓ 코치는 함께 책임감을 가지고 체계를 잡아주며 지원해줄 수 있다.

✓ 다음과 같은 문제를 겪는다면 코칭이 도움을 줄 수 있다.

　・이메일

　・서류 작업

　・습관 형성

✓ 코칭은 당신이 꿈꿔왔지만 아직 이루지 못한 일로 나아가도록 도와줄 수 있다.

9장
뇌를 건강하게 만드는 일상 습관

일상 기능을 개선하고 전반적인 삶의 만족을 높이는 생활 방식

ADHD는 유전되는 경향이 있다. 가계를 따라 대물림된다는 뜻이다. 'ADHD 유전자'는 하나가 아니다. ADHD가 한 세대에서 다음 세대로 전달되는 데는 여러 유전자가 관여한다.[1] 물려받는 유전자에 대해 우리가 할 수 있는 일은 없지만, 후성유전학 분야에서는 행동과 환경을 바꾸면 유전자의 작동 방식을 바꿀 수 있다고 말한다. 이 장에서는 좋은 것이든 나쁜 것이든, 당신의 수명, 일상 기능, 전반적인 삶의 만족도를 결정하는 데 매우 강력한 역할을 하는 생활 방식을 중점적으로 살펴본다.

▶ 효과적인 생활 방식으로 바꾸기에는 너무 늦었을까?

ADHD 노인이라면 그 나이에도 생활 방식을 바꾼다고 실제로 뭔가 달라질지 의문이 들 것이다. 특히 ADHD가 있는 사람이라면 건강한 생활 방식을 선택하기가 훨씬 어렵기 때문에 인생 후반기에 그런 변화를 만들기는 불가능하다고 생각할지도 모른다. 저명한 ADHD 권위자인 러셀 바클리는 자신이 '성실함 부족'이라 일컫는 것과 ADHD가 관련 있다고 썼다. 즉 ADHD가 있는 사람은 장기적으로 자신에게 유익한 일이라는 것을 알면서도 그보다는 지금 당장 끌리는 일을 할 가능성이 더 크다.

이 장에서는 뇌를 더욱 건강하게 만드는 생활 방식을 구축할 ADHD 친화적인 방법을 중점적으로 살펴본다. 완벽하게 바꾸지 않아도 괜찮다. 그래도 일상 기능과 웰빙에 상당히 긍정적인 영향을 줄 수 있다.

▶ 연구에서 말하는 건강에 해로운 생활 방식과 ADHD

여러 연구에 따르면 ADHD가 있는 사람은 이런 문제에 빠질 위험이 더 크다.

- 담배에 의존하고 끊기 어려움[2]
- 패스트푸드나 정크푸드 섭취[3]
- 과음 및 기타 물질남용[4]
- 규칙적인 운동을 하지 않음[5]
- 건강에 해로운 수면 습관[6]
- 사회적 고립[7]
- 과체중 또는 비만[8]
- 제2형당뇨병 발병[9]

이처럼 건강에 해로운 생활 방식은 모두 노인에게 연쇄적인 영향을 미쳐 우울,[10] 무기력, 높은 수준의 만성 스트레스[11]로 고통을 준다.

ADHD 성인이 건강에 해로운 생활 방식을 택하면 그 영향은 상당히 크다. 러셀 바클리는 ADHD 성인의 평균 수명이 훨씬 짧아서 과잉행동/충동성 ADHD인 경우 11.7년, 주의력결핍 ADHD인 경우 8년 짧다는 사실을 발견했다.[12] 사고사 및 자살[13]도 ADHD 성인의 수명을 단축시키지만, 건강에 해로운 생활 방식은 나이가 들며 수명과 삶의 질 둘 다에 큰 영향을 미치는 중요한 요소다.

▶ 이제 좋은 소식을 들어보자

바클리의 암울한 소식을 만회하기 위해 노인 의학 분야의 권위자인 데일 브레드슨이 언급한 매우 고무적인 발견을 살펴보자. 노인도 기능과 전반적인 삶의 질을 극적으로 개선하는 변화를 일으킬 수 있다는 주장이다.[14] 그가 진행한 연구는 현재 미국 국립보건원National Institutes of Health, NIH에서 레코드 프로젝트ReCODE project라는 재미있는 이름으로 똑같이 실시하고 있다. (ReCODE는 인지 저하 되돌리기Reversal of COgnitive DEcline라는 의미다.)[15] 노년에도 인지 저하를 되돌릴 수 있다는 획기적인 소식은 ADHD가 있는 사람들에게 이제 막 알려지기 시작했을 뿐이다.

브레드슨은 인지기능이 현저히 나빠진 노인들을 연구했다. 그의 선행 연구(본격적인 연구에 앞서 소규모 참가자를 대상으로 시행하는 예비 실험—옮긴이)에 참가한 성인은 모두 조기 은퇴할 시점이 되었거나 일상생활 기능에서 어려움을 겪는 이들이었다. 참가자들에게 건강에 좋은 다양한 일상 습관을 따르도록 하자, 이후 2년에 걸쳐 참가자 대부분의 인지 기능이 크게 좋아지기 시작했고, 그 가운데 일부는 심지어 직장으로 복귀하기까지 했다. 나머지 사람들도 자신이 훨씬 나아졌다고 느끼고 제 역할을 매우 잘 해냈다.

꼭 완벽하지 않아도 된다는 사실을 이해해야 한다. 브레드슨의 보고에 따르면 연구 참가자 가운데 수면, 식습관, 운동, 뇌 훈련, 영양 보조제 복용 권고를 완벽하게 따른 사람은 하나도 없는데도 많은 이들의 상태가 개선되었다.

> 건강한 일상 습관을 완벽하게 따르지 않아도 실제로 이점이 있다.

브레드슨이 이용한 접근법에는 일상 습관을 바꿀 때 코치와 정기적으로 만나 꾸준히 도움을 받으며 습관을 개선하는 방법도 포함되어 있었다. 앞 장에서 소개한 '체계와 지원'이라는 개념을 기억하는가? 브레드슨은 자신이 설명한 대로 생활 방식을 더욱 성공적으로 바꾸려면 모든 노인에게 코치의 지원이 필요하다고 밝혔다.

브레드슨의 프로그램은 인지 저하 문제가 있는 노인의 인지기능을 개선하기 위해 고안된 것이지만 그의 조언은 인지기능 문제를 겪는 사람이라면 누구에게든 적용될 수 있다. ADHD 노인이 뇌를 건강하게 만드는 일상 습관을 따르면 ADHD는 물론 노화에 따른 인지 저하에도 긍정적인 영향을 줄 것이다.

▶ 각성제는 뇌를 건강하게 만드는 일상 습관 구축에 도움이 될 수 있다

뇌를 건강하게 만드는 일상 습관을 들이려 할 때는 코치나 심리치료사의 도움을 받는 것이 이상적이지만 각성제 복용도 도움이 될 수 있다. 각성제는 집중력을 향상하고 충동성을 줄이므로, 각성제를 복용하면 뇌를 건강하게 만드는 일상 습관을 제대로 들이고 더 잘 유지할 수 있다. 각성제는 충동성도 줄이므로 충동적인 식사와 폭식을 조절하는 데도 도움이 된다. 사실 지속형 각성제인 바이반스는 폭식 장애 치료제로 FDA 승인을 받았다.[16] 각성제가 ADHD 성인의 수면 패턴 개선에 도움이 될 수 있다는 연구도 있다.[17]

▶ 뇌를 건강하게 만드는 습관 시작하기

ADHD가 있는 사람은 습관 들이기가 상당히 어렵다. 8장에서 길게 언급했듯 ADHD 성인이 이런 변화를 이루고 싶을 때 적절한 체계를 얻고 지원을 받는다면 훨씬 수월하게 꾸준한 행동 변화를 이룰 수 있다. 게다가 ADHD 코치와 함께하면 급격한 변화를 이루려 하거나 너무 많은 변화를 한꺼번에 달성하려고 성급해하는 일을 막는 데 도움이 된다. 새로운 목표를 달성할 때의 어려움을 과소평가하고 조급해하면 오히려 자기 패배감만 늘어난다. 어떤 여성은 건강 베스트셀러 한 권을 사서 쭉 훑어보고 이렇게 결론 내렸다고 했다. '이 사람이 권하는 거, 난 못해.' 그녀는 건강에 해로운 행동을 바꾸려 관심을 가졌지만 한 발짝도 나아가지 못하고 곧장 패배감과 절망감에 빠졌다. 당신에게는 이런 일이 일어나지 않도록 하자. 뇌를 건강하게 만드는 일상 습관을 소개하기 전에 먼저 몇 가지 주의할 점을 다시 떠올려보자.

- **'한꺼번에'는 결코 성공적인 방법이 아니다.** 삶의 질에 긍정적인 영향을 미치고 ADHD의 영향을 줄일 여러 생활 방식 변화를 제안하겠지만, 우선순위를 정하고 뇌를 건강하게 만드는 습관을 한 번에 하나씩 들여야 한다. 너무 성급하게 많은 일을 한꺼번에 해내려고 하면서 자신을 실패자라고 몰아세우지 말자.
- **이분법적인 사고를 조심하자.** 예를 들어 식습관 변화나 운동 같은 일을 '전부 아니면 전무'라는 식으로 이분법적으로 생각하면 자신을 실패자라고 몰아세우게 된다. 습관은 조금씩 형성되고 필연적으로 뒷걸음치기도 한다. 당신의 노력도 불완전하다는 사실을 깨닫고 받아들이면 분명 일어날 수밖에 없는 실수를 붙들고 늘어지지 않고 습관을 개선하기 위해 계속 나아가는 데 도움이 될 것이다.

뇌를 건강하게 만드는 습관 중 어떤 것을 먼저 들이고 싶은지 우선순위를 정하자. 당신의 삶의 질에 가장 부정적인 영향을 미치는 문제가 무엇인지 떠올려보자. 수면 패턴이 좋지 않아 항상 피곤한가? 사회적으로 고립되어 기분이 처지는가? 뇌를 건강하게 만드는 다른 습관을 일상에 더하기 전에 한 가지 습관을 선택해 한동안은 그것에 집중하자.

MENDSS는 이 장에서 소개할 뇌를 건강하게 만드는 습관을 쉽게 기억하도록 내가 만든 약자다. MENDSS는 다음과 같은 의미다.

M	= 마음챙김Mindfulness, 마음챙김 명상, 스트레스 줄이기
E	= 운동Exercise
N	= 자연Nature
D	= 식이Diet
S	= 수면Sleep
S	= 사회적 관계Social connections

> MENDSS는 당신의 몸과 마음을 '수선mend'하는,
> 뇌를 건강하게 만드는 습관이다.

이어서 각 MENDSS 습관을 하나하나 설명하려고 한다. 순서에 구애받지 말고 훑어보며 당신이 가장 먼저 집중하고 싶은 MENDSS 습관을 선택해 살펴보자.

▶ M = 마음챙김, 마음챙김 명상, 스트레스 줄이기

마음챙김과 마음챙김 명상은 다르지만 서로 관련 있으며 둘 다 스트레스를 줄이고 집중력을 높이는 데 큰 도움이 된다.

마음챙김은 하루를 보내는 특별한 삶의 방식이다. 마음챙김은 속도를 늦추고 감각하는(느끼고, 듣고, 보고, 냄새를 맡고, 맛보는) 것에 주의를 기울이고 주변에서 일어나는 일에 완전히 마음을 쏟고 전적으로 참여하면서도, 경험한 것에 관한 판단은 보류하고 그저 무슨 일이 일어나는지 살피는 것이다.

마음챙김 순간은 하루 종일 할 수 있다. ADHD인 사람 가운데는 마음챙김 명상을 매일 하기는 어려웠지만 일상적인 활동을 하면서 마음챙김 순간을 갖는 것이 큰 도움이 되었다고 말하는 사람도 있다. 줄을 서서 기다리거나 신호 대기 중일 때처럼 안절부절못하거나 조바심이 느껴지는 순간은 마음챙김 순간을 연습하기에 최적인 상황이다. 핸들을 초조하게 톡톡 두드리지 말고 빨간불 길이가 얼마나 될지 생각하며 신호등마다 호흡에 세심하게 주의를 기울여 천천히 심호흡해보자. 스스로 깜짝 놀랄 정도로 정지 신호가 긴장을 풀고 차분해질 순간이 될 수도 있다! 마음챙김 먹기, 마음챙김 대화(당신이 말하고 싶은 내용으로 건너뛰지 않고 상대방의 말에 집중할 수 있다), 심지어 마음챙김 빨래 개기도 할 수 있다.

마음챙김 명상은 마음챙김과 관련 있다. 마음챙김 명상은 더욱 진지하고 집중적인 마음챙김 '수련'이다. 앉아서 정해진 시간 동안 한 가지(당신의 시야에 있는 사물이나 호흡)에 집중하고, 주의가 흐트러지면 하나의 초점으로 계속 자신을 되돌리는 것이다. 마음챙김 명상은 일상생활 문제에서 스트레스를 줄이는 데 도움이 되는 강력한 도구이자 의도적으로 집중력을 강화하는 도구다. 리디아 자일로스카의 책《ADHD를 위한 마음챙김 처방》[18]에는 전적으로 마음챙김 명상에 기반한 성인 ADHD 치료 프로그램이 요약되어 있다. 세계적으로 인정받는 심신 연결 권위자인 의학

박사 대니얼 시겔Daniel Siegel은 자일로스카의 책 서문에 이렇게 썼다.

> 마음에 집중하면 실제로 뇌 구조가 바뀐다. 농담이 아니다. 이 책
> 에 실린 실용적인 단계를 따라 하면 뇌와 더욱 튼튼하게 연결되어
> 집중하는 삶의 방식에 도움이 된다. (중략) 마음을 담아 의식하는
> 수련법을 배우면 주의력, 감정 조절, 유연한 반응, 통찰력, 공감,
> 현명함 등을 담당하는 뇌의 실행 회로를 활성화하고 강화할 수 있
> 다.[19]

ADHD를 지닌 사람 중에는 마음챙김 명상을 할 수 없다고 여기는 경
우가 많다. 내담자 가운데 한 명은 이렇게 말했다. "그건 정말 못 견디겠어요.
아무것도 안 하고 그냥 앉아서 마음이 흐트러지지 않게 하라고요? 미쳐버릴걸요!"
앉아서 마음챙김 명상을 하는 능력은 연습하면 생긴다. 하지만 일정 시
간 가만히 앉아 있기가 너무 어렵다면 좀 더 ADHD 친화적인 접근법이
있다. 한 가지 방법은 걸으면서 호흡이나 걸음을 내딛는 감각 같은 무언
가에 집중하면서 필연적으로 주의력이 흐트러질 때마다 계속 호흡으로
주의를 되돌리며 마음챙김 명상을 연습하는 것이다. ADHD가 있는 사
람 가운데는 더운물에 천천히 샤워하면서 마음챙김 명상을 하면 더 쉽다
고 말하는 사람도 있다. 따뜻한 물이 긴장을 풀어주고 초조해하지 않으
면서 더 오랫동안 명상할 수 있게 해준다는 사실을 깨달았다는 것이다.
마음이 흐트러진 뒤에도 다시 계속해서 주의를 모으려는 행동은 오랫동
안 차분하게 집중력을 유지하는 능력을 기르는 데 도움이 된다.

ADHD 뇌는 흔히 과반응하고 상처받거나 분노, 짜증을 겪을 때 생각

없이 즉각적으로 반응한다. 이런 반응성 때문에 다른 사람과 함께 지내기 어렵고 우정을 잃거나 가족 관계가 붕괴할 수도 있다. 마음챙김 명상은 정서적 반응을 치유하는 강력한 해독제다.

> 자극과 반응 사이에 공간이 있다.
> 우리가 낼 반응을 선택하는 힘은 그 공간에서 나오고,
> 우리의 성장과 자유는 그 반응에서 나온다.
> ─빅터 프랭클에 대한 헌사

마음챙김을 연습하면 자극(당신을 화나게 하는 사건)과 반응(화나게 하는 사건에 대한 당신의 반응) 사이에 공간을 만드는 데 도움이 된다. 반응하기 전에 심호흡하고 긴장을 풀자! 마음챙김 순간(신호 대기 중 느린 심호흡에 집중하기 등)은 매우 긍정적인 이점을 줄 수 있다. 가족에게 짜증이 나거나 갈등이 있을 때도 마찬가지다. 의도적으로 속도를 늦추고 호흡에 집중하고 상대를 배려하는 메시지를 뇌에 보내면 뇌가 진정되고 더 차분하고 사려 깊게 갈등에 대응할 수 있다. 마음챙김 명상이 스트레스를 줄이고 집중력을 높인다는 연구가 많다.[20] 혼자서 마음챙김 명상을 수행하기 어렵다면 비대면 또는 대면 마음챙김 모임에서 체계와 지원을 얻자.

다음은 일상에서 마음챙김을 구축하는 몇 가지 ADHD 친화적인 방법이다.

- 몇 분간 마음챙김을 하며 하루를 시작하자. 일어나서 스트레칭하고 밖을 내다보며 50까지 세는 동안 천천히 마음챙김 심호흡을 하자.
- 줄을 서서 기다리거나 정지 신호에 멈춰 있을 때처럼 하루 중 어쩔 수 없이 기다

려야 할 때마다 마음챙김을 연습하자. 이때도 시선을 무언가에 집중하고 줄이 움직이거나 신호등이 바뀔 때까지 천천히 의도적으로 심호흡하자.

- 잠자리에 들기 직전 잠시 마음챙김을 하면 숙면할 수 있다. 앉거나 일어서서 한 가지 사물에 집중한 채로 천천히 신중하게 50번 마음챙김 호흡을 하자.

▶ E = 운동

운동은 몸, 특히 심장에 좋을 뿐만 아니라 뇌에도 상당히 좋다. 매일 격렬한 운동을 하는 것만으로 ADHD를 '치료'한 사람이 있을 정도로 운동 효과는 뛰어나다. 좀 더 최근에는 유산소운동, 근력/저항 운동, 움직임 훈련(태극권, 피클볼, 탁구 등 운동학습이 필요한 복잡한 움직임을 수반하는 운동) 같은 다양한 운동 범주를 비교하며 노인에게 주는 운동의 인지적 이점을 더욱 세심하게 살피는 연구도 시작되었다.

유산소운동

노인에게는 격렬한 운동이 적절하지 않을 수 있지만 존 레이티John Ratey 박사는 자신의 책《운동화 신은 뇌》[21]에서 하루 20분 정도만 유산소운동을 해도 뇌에서 BDNF 생성이 촉진된다고 말했다. BDNF는 새로운 뉴런 생성을 촉진하고 기억력을 개선한다. 뉴런 사이를 잇는 짧은 돌기로 새로운 것을 배울 때 생성되는 연결고리인 수상돌기 성장도 촉진한다. 게다가 아주 최근 연구에 따르면 유산소운동을 할 때 몸에서 생성되는 호르몬인 이리신은 뇌 인지기능을 개선한다.[22] 핵심은 인지기능을 보존하거나 개선하는 가장 좋은 방법의 하나가 유산소운동이라는 사실이다.

춤

춤도 노화하는 뇌에 상당히 좋다.[23] 최근 연구[24]에 따르면 음악과 춤은
둘 다 여러 면에서 건강을 크게 개선한다. 춤은 본질적으로 유산소운동
이기 때문에 뇌에 도움이 되고, 전반적인 인지기능을 개선하며 뇌 산소
량을 늘리고, 복잡하고 조화된 움직임을 통해 특히 실행기능과 관련된
인지기능을 개선한다. 특히 스퀘어 댄스(여덟 사람이 두 사람씩 짝을 지어
마주 보고 사각형을 이루어 추는 미국의 대표적 포크 댄스─옮긴이)는 주의력,
기억력, 유연성, 균형, 유산소운동이 관련되기 때문에 뇌에 좋다. 게다가
춤은 사회적 관계도 맺어주므로 정신적·정서적 웰빙도 개선한다.

태극권

스퀘어 댄스와 마찬가지로 태극권을 익히려면 복잡한 동작을 배워야 한
다. 태극권을 '움직이는 명상'이라고 하는 사람도 있다. 태극권이 ADHD
가 있는 사람에게 특히 좋다는 사실을 뒷받침하는 연구는 내가 아는 한
아직 없지만, 내 경험상 태극권은 가만히 앉아 집중할 필요가 없기 때문
에 훨씬 ADHD 친화적인 명상이다. 태극권은 전반적인 인지기능과 기
억력, 특히 언어 작업기억을 개선한다.[25] 이와 마찬가지로 연구에 따르면
태극권을 수련할 때는 스트레스와 불안이 줄며 우울에 긍정적인 영향을
받는다.[26]

근력/저항 운동

근력운동이나 저항운동의 이점을 다룬 연구보다는 유산소운동(장시간 높은 심박수를 유지하는 운동)이나 '움직임 훈련'(더 복잡한 동작이 필요한 운동)의 인지적 이점을 뒷받침하는 연구가 훨씬 많다. 하지만 최근 리뷰 논문에서는 근력운동이나 저항운동이 뇌의 전전두엽(ADHD에 영향받는 뇌의 한 부분)에 상당한 변화를 일으켜 실행기능(조직하고 계획하고 목표를 달성하는 능력)을 개선한다는 몇 가지 증거를 보고했다.[27]

운동을 ADHD 친화적으로 만들기

내가 면담한 노인들은 ADHD가 있든 없든 매일 규칙적으로 운동하기가 가장 어려운 일 가운데 하나라고 입을 모아 말했다. 이들은 운동이 얼마나 중요한지 알지만 스스로 규칙적으로 운동하기는 힘들어했다. 그렇다면 어떻게 해야 운동을 좀 더 규칙적이고 자연스러운 일과가 되도록 만들 수 있을까?

- **어디서든 잠깐이라도 움직이자.** ADHD가 있는 한 여성은 점심 식사를 데우려고 전자레인지 앞에 서 있거나 아침에 커피가 만들어지기를 기다리며 커피메이커 앞에 서 있을 때처럼 무언가를 기다릴 때 더 이상 안절부절못하지 않는다고 말했다. 운동하자는 신호이기 때문이다. **"저는 하루에도 여러 번 생기는 이런 순간을 이용해 스트레칭도 하고 심지어 근력운동도 해요. 하루를 마무리할 즈음이면 꽤 많이 하게 되거든요."**
- **함께 운동하자.** 정기적으로 아침이나 저녁에 함께 산책할 이웃을 찾자. 함께 운동하면 산책이 여러 면에서 좋아진다. 첫째, 친구를 실망하게 하고 싶지 않으므

로 더 꾸준히 운동할 수 있다. 둘째, 매일 사회적 만남을 갖는 좋은 방법이 된다. 매일 사회적 만남을 갖는 것의 중요성은 이 장의 뒷부분에서 다시 설명하겠다.

- **개를 키우자!** ADHD가 있는 다른 여성은 개를 키우니 하루에 두 번은 나가게 된다고 말했다. **"우리 강아지가 아니었다면 산책 말고 다른 일을 할 수백 가지 핑계를 댔을 거예요. 하지만 강아지가 제게 나가자고 알림을 주죠. 저 자신에게는 소홀할망정 강아지를 소홀히 대하지는 않아야 하잖아요."** 개는 그녀가 계속 운동하는 데 필요한 알림과 체계를 주었다. 생활환경이나 다른 문제로 개를 키울 수 없다면 앞서 권한 대로 개를 키우는 이웃이나 친구에게 함께 산책하자고 제안해보자.

- **기준을 낮게 잡자.** 일주일에 한두 번 한 시간씩 운동하는 것보다 매일 조금씩 꾸준히 운동하는 편이 낫다. 온라인에서 가벼운 요가 시퀀스나 짧은 유산소운동을 알려주는 영상을 몇 가지 찾아보자. 편안하게 운동할 수 있는 장소에 노트북이나 휴대전화를 두고 하루에 몇 번 잠깐씩이라도 운동하자. 내가 가장 좋아하는 짧고 쉬운 두 가지 운동 루틴은 다음과 같다.
  - 뉴욕타임스(https://www.nytimes.com) **7분 운동**
  - **목, 어깨, 상체 요가**Yoga for neck, shoulders, and upper back: 조회수 1000만에 육박하는 15분짜리 이 유튜브 영상은 분명 도움이 된다!

다음은 일상에서 운동할 수 있는 몇 가지 ADHD 친화적인 방법이다.

- 라인 댄스, 스퀘어 댄스, 피클볼 등 이미 있는 운동 모임에 참가하자. 당신은 나가기만 하면 된다!

- 조금씩 하자. 짧은 운동 후에도 계속하고 싶어진다면 더욱 좋지만 소소한 목표부터 시작해도 운동할 가능성이 더 커진다.

- 함께 운동하자.

- 규칙적으로 운동하자.

▶ N = 자연

지난 150년 동안 우리 사회가 농업에서 제조업으로 옮겨 가면서 우리 삶의 대부분은 인간이 지금껏 살아왔던 자연환경에서 점점 멀어지고 있다. 최근 연구에 따르면 자연과 만나면 건강과 인지기능이 개선된다.

'녹색 휴식'이 중요한 이유: 연구에 따르면 매일 야외에서 자연을 느끼며 시간을 보내면 ADHD 증상이 줄고 전반적으로 건강이 좋아진다. 이상적으로는 하루에 한 번 이상이 좋다. '녹색 휴식'은 휴식이 필요할 때마다 음료를 마시거나 무언가를 먹으러 주방으로 향하는 대신 시도할 수 있는 좋은 습관이다. 자연 속에서 시간을 보내는 것이 뇌에 좋다는 연구는 점점 늘고 있다.[28] 일본에서는 1980년대에 '삼림욕'이라는 요법을 개발했다. 숲속에서 조용히 걷고 자연을 관찰하며 평화로운 고요함에 푹 빠지는 것이다. 많은 연구에서 삼림욕이 주는 건강상의 이점이 입증되었다. 누구나 숲 근처에 사는 것은 아니므로 자연에 '푹 빠질' 수 있는 가까운 곳을 찾아보자. 근처 공원도 좋고 운 좋게도 주변에 나무가 많다면 동네 산책도 좋다. 바쁜 날이라도 하루에 두 번 15분씩 바깥에 나가면 단기적으로 인지기능이 상당히 회복되고 장기적으로 건강이 전반적으로 좋아진다.

자연은 정신적 피로 해소를 돕는다. 정신적 피로는 누구나 겪는 현실이지만 특히 ADHD 성인은 더욱 그렇다. 미시간대학교 심리학 교수인 레이첼 캐플런Rachel Kaplan과 스티븐 캐플런Stephen Kaplan은 정신적 피로 및 정신적 피로 해소에 대한 이론을 개발했다. 두 사람은 두 가지 유형의 주의 집중을 언급했다. 우리가 흔히 '주의 기울이기'라 부르는 '하향식' 주의 집중은 독서하거나 대화에 참여하거나 과제를 완수하는 데 필요한, 지시적이고 노력이 필요한 주의 집중이다. '상향식' 주의 집중은 좀 더 '온화한' 주의 집중으로 노력이 필요하지 않고 자연환경에 '이끌리는' 주의 집중이다. 바람에 춤추는 이파리, 꽃 주위를 날아다니는 나비, 신선한 공기의 냄새를 깨닫는 것이다.[29] 이런 방식은 '항상 접속된' 문화에서 회복할 해독제가 된다.

녹색 휴식은 주의력을 회복시킨다. 집중해야 할 때 전화를 받고 누군가의 질문에 답하는 등, 주의를 집중하려 애쓸 때 자주 방해받으면 주의력에 큰 부담이 된다. 전화나 질문하는 사람에게 우선 주의를 돌린 다음 하던 일로 다시 돌아와 집중해야 하기 때문이다.

ADHD가 있다면 보통은 뇌가 내적 주의 산만을 겪으며 '스스로 방해하고' 있으므로 주의력이 더 쉽게 고갈된다. 상세한 서류를 살펴보다가 갑자기 의사에게 전화해 다음 진료 예약을 잡아야 한다는 생각이 떠오를 수도 있다. 의사에게 전화해야 한다고 메모하거나 실제로 의사에게 전화를 건다면 집중력이 흐트러진다. 이렇게 되면 원래 하던 일로 돌아오기 어렵다. 게다가 원래 하던 일로 다시 돌아간다 해도 주의력이 두 배로 고갈된다. 먼저 의사를 불러야 한다는 스쳐 가는 생각에 주의를 기울이고, 그다음 읽다 만 복잡한 서류로 다시 돌아오려고 노력을 기울여야 하기 때문이다. 뭘 읽고 있었는지 기억해내려고 한두 문단을 다시 읽어야 할 수도 있다.

하향식 주의 집중력은 한정되어 있어서 노력이 필요한 주의 집중력을 회복하려면 일상 활동에서 한 발 벗어나 휴식, 되도록 녹색 휴식을 취해야 한다. 공원에 앉아 귀뚜라미 노래나 새 소리를 듣는 일에는 노력이 들지 않는다. 강의를 듣거나 중요한 정보를 읽으려면 하향식 주의 집중이 필요하다. 도시에서 걸어 다닐 때는 인도에서 걷는 다른 보행자를 피하거나 길을 건너기 전에 자동차에 주의하는 등 노력이 드는 하향식 주의 집중이 필요하므로 자연환경에 있을 때만큼 편안한 회복을 얻지 못한다. 따라서 도시에서는 바깥을 산책할 때도 마찬가지로 지시적인 하향식 주의력이 고갈된다.

자연 휴식을 취하러 바깥에 나갈 때는 디지털 장비를 두고 가자. 습관적으로 전자 기기에 눈을 돌리면 자연환경이 주는 회복력이 무용지물이 된다. 한 연구에서는 다양한 환경에서 주의력을 세심하게 측정했다. 야외지만 황량하고 나무 하나 없는 환경, 초록으로 둘러싸인 자연환경, 푸르른 자연환경이지만 디지털 기기를 들고 있는 환경이다. 이 세 환경 중 주의력을 회복시킨 유일한 환경은 디지털 기기를 들고 있지 않은 자연환경이었다.[30]

녹색 휴식을 취하는 동안 전자 기기에 눈을 돌리면 녹색 휴식의 이점이 완전히 사라지지는 않더라도 상당히 줄어든다. 걸으면서 통화하거나 문자를 확인하거나 이어폰을 끼고 팟캐스트를 들으며 산책하면 진정으로 자연에 '속해 있다'는 느낌이 들지 않는다. 몸은 자연 속에 있을지 몰라도 우리 마음은 대화나 문자, 팟캐스트에 붙어 있다.

캐플런 교수 부부는 자연 속에 있다고 해도 자연 속에 있기를 원하고 책임져야 할 다른 일을 해야 한다는 내적 압박을 느끼지 않을 때만 회복력을 얻을 수 있다고도 믿었다. 다시 말해 친구가 공원에서 점심 먹자고 잡아끌어도 '해야 할' 일을 머릿속에서 떨쳐버릴 수 없다면 자연환경이 발휘하는 회복력 충만한 마법이 작동하지 않는다.

다음은 일상에 녹색 휴식을 끌어들이는 몇 가지 ADHD 친화적인 방법이다.
- 출근 전이나 퇴근 후 개와 산책하자.
- 점심시간에 간단히 먹고 산책하자.
- 휴식을 취할 때 커피를 마시거나 간식을 먹으러 가지 말고 잠깐이라도 바깥 공기를 마시자.

▶ D = 식이

과일과 채소, 저지방 단백질, 통곡물 등을 충분히 섭취하며 건강하게 먹는 것이 중요하다는 사실은 누구나 안다. 하지만 다음과 같은 사실은 모를 수도 있다.

- ADHD인 사람은 다른 사람보다 건강한 식사를 하기가 훨씬 어렵다.
- 언제, 무엇을 먹는지는 인지기능에 큰 영향을 미친다.

건강한 식생활은 광범위한 주제이므로 여기에서는 아주 간략하게만 훑어보려고 한다. 건강한 식생활에 대해 더 깊이 알고 싶은 사람들을 위해 자료를 약간 제공하겠다. ADHD 노인이라면 건강한 식생활을 꾸준히 유지하기가 왜 그토록 어려운지, 그렇다면 어떻게 해야 할지 알아야 한다.

건강한 식생활을 더욱 어렵게 만드는 ADHD 성향

다음과 같은 특징은 ADHD가 어떻게 잘못된 식습관으로 이어지는지 잘 보여준다. 좀 더 자세한 설명은 뒤에 덧붙였다.

- 충동성
- 괴로워서 먹는 습관으로 이어질 수 있는 정서적 반응
- 의존 성향
- 장기적 이익보다 단기적 쾌락을 지향하는 뇌
- 건강에 좋은 식사를 계획하고 준비하기 어려운 부족한 계획 능력
- 흔히 음식으로 채워지는 자극 갈망
- 오래되어 끊기 힘든 잘못된 식습관

의존 성향

ADHD가 있는 사람은 ADHD에서 오는 의존 성향 때문에 '입맛 당기는 음식'에 더 취약하다. 가공식품과 패스트푸드는 입맛을 당기도록 아주 기발하게 설계되어 있어서 입맛 당기는 음식과 의존성 약물 사이에는 비슷한 점이 많다고 주장하는 연구도 늘고 있다. 입맛 당기는 음식이 활성화하는 뇌의 쾌락 추구 경로는 남용 약물이 활성화하는 경로와도 겹친다. 강박 섭식이나 다이어트 후에 오는 '재발성' 섭식 패턴은 약물의존자들에게서 볼 수 있는 패턴과 닮았다.[31] 사람이 정말 음식에도 의존하게

되는지는 여전히 논쟁거리지만 음식 의존, 특히 설탕 의존이 있다는 증거는 점점 늘고 있다.[32] ADHD와 물질남용 성향은 유전되고 함께 발생하는 경향이 있다. 뇌 연구에 따르면 인지 제어, 감정 제어, '보상 갈망' 경로에서 보이는 차이는 ADHD와 물질남용에서도 흔히 나타난다.[33]

　내담자 티나의 이야기는 이런 현상 일부를 보여주는 사례다. 티나의 이야기는 극단적이기는 하지만 폭식 패턴으로 문제를 겪는 ADHD 성인은 많고, 그 가운데 많은 이들은 쿠키나 감자칩을 '딱 하나만' 먹으려 생각했지만 결국 다 먹어버리는 강박적인 식습관이 있다.

　　티나는 ADHD가 있는 중년 여성이었다. 그녀와 남편 마크는 늦게 결혼했고 아이는 없었다. 마크의 연봉이 높아서 티나는 결혼 후 일을 그만두었다. 치료받으러 나를 찾아온 티나는 자신의 식습관이 일상생활의 통제력을 완전히 장악하고 있다고 털어놓았다. 노력은 하지만 주중 오전이 지날 때면 나가서 단것을 사 오고 싶은 강한 충동이 점점 커졌다. (자신이 얼마나 정신없이 먹는지 남편에게 보이고 싶지 않았던 탓에 남편이 집에 있는 주말에는 식습관을 상당히 자제했다.) 주중에는 오전 나절만 되어도 자제력을 잃고 집 근처를 배회하기 시작했다. 자신의 식습관이 너무 부끄러운 나머지 장바구니에 간식이 가득 찬 것을 아무도 보지 못하게 하려고 여러 가게를 돌며 간식을 나눠서 샀다. 동네 빵집에서 시작해 몇 군데 가게를 거쳐 집으로 돌아오는 길에 마지막으로 던킨도너츠에 들르는 것이 일상적인 경로였다. 기다릴 수 없어 차 안에서 정신없이 먹은 적도 숱했다. 집에 돌아오면 배가 터질 것 같은데도 미친

듯이 먹었다. 결국 그녀는 자신의 표현대로 '설탕 혼수상태'에 빠져 아프고 지쳤다. 어느 날에는 단것을 너무 먹은 나머지 오후 내내 침대에 누워 있어야 했고 남편이 저녁에 돌아왔을 때도 일어나 말할 기운조차 없었다. 하루가 끝날 때쯤이면 티나가 정신적·육체적으로 상태가 좋지 않은 때가 많아서 남편은 직접 저녁 식사를 준비하는 데 익숙해졌다.

티나의 행동은 분명 '정상적인' 폭식을 넘어섰다. 분명 심각한 의존을 암시하는 수준까지 문제가 커진 상태다. 설탕은 입안의 특정 수용체를 활성화해 궁극적으로 흔히 '쾌락 물질'이라고 부르는 신경전달물질인 도파민을 뇌에서 분비하게 만든다. 도파민에는 보상 효과가 있기 때문에 사람들은 보상받는 느낌을 계속 얻으려고 설탕을 더 많이 갈망하게 된다. 중요한 사실은, 연구에 따르면 그런 행동을 유도하는 것은 단맛 자체가 아니라는 점이다. 기분 좋은 맛을 느끼지 못하도록 설탕을 혈류에 직접 투여해도 뇌는 같은 방식으로 반응해 보상을 주는 신경전달물질인 도파민 분비를 갑자기 늘린다. 실제로 강렬한 단맛은 내적 보상이라는 측면에서 코카인의 효과를 뛰어넘는다![34]

섭식장애 치료와 ADHD

섭식장애의 표준 치료 프로그램은 ADHD가 유발하는 고유한 문제를 무시한다. 섭식장애 치료 프로그램은 섭식장애(거식증, 신경성 폭식증, 폭식 장애 모두)가 낮은 자존감, 불안, 우울 등 뿌리 깊은 정서적 문제에서 비롯한다는 근본적인 믿음을 바탕으로 작동한다. ADHD가 없는 사람에게는 특히 이런 요인이 분명 강하게 작동하지만, 대부분의 섭식장애 치료 프로그램은 건강에 나쁜 섭식 패턴을 유발하는 ADHD 성향과 취약성은 살피지 않는다.

전통적인 섭식장애 치료 프로그램에서는 식습관을 바꾸는 동안 ADHD 때문에 처방받은 각성제를 복용하지 못하게 하는 것이 일반적이다.[35] 섭식장애가 있는 사람이 식욕 억제를 위해 각성제를 오용할까 봐 걱정되기 때문이다. 나는 이런 접근법과는 정반대로 섭식장애 패턴이 있는 사람에게 각성제를 복용하도록 권장한다. 각성제는 더 자각하고 집중하고 충동을 덜 느끼는 데 도움이 되기 때문이다.

당신은 식품 산업 때문에 불리하다

대부분은 아니지만 ADHD가 있는 많은 사람은 건강한 식습관을 따르기 어려워한다. 선진국 사람들은 먹을 것이 아주 풍족한 시대에 살고 있다. 음식을 얻기가 너무 쉬울 뿐만 아니라 음식도 너무 입맛을 당긴다. 이 '너무 입맛을 당긴다'는 점을 이해해야 한다. 식품 산업계는 음식을 최대한 입맛 당기게 만들기 위해 노력하며 엄청난 연구를 한다. 레이스Lay's의 감자칩 광고 기억나는가? "한번 먹으면 멈출 수 없어." 짭짤한 감자칩이든 달콤한 과자든 식품 산업이 기대하는 것은 바로 이것이다. 매일 먹던 식단에서 갑자기 설탕을 끊으면 설탕은 연구 문헌에서 '설탕 금단'이라고 부르는, 의존성 약물과 매우 비슷한 작용을 한다.[36] 설탕 금단은 우울, 불안, 머리가 멍해지는 브레인포그, 갈망, 두통, 피로, 현기증을 유발한다.

설탕 섭취를 줄이는 방법:
- 단것을 먹을 때는 항상 단백질과 함께 섭취해서 설탕만 먹을 때 생길 수 있는 강렬한 느낌이 들지 않게 하자.
- 설탕을 조금씩 줄여보자. 금단 증상을 완화할 수 있다.
- 단것을 먹은 후에는 양치하자. 달콤한 맛을 입에서 씻어내면 쿠키, 사탕, 과자를 '딱 하나만 더' 먹고 싶은 욕구가 줄어들 것이다.
- (아이스크림 한 덩이 위에 과일을 찔끔 얹어 먹는 대신) 디저트로 잘 익은 과일을 잘게 썰고 아이스크림을 조금만 얹어 먹어보자.
- 좋아하는 과자는 아주 조금씩만 구매하자.

음식과의 싸움에서 패배는 이제 그만Stop Losing the Food Fight은 내가 개발한 체계적인 단기 그룹으로, ADHD가 있는 사람이 음식과 더욱 건강한 관계를 발전시키는 ADHD 친화적인 방법을 배우는 모임이다. 우리 그룹에서는 건강한 식품에 초점을 맞추지 않는다. 그런 음식을 먹어야 한다는 사실은 누구나 안다. 그 대신 우리는 ADHD가 있는 사람이 건강한 식생활을 하지 못하도록 방해하는 요소에 주목한다. 그룹 회원들이 배운 다음과 같은 실천법을 당신도 시도해볼 수 있다.

- 식생활 패턴을 극단으로 몰고 가는 '이분법적인 사고'를 피하자.
- '해로움 줄이기'를 이해하자. 쿠키를 세 개 먹었다고 해서 쿠키 한 상자를 다 먹

어치워야 하는 것은 아니다.

- 점진적 변화를 이끄는 습관을 들이자. 간단히 오후 간식을 사과, 무염 아몬드 한 줌, 삶은 달걀 등 좀 더 건강한 음식으로 바꾸는 것부터 시작해보자.
- 음식을 당기는 유발 요인을 피하자. 피하고 싶은 음식을 멀리하거나 눈에 띄지 않는 곳에 두자. 우리 모임에서는 그런 음식을 거부할 수 없다면 아예 집에 들이지 말라고 가르친다.
- 배달 음식을 끊고 저녁 식사를 준비하는 간단하고 건강한 방법을 배우자.
- 특정 활동과 식사 사이의 연관성을 끊자. 예를 들어 밤에 텔레비전을 보면서 야식 먹는 습관이 있다면 그 연관성을 깨는 것부터 시작하자. 야식은 먹되 텔레비전을 보면서 먹지는 말자. 텔레비전을 보며 먹지 말고 부엌에 가서 간식을 준비하고 식탁에서 먹자. 이렇게 하면 더욱 '마음챙김' 하며 먹을 수 있고 결국 텔레비전 시청과 야식 사이의 연관성을 깰 수 있다.
- 식사하면서 다른 활동을 하지 말고 '아무 생각 없이' 먹는 식사를 피하자.
- 식사와 연관 없는 즐거운 활동을 하자.
- 한 번 실수로 규칙을 지키지 못했거나 과식 또는 폭식했더라도 다시 건강한 습관으로 돌아가자.
- 음식과의 관계를 바꾼다는 평생의 과업을 시작했다는 사실을 이해하자.
- 단백질이 풍부하고 지방이 적으며 혈당 지수가 낮은 식단을 섭취해 혈당 수치를 안정시키고 뇌에 안정적으로 에너지를 공급하자. 장기적으로 혈당 지수가 낮은 식단을 먹으면 여러 만성 질환을 일으키는 염증이 줄어든다. 혈당 지수가 낮은 음식을 섭취하는 방법을 자세히 알아보려면 부록 C(356~358쪽)를 참고하자.

미량영양소(비타민과 미네랄)

이 짧은 단락에서 최적의 건강과 인지기능을 유지하기 위한 미량영양소의 중요성을 깊게 다루지는 않을 것이다. 미량영양소는 매우 방대하고 복잡한 주제다. 하지만 처방받은 미량영양소(멀티비타민)를 복용하고 나서 ADHD 증상이 호전되었다고 보고하는 ADHD 성인과 가족이 있다는 연구도 알아두자.[37] ADHD 아동에게 비타민 및 미네랄 보충제를 복용하게 한 연구에서 부모들은 자녀의 ADHD 증상이 줄고 주의력과 감정 조절이 나아졌으며 공격성이 줄었다고 보고했다. 이런 비타민·미네랄 보충제로 과잉행동과 충동성이 개선되지는 않았다. 이런 부분의 치료에는 보통 각성제가 더 효과적이다.

뇌 신호 전달은 아연, 철, 비타민D 같은 미량영양소와도 관계있다. ADHD 아동과 성인은 흔히 이 세 가지 영양소가 결핍되어 있는데, 이렇게 되면 집중력, 주의력, 충동 조절 문제를 겪을 수 있다.[38]

최근 연구 문헌에 따르면 아연,[39] 철,[40] 어유(오메가-3 지방산),[41] 마그네슘[42]이 최적의 인지기능을 돕는 데 중요하다고 밝혔다.

영양보충제를 복용하기로 했다면 먼저 의료서비스 제공자와 상담해 당신이 복용하고 있는 다른 약물과 상충하는 금기사항은 없는지, 보충제의 복용량이 권장량을 초과하지는 않는지 확인하자.

▶ S = 수면

수면은 뇌가 제대로 기능하는 데 매우 중요하다. 실제로 만성 수면 부족은 이미 ADHD로 손상된 전전두엽 기능을 더욱 저하하므로 ADHD 문제를 더욱 가중한다. 게다가 최근에는 수면의 중요한 기능 중 하나가 뇌척수액을 뇌 안팎으로 흐르게 해서 뇌세포에 유독한 폐기 단백질을 씻어내는 것이라는 사실도 밝혀졌다.[43] 노인이 만성적으로 수면을 방해받으면 인지 저하 및 치매로 이어진다는 증거가 있다는 사실도 알아두어야 한다.[44]

ADHD 성인과 관련된 수면 문제

ADHD를 지닌 사람에게는 일주기 리듬이 조절되지 않는 지연성 수면위상 증후군delayed sleep phase syndrome이 매우 흔하다. 성인 가운데 수면 개시 문제, 불안한 수면, 회복력이 부족한 열악한 수면 등 수면 문제를 겪는 사람이 상당히 많다는 사실이 여러 연구에서 계속 보고되고 있다.[45] 복합형 ADHD 성인은 불면증을 겪을 가능성이 매우 높다(64.3퍼센트). 각성제 복용이 수면을 방해할 수 있다는 우려가 오래전부터 있지만, ADHD 치료를 위해 각성제를 복용하는 성인은 불면증을 더 적게 겪는다고 보고했다. ADHD와 함께 기분장애, 불안, 성격장애, 물질사용장애가 있는 성인은 모두 불면증을 많이 겪는다고 보고했다.[46]

무엇 때문에 잠들지 못하는가?

걱정거리 때문인가? 마음을 진정시킬 수 없어서 잠자리에 들기를 피할 수도 있다. 밤에 누워서 잠들려고 하면 갖가지 걱정거리가 떠오른다고 말하는 노인이 많다. 노인들은 괴로운 생각에 빠져 허우적대는 시간을 피하려고 텔레비전을 보거나 소셜 미디어를 뒤적이며 주의를 돌리고 다른 활동을 하다가 결국 소파에서 잠들고 새벽이 되어서야 휘적휘적 침실로 돌아간다.

이런 문제를 겪고 있다면 침대에 누워 불을 끄고 잔잔한 음악, 팟캐스트, 오디오북(파트너와 침대를 같이 쓴다면 이어폰을 사용하자)을 들어보자. 잠이 들려고 하면 볼륨을 낮추고 조용히 듣자. ADHD 뇌가 너무 자극적이지 않고 차분한 무언가에 집중하면 잠들 가능성이 더 크다.

혼자만의 시간이 필요한가? 가족의 요구에 신경을 쓰지 않고 방해받지 않는 혼자만의 시간을 가지려고 자러 가지 않는가? 배우자의 건강이 좋지 않아 보살펴야 한다면 밤이 임무에서 해방되는 유일한 도피 시간처럼 느껴질 것이다.

이런 경우라면 낮 동안 '나만의 시간'을 찾을 방법을 생각해보자. 늦게까지 깨어 있는 것이 나만의 시간을 찾는 가장 쉬운 방법처럼 보이겠지만 이런 패턴에 빠지면 건강이 나빠질 수 있다. 늦게 먹거나 수면 시간이 짧아지는 결과가 흔하다.

집에서 혼자 책을 읽거나 취미생활을 하거나 친구에게 전화할 수 있는 차분한 공간을 마련하자. 매일 두어 번 산책해보자. 일상적인 돌봄 노동에서 벗어나 자연을 만나고 휴식을 취하며 운동할 수 있다.

나만의 비밀스러운 즐거움을 위해 늦게까지 깨어 있는가? 낮 동안에는 긴장을 풀고 여가를 즐길 시간이 없다고 느끼는가? 낮에는 여러 가지 일을 해야 한다는 압박감이 있지만 한밤중에는 자책감에서 벗어나 쉴 수 있다고 느끼는가? 늦게까지 깨어 있으면 하루 종일 당신을 압박하는 일상 관리 걱정에서 벗어날(그리고 흔히 회피할) 짬을 얻을 수 있는가? 밤이 되면 잠시라도 자신을 비난하지 않을 수 있는가?

죄책감을 피할 시간을 얻기 위해 잠을 줄이는 대신 그다지 내키지 않는 일이라도 낮 동안 해낸 다음 '나만의 시간'을 갖는 보상을 자신에게 줘보자. 다음과 같은 일은 어떨까.

- 심부름을 마친 뒤에는 동네 카페에 들러 커피나 차 한잔을 하며 잠시 휴식을 취하며 자신에게 보상을 주자.
- 집에서 책을 읽거나 취미 생활을 하고 친구나 가족과 통화할 '나만의 공간'을 마련하자. 공간에 여유가 있다면 내 방도 될 수 있고 '나만의 시간'을 위해 정해둔 좋아하는 의자라도 괜찮다.

늦게 잠들며 배우자나 파트너와의 갈등을 피하고 있는가? 어떤 부부들은 서로에게 거리를 두기로 암묵적으로 동의한다. "남편이 너무 코를 골아서요." "아내가 늦게까지 불을 켜고 있어요." "각자 다른 텔레비전 프로그램을 보고 싶어서요." 어떤 이유든 한 사람은 늦게까지 깨어 있고 한 사람은 잠자리에 든다.

늦게 자거나 소파에서 텔레비전을 보다가 잠들고 계속 불규칙한 시간에 잠들면 수면 회복력이 떨어지기 시작한다. 관계에 문제가 있어 이런 패턴이 생긴다면 ADHD에 초점을 맞춘 결혼 문제 상담을 다룬 11장에서 이 주제를 살펴보자.

당신이나 배우자가 만성통증을 앓고 있는가? 많은 노인이 만성통증, 수면 무호흡증, 코골이, 하지불안증후군, 근육경련 등의 문제로 수면 장애를 겪는다. 늦게까지 깨어 있다가 의자나 소파에서 잠들기보다는 자신과 파트너를 위해 각자의 편안한 침실을 마련해야 할 때일 수도 있다.

ADHD 성인이 건강한 수면 습관을 들이는 데 도움이 되는 도구

모니터를 들여다볼 때 생기는 부정적인 효과에 대처하기 위한 청색광 차단 안경

많은 전문가가 취침 전 한 시간 동안 '스크린/모니터 보기 금지'를 하라고 제안하지만, 저녁에 텔레비전, 노트북, 아이패드, 스마트폰 등 스크린 타임 습관을 기꺼이 포기할 사람은 거의 없다. 취침 전 스크린 타임을 포기하는 대신 '청색광 차단' 안경을 사용해보자. 독서용 안경 위에 청색광 차단 안경을 덧써서 수면을 방해하는 화면의 청색광을 차단할 수 있다.

멜라토닌

메이요 클리닉Mayo Clinic 웹사이트에 따르면 "멜라토닌은 수면에 중요한 역할을 하는 신체 호르몬이다. 멜라토닌은 하루 시간과 연관해 뇌에서 생성되고 분비되며 어두울 때 늘고 밝을 때 줄어든다. 멜라토닌은 나이가 들면서 적게 생산된다.

멜라토닌은 보충제로 복용할 수도 있다. 일반적으로 경구용 정제 또는 캡슐이다. 대부분의 멜라토닌 보충제는 실험실에서 생산된다."[47]

수면을 유도할 호르몬이 자연스럽게 쌓여 멜라토닌이 작용할 시간을 주려면 이른 저녁에 복용해야 한다. 취침 두 시간 이상 전에 저용량(3밀리그램)을 복용하는 것이 취침 직전 고용량을 복용하는 것보다 훨씬 효과적이다.

보충제를 복용하기 전에 의료서비스 제공자와 꼭 상담해서 당신에게 안전한지, 당신이 복용하는 약물과 상충하는 금기사항이 없는지 확인해야 한다는 점은 주의하자.

경구용 라벤더 오일

경구용 라벤더 오일 제제(하루 80밀리그램)는 아증후군적(복합형) 불안장애가 있는 221명의 환자에서 원치 않는 진정 또는 기타 약물 관련 효과를 일으키지 않으면서 수면의 질과 지속 시간에 실제로 이로운 영향을 주고 전반적인 정신적·신체적 건강을 개선했다.[48]

주의할 점도 있다. 경구용 라벤더 오일을 구매할 때는 식품 등급인지 반드시 확인해야 한다. 피부에 바르는 에센셜 오일이 아니다.

또한 복용하기 전에 의료서비스 제공자와 꼭 상담해서 당신에게 안전한지, 혹시 당신이 복용하는 약물과 상충하는 금기사항이 없는지 확인해야 한다.

국소 에센셜 오일

앞서 라벤더 오일을 경구 섭취할 것을 제안했지만 에센셜 오일은 국소적으로 (피부에) 발라도 효과적이다. 라벤더, 바질, 향나무, 스위트 마조람이 든 에센셜 오일 혼합액은 수면 장애를 줄이고 노인 환자의 웰빙을 전반적으로 개선하는 것으로 나타났다.[49]

잠 오는 차(캐모마일 차)

그래도 잠이 오지 않는다면 잠 오는 차(캐모마일이 함유된 차)나 진짜 바닐라와 설탕 한 스푼으로 맛을 더한 따뜻한 우유 한 잔을 마셔보자.

명상 녹음

명상 녹음도 수면을 유도할 수 있다. 아마존Amazon에서 구할 수 있는 마인드웍스MindWorks 출판사의 〈뇌 훈련Brain Train〉 녹음을 들어보자. 온라인에는 수면을 유도하기 위해 고안된 명상 앱이나 녹음이 수없이 많다. 〈좋은 수면과 불면증 해결을 위한 명상 가이드 20선20 of the Best Guided Meditations for Sleep and Insomnia〉은 좋은 명상 녹음을 찾아볼 때 도움이 되는 목록이다. https://www.lifehack.org/844530/best-guided-meditation-for-sleep.

카페인 섭취 줄이기

카페인(커피, 차, 탄산음료, 초콜릿) 섭취량에 주의하자. 카페인은 몸속에 오래 남는다. 카페인 섭취를 오전으로 제한해보자. 적어도 점심 식사 이후에는 카페인을 섭취하지 말자.

규칙적인 운동

규칙적인 운동은 수면을 개선하는 중요하고 건강한 방법이다. 하지만 자기 직전에는 운동하지 않는 것이 좋다. 아침이나 정오, 퇴근 후 이른 저녁에 운동하자.

잠들기 위한 준비

하루를 마무리하고 밤에 숙면하기 위해 할 수 있는 간단한 방법을 살펴보자.

- 취침 시간을 기대하게 만드는 수면 의식을 만들자. 어릴 때부터 '자러 갈 시간'이라고 하면 하던 놀이를 멈춰야 한다는 뜻이었다. 이제는 잠드는 시간을 따뜻한

물에 목욕하기, 캐모마일 차 한 잔 마시기, 침대에서 책 읽기, 청색광 차단 안경을 착용하고 신체의 자연스러운 멜라토닌 생성을 방해하지 않으면서 인터넷 서핑하기 등 긍정적인 일과 연관해보자.

- 잠드는 데는 시간이 걸린다. 스위치를 끄듯 곧바로 잠들 수는 없다.
- 잠자리에 들기 전 준비하는 시간을 갖자.
- 샤워나 목욕을 하자. 따뜻한 물에 샤워하거나 목욕하고 잠자리에 들면 몸이 식으면서 푹 잠들 수 있다.
- 잠자리에 들기 전에 느긋하게 스트레칭하는 짧은 의식을 만들자. 스트레칭은 몸에 휴식하고 잠들 시간이라고 알리는 또 다른 방법이다.
- 서늘한 방(16~19도 사이)에서 자자.
- 방해되는 소리를 차단하자. 빗소리나 바닷소리처럼 마음을 안정시켜주는 소리 또는 잠을 방해할 수 있는 다른 소리를 차단하는 '백색 소음'을 아이패드나 스마트폰에서 재생할 수 있는 앱이 많다.
- 어두운 방에서 잠을 자자. 보통 한밤중에 화장실에 가야 해서 야간 조명을 켜두었다면 그 대신 작은 손전등을 옆에 두거나 스마트폰 조명을 사용해 화장실 가는 길을 비추고 자는 동안에는 방을 완전히 어둡게 만들자.
- 잠자리에 들어 완전히 잠에 빠질 때까지 45분은 주자.
- 일어나려는 시각 여덟 시간 전에는 잠자리에 들자.
- 규칙적인 취침 시간을 정하자. 시간을 자꾸 놓친다면 수면 의식을 시작할 알람을 설정하자.

좋은 아침 습관이 좋은 수면 습관을 만든다

매일 아침 같은 시간에 일어나자. 충분히 자지 못했더라도 매일 같은 시간에 일어나자. 늦게까지 자면 올빼미 패턴만 이어진다. 너무 피곤하다면 낮 동안 짧은 낮잠(20~30분)을 자도 좋지만 오후 4시 이후에는 삼가는 편이 좋다.

일어나야 할 시간 45분 전에 각성제를 복용하자. 일어나기 힘들다면 일어나야 하는 시간 45분 전에 알람을 맞춰보자(아니면 알람을 두 개 맞춘다). 각성제를 복용하고 다시 잠든다. 원래 일어나려던 시간에 알람이 울리면 각성제가 효과를 발휘해 더 활기차고 각성된 기분을 느낄 것이다.

수면 문제로 의학적 상담을 받아야 할 때

3주 동안 이런 방법을 모두 꾸준히 시도했는데도 여전히 잠이 오지 않는다면 담당 의료서비스 제공자에게 의료 상담을 받아야 한다.

▶ S = 사회적 관계

많은 연구에서는 사회적 관계와 지원이 정신적·육체적 건강을 유지하는 데 중요하다는 사실을 보여주었다.[50] 사실 사회적 관계는 ADHD 노인의 웰빙에 매우 중요하므로 다음 10장에서 사회적 관계라는 주제를 좀 더 살펴보려 한다. 여기서는 사회적 관계와 신체적 웰빙, 인지기능 사이의 강력한 연관성에 주목해 간략히 살펴볼 것이다.

• 사람은 기본적인 웰빙을 위해 다른 사람과 맺는 사회적 교류에 의존하는, 근본적으로 사회적 동물이다. 사회적 교류를 모두 차단하는 독방 감금은 교도소에

서 가하는 가장 강력한 형벌이다. 신체적으로 접촉하지 못하면 아기는 제대로 자랄 수 없다. 우리는 말 그대로 서로 '접촉'해야 한다.

- ADHD 노인은 흔히 사회 기술이 부족하고, 타인과 사회적 만남을 조직하거나 유지하기 어려워 사회적으로 고립된다.

- ADHD 노인이 다른 사람과 함께 있으면 하루를 체계화하고 더욱 시간관념을 갖는 데 도움이 된다. 다른 사람과 함께 살면 같이 식사하거나 적어도 식사 시간이 되었다는 신호를 받을 수 있다. 이와 마찬가지로 기상 시간과 취침 시간이 규칙적인 사람과 함께 살면 기상/수면 주기가 제대로 조정될 가능성도 크다.

- 사회적으로 고립되면 무질서하고 어수선해지며 식사 계획을 하지 못하고 프로젝트 계획과 실행에 어려움을 느끼는 등 문제 있는 ADHD 경향이 늘어난다.

10장에서는 사회 지원망의 중요성에 대해 더 자세히 살펴보고 이런 지원망을 구축하는 실제적인 단계를 알아볼 것이다.

▶ 뇌를 건강하게 만드는 일상 습관을 모두 할 시간이 없는가?

'해빗 스태킹habit stacking'(습관 쌓기)은 새로운 습관을 만들고 유지하는 방법이다. '해빗 스태킹'이라는 말은 〈월스트리트 저널Wall Street Journal〉의 베스트셀러 작가인 S. J. 스콧S. J. Scott이 고안했다. 그의 책《해빗 스태킹》에서는 그다지 "노력을 들이지 않아도 되는 습관을 중심으로 루틴을 구축"하라고 제안한다. "기억하고 완수하기 쉬운 사소한 것을 해내면 탄력이 붙기" 때문이다.[51]

해빗 스태킹의 몇 가지 사례를 살펴보자.

- 녹음이 우거진 자연 속에서 반려견과 산책하면 운동과 자연과의 만남을 둘 다 얻을 수 있다.
- 산책 중 멈춰 서서 친구와 이야기를 나누면 세 번째 건강한 습관인 사회적 관계가 더해진다.
- 이렇게 친구와 함께 운동하면 두 가지 중요한 일상적인 건강한 습관인 운동과 사회적 관계 맺기 습관이 생긴다.
- 온라인에서 그룹 명상을 하면 차분해지고 집중하는 명상의 효과를 얻으면서도 모임에서 다른 회원들과 관계 맺고 있다는 느낌을 받을 수 있다.

한 번에 전부 바꾸려고 하지 말자. 그러면 낙심하거나 그만둬버리게 된다. 건강한 습관을 한 번에 하나씩 시작하고 그 습관이 규칙적인 일과가 될 때까지 계속하자. 그리고 이런 습관들을 전략적으로 구축하자. 예를 들어 더 이상 집중하기 어렵다면 녹색 휴식/운동 휴식을 가져 뇌를 쉬게 하자. 간식을 먹으러 부엌에 가거나 소셜 미디어를 뒤적이는 대신 바깥에 나가 산책하고 머리를 맑게 비우자.

이 장의 핵심 교훈

✓ 뇌를 건강하게 만드는 일상 습관은 ADHD 증상 개선에 매우 긍정적인 영향을 미친다.

✓ MENDSS는 전반적인 뇌 기능 측면을 개선하는 건강 습관을 기억하는 데 도움이 되는 약자다.
- M: 마음챙김,마음챙김 명상,스트레스 줄이기
- E: 운동
- N: 자연
- D: 식이
- S: 수면
- S: 사회적 관계

✓ 건강한 일상 습관을 완벽하게 따라야 진정한 혜택을 볼 수 있는 것은 아니다.

10장
사회적 관계 시작하고 유지하기

사회 지원망의 중요성과 구축 방법

외로움과 고립은 ADHD가 있든 없든 노인이라면 누구에게나 영향을 미친다. 고립되는 요인은 다양하다. 이 장에서는 사회에서 고립되어 어려움을 겪는 ADHD 노인들의 이야기를 살펴보면서 당신이 나이 들며 맞닥뜨리는 고립에 대처하는 방법을 찾도록 돕는 데 초점을 맞출 것이다. 노인 내담자들에게 항상 하는 이야기지만 나이 들며 필연적으로 생기는 '빼기'에 맞서려면 우리 주변 세상에 적극적으로 '더하기'를 해야 한다.

▶ 사회적 '빼기'

은퇴할 시기가 되면 친구들이 이사하거나 사망하고 자신이나 친구들의 인지가 저하되면서 점차 어울리기 어려워지며, 이동성 문제로 바깥에 나가 사람을 만나기 힘들어지고 사회적 관계를 맺을 사회적 역할이 줄면서 주변 사회 집단이 점점 쪼그라든다. 예를 들어 은퇴하면 직장에서 맺은 관계는 사라지고 손주들이 자라 독립하면 조부모로서 관여할 일도 줄어든다.

▶ 사회적 '더하기'

사회적 '빼기'를 피할 수 없다면 이에 대처하기 위해 의식적으로 활동을 더하고 새로운 친구 관계를 찾으면서 다른 사람의 삶과 공동체에 참여하도록 노력해야 한다. 우리 삶에 '더하기'를 만드는 몇 가지 아이디어를 살펴보자.

- **산책 모임에 참여하거나 함께 산책할 친구를 만들자.** 걷기는 달리기보다 훨씬 사회적이다. 걸으면 하루에 많은 시간을 운동하면서 사람들과 어울릴 수 있다. 산책 친구가 있다는 것은 여러 면에서 상당히 ADHD 친화적이다. ① 일상적으로 운동할 수 있어 기분이 좋아지고 인지 능력이 개선된다. ② 9장에서 살펴본 대로 '자연'과 만나는 일일 필요량을 충족할 수 있어 건강이 좋아지고 스트레스가 줄어든다. ③ 일상적인 사교 활동을 할 수 있다. ④ 집에 친구들을 초대하려고 집을 정리해야 한다는 부담을 가질 필요가 없다. 아무런 준비도 필요 없고 그저 운동화만 챙기면 된다!
- **다른 고령자들과 스포츠를 즐기자.** 운동이라면 다 좋지만 피클볼이 특히 좋다. 미국에서는 피클볼이 고령자 중심으로 매우 빠르게 성장하고 있다. 여러 지역 사회에서는 거의 사용하지 않는 테니스 코트를 피클볼 코트로 바꿔, 비슷한 연

령대의 다른 사람들을 만나 운동할 좋은 기회를 주고 있다.

- **동네 식당에서 매월 식사 모임을 하자.** ADHD 노인들은 대체로 집에 사람들을 초대하기를 꺼린다. 준비하고 계획해야 할 일이 너무 많기 때문이다. 사람들을 초대하는 대신 밖에서 사람들을 만날 곳을 찾아보자. 우리 동네에는 정기적으로 맥도날드에 모여 함께 아침 식사를 하는 고령자 모임이 있다. 매우 저렴하고 편리하게 친구들을 정기적으로 만나는 방법이다.
- **동네 노인회관에 가보자.** 대부분의 활동 비용이 저렴하거나 무료이며 관심사가 비슷한 또래들을 만날 수 있다.
- **고령자들이 많이 사는 곳으로 이사한다.** 치료하면서 만난 한 여성은 기자로 매우 바쁘게 살다가 은퇴하자 외로워졌다고 털어놓았다. 직장과 가까워서 선택한 도심 아파트는 더 이상 그녀의 필요에 맞지 않았다. 이웃들은 대부분 바쁘고 젊은 전문직 종사자였다. 그녀는 도심에서 벗어나 은퇴한 노인들이 많이 사는 아파트로 이사하기로 했다. 이사한 지 몇 달 뒤 그녀는 여태껏 경험한 것 가운데 가장 바쁘게 사회생활을 하고 있다고 쾌활하게 말했다. 사람들은 근처 식당에서 함께 점심을 먹거나 근처 영화관에 가고 건물 1층 공용 공간에서 브리지 게임을 하자고 이웃을 초대했다.

연구에 따르면 노년의 웰빙 감각은 사회적 관계, 가족 행사 참여, 공동체에 속해 있다는 느낌과 목적의식을 주는 자원봉사 등과 밀접한 관련이 있다.[1]

ADHD인 사람들은 아주 내향적인 성격부터 극도로 외향적인 성격까지 다양하다. 사회성의 스펙트럼에서 가장 외향적인 편에 있는 사람은 사회적으로 능숙하고 수다스럽고 호감 가며 매력적이다. 영업, 정치, 연예계에는 이런 ADHD들이 많다. '레이진 케이준Ragin' Cajun'(성깔 있는 루이지애나인)이라는 별명을 지닌 매우 노련하고 현란한 정치 컨설턴트 제임스 카빌James Carville은 사회관계가 훌륭한 사람 가운데 한 명이다. 거침없고 도전적이고 재미있고 매력적이지만 과잉행동을 하고 말이 너무 많은 나머지, 한번은 공항에서 어떤 의사가 다가와 그를 쭉 지켜본 결과 ADHD일지도 모른다는 생각이 강하게 들었다고 조언하기도 했다. 그는 의사의 말을 듣고 진단받게 되었다고 한다. 의사의 말이 맞았다. 그 후 카빌은 ADHD가 있는 사람들을 열렬히 지원했다.

제임스 카빌의 경험과는 대조적으로 사회적 관계를 맺기가 너무 어려웠던 중년 ADHD 여성 엘리자베스의 이야기를 들어보자.

"초등학교 때부터 계속 불쑥 말을 내뱉거나 쓸데없는 말을 했죠. 대화하는 방법도 몰랐고 다른 사람 말을 따라가지도 못했고요. 언제 내가 말해도 되는 차례인지도 몰랐어요. 성인이 되어서도 마찬가지죠.

제가 사람들에게 상처를 주었다는 걸 알게 됐어요. 상대방이 방금 저한테 한 말에 대답하지 않고 그냥 불쑥 끼어들거나 생각나는 대로 말했거든요. 사회적으로 적절한 수준에서 어떻게 대화를 끌어나가야 할지도 모르겠고요. 누가 '잘 지냈어?'라고 물으면 그냥 가볍게 '어, 잘 지내, 반가워'라고 대답하면 되는데 그러지 못하고 어떻게 대답해야 할지 몰라 횡설수설 대답을 길게 늘어놓게 돼요.

다른 여성들은 제가 너무 활기 넘치고 열성적이어서 저를 싫어하는 것 같기도 해요. 뭘 하겠다고 말해놓고도 하지 않아서 저를 믿을 수 없는 사람으로 보죠. 전화하거나 이메일 보내야 한다는 사실도 잊어버려서 친구들과 오랫동안 연락을 주고받은 적도 없어요. 항상 눈앞의 일에만 빠져 있죠. 언제나 불안하고요. 아주 좋은 사람들을 만나고 있어도 ADHD 때문에 일을 망쳐서 사람들이 절 싫어하거나 원망할까 봐 걱정돼요.

제 친구들은 다 ADHD예요. 친구들은 저를 받아들이고 저도 친구들을 받아들이죠. 친구들은 대화할 때 제가 딴 곳으로 새거나 자기들이 방금 제게 말한 것을 놓치고 멍하니 있어도 상관하지 않아요. 전 다른 사람들의 말에 집중하려고 무척 애쓰고 '적절하게' 대처하려고 노력하지만 결국 제 ADHD가 불쑥 튀어나와서 대화에서 완전히 빗나간 말을 하게 돼요. 전 열심히 노력하고 있어요. 제가 말을 제대로 듣지 않고 건성으로 대하는 것처럼 보여도 제 사회적 실수를 진정으로 용서하고 제가 진심으로 다른 사람들에게 신경 쓴다는 사실을 이해해주는 사람을 몇 명이라도 만나서 다행이라고 생각해요."

엘리자베스의 이야기는 자라면서 사회적 기술 문제를 해결할 도움을 받지 못한 성인의 관점에서 본 이야기다. 이 책을 읽는 많은 독자도 비슷하게 참담한 사회적 경험을 겪었고 자신의 ADHD는 물론 그것이 훨씬 나중까지 다른 사람과의 관계에 어떻게 영향을 미칠지 알아볼 기회를 얻지 못했을 것이다.

▶ 사회적 기술과 사회적 관계

UC버클리의 명망 있는 ADHD 연구자인 의학박사 스티븐 힌쇼는 자신이 연구한 ADHD 여자아이들이 "사회적으로 따돌림당한다"(과잉행동/충동성 유형)거나 "사회적으로 무시당한다"(수줍고 주의력결핍인 유형)라고 설명했다.[2] 사회적 기술이 부족하면 자존감이 낮아지고 사회적으로 위축되며 심지어 자해로 이어질 수 있다. 당신의 ADHD 결점을 받아들이고 당신에게도 좋은 점이 있다고 칭찬해주는 사람들을 찾는 일은 매우 중요하다.

다음은 일부 ADHD 노인들이 말하는 사회적 어려움이다.

"상황을 제대로 눈치채지 못하거나 무언가를 잊어버릴 때마다 사람들은 제가 그들을 무시한다고 여기죠. 그러면 전 결국 스스로 사려 깊지 못한 사람이 된 것처럼 느껴져요. 전 불행했고 술을 많이 마셨으며 책임을 내려놓고 싶었죠. 누구나 기대하는 사람이 되기는 너무 힘들었어요. 술을 마시면 기분이 나아지기는 했지만 근본적으로 전 무책임하고 믿을 수 없고 신뢰할 수 없는 사람이었으니까요."

"제 나이에 새로 친구를 사귀는 건 어려워요. 직장은 매우 사교적인 곳이었지만 은퇴하고 나니 사람들과 연락이 끊겼죠. 전 사람들과 연락을 이어가거나 새로 친구를 사귀는 일을 잘 못하거든요."

"전 말이 아주 빠른 편이에요. 사람들이 제 말을 잘 이해하지 못하는 일이 많아요. 약을 먹지 않으면 눈치 없고 무례하고 성격 급한 사람이 되지요."

"은퇴하고 남편도 세상을 떠나서 동네 노인회관에서 사회적 만남을 찾아보려 했어요. 그곳에서 받아들여졌을 거라 생각하시겠지만 사실 그렇지 않았어요. 독서 모임에 가입했는데 제가 대화에 끼어들고 말이 너무 빨라서 다른 여성들이 절 불편해하는 게 분명히 느껴졌어요. 노인센터에서 하는 행사를 도우려고 지원하자 다른 여성들이 절 밀어냈죠. 자기들끼리 이미 소모임이 있었고 제가 모임에 조금 늦거나 해야 하는 일을 잊어버리면 화를 내더군요. 모임에서 어떻게 어울려야 할지 모르겠어요."

"어떤 친밀한 관계에서도 잘 지내기 힘들었습니다. 이혼한 아내는 제가 하고 싶은 일에만 몰두하고 다른 사람이 뭐가 필요한지는 살피지 않는다고 하더군요."

"약을 먹지 않으면 다른 사람에게 아주 짜증이 나요."

"스트레스를 받으면 충동적이고 사람들에게 화를 내고 분노를 터트리거나 비꼬는 경향이 있어요."

"전 정말 사회성이 없어요. 교회에 다니고 있고 한 달에 한 번 남자들끼리 만나는 모임이 있죠. 그 정도면 괜찮아요."

▶ 젠더와 어떤 관련이 있을까?

ADHD 청소년을 조사한 많은 연구에서는 남자아이들보다 여자아이들에게 사회적 어려움과 사회적 거부가 더 큰 문제를 일으킨다고 주장한다.[3] 사춘기 소녀들은 또래에게 거부당해 몹시 불행하다고 느낀다고 보고하지만 사춘기 소년들은 사회적으로 거부당한 느낌이 든다거나 사회생활이 제한되어 불행하다고 말하지 않는다.[4] 부모, 교사, 또래들은 ADHD 소년들이 거부되고 받아들여지지 않으며 친구가 적고 비ADHD인 또래 소년들보다 사회 활동이 적다고 설명하지만,[5] 정작 ADHD 소년들은 자신이 사회적으로 소외되었다고 말하지 않는다. 사회적으로 받아들여지고 어울리고 싶어 하지만 그렇지 못한 ADHD 소녀들과 뚜렷하게 대비되는 부분이다.

이런 연구들은 아동을 대상으로 조사했다. 그런데 다소 과학적이지는 않지만 소규모로 ADHD 노인들을 살펴본 내 조사 결과에서도 비슷한 패턴이 나타났다. 남성들은 분노, 짜증, 조바심 때문에 사람들을 밀어내는 문제가 있다고 주로 호소했고 사회생활이 제한되어 겪는 문제를 말하는 경우는 보통 적었다. 하지만 여성들은 불안, 우울, 사람들과 어울리지 못한 것에 대한 후회를 토로했다.

ADHD 남녀가 겪는 사회적 어려움은 젠더별로 약간 차이가 있지만 겹치는 부분이 있다. 남녀의 사회적 역할에는 분명한 변화가 계속 일어나고 있다. 하지만 오늘날의 노인 대부분이 자라온 시대에는 남자아이들이란 언어적·신체적으로 서로 엎치락뒤치락하며 문제를 해결하면서 큰다고 여기며 '남자애들이 다 그렇지'라고 생각했고, 여자아이들은 '상냥하고 착하고 올바르게' 커야 한다고 여겼다.

많은 ADHD 여성과 마찬가지로 사회적 고립 때문에 큰 고통을 겪는 남성도 분명히 있다. 더그가 들려준 이야기를 살펴보자.

> "경제력과 생활 조건 탓에 제 사회생활은 매우 한정되어 있어요. 오랫동안 그랬죠. 가장 가까운 친구들은 멀리 살아요. 친구들과는 전화 통화나 이메일, 문자로 연락해요. 가끔 친구들이 제가 사는 곳으로 놀러 오면 만나죠. 집에서 만나는 건 말도 안 돼요. 제대로 된 가구도 없는 비좁은 방 두 칸짜리 아파트에 살거든요. 교회 사교 모임에 나가지만 친구가 될 만한 사람은 하나도 없더군요. 모교에서 주최하는 사교 모임에 매달 참석하고 그곳에서 친구 한 명을 만들었어요. 다른 친구는 2년간 연수 교육을 마치고 멀리 떠나는데 계속 연락하고 싶어요."

더그는 두 가지 면에서 특출나다. 그는 ADHD가 있을 뿐만 아니라 지적 재능도 뛰어나다. 이렇게 두 가지 면에서 특출난 많은 성인들이 그렇듯, 그는 치료받지 않은 ADHD 때문에 직장에서 매우 명석한 일반 동료들을 따라가기 힘들었다. 동시에 지적 호기심이 커서 자신의 '우주'를 공유할 사람들을 만나기도 어려웠다. 더그는 여러 면에서 올바르게 처신했다. 교회 모임에도 참석하고 모교의 사교 모임에도 나갔으며 여유가 있으면 매주 스윙 댄스 수업에도 참석했다. 두 가지 면에서 특출난 더그는 지적 능력이 뛰어난 다른 사람들과 만날 방법이 필요했다. 관심 있는 주제를 두고 토론할 밋업 그룹을 이용하면 마음 맞는 친구들을 더 쉽게 만날 수 있을 것이다.

레오의 이야기는 여러 면에서 더그의 이야기와 비슷하다. 그는 매우 똑똑하고 훈련받은 엔지니어였지만 친구를 사귀는 데는 평생 어려움을 겪었다. 결혼한 지 40년이 넘었지만 아내가 요양원에서 10여 년을 보내다 보니 외로움과 고독은 더욱 커졌다.

"친구를 사귀는 일에 사회적 기술이 있는가 하는 문제에서 본다면 ADHD인 사람 대부분은 기술이 없는 편이라고 생각합니다. 친구를 사귀는 일은 자연스럽게 되어야 합니다. 자연스럽게 이루어지지 않는다면 당신은 운이 없는 거죠. 최근에 제게 친구가 없다는 사실이 너무나 빤히 드러난 일이 있었어요. 외래 수술을 받아야 해서 함께 갔다가 집에 데려다줄 사람이 필요했죠. 하지만 편하게 연락할 사람이 아무도 없었어요. 몇몇 아는 사람이 있지만 그렇게 잘 알지는 못하거든요. 누군가에게 이런 일을 해달라고 부탁한다면 강요하는 것처럼 느껴졌을 거예요. 결국 택시를 불러야 했죠."

▶ ADHD 노인이 위험한 사회적 고립에서 벗어나도록 돕기

혼자 사는 많은 ADHD 노인은 정돈되지 않아 혼란스러운 삶을 사는 탓

에 사회적 관계를 구축하거나 유지하기 어려워질 위험이 훨씬 크다. 에드거와 마샤는 적극적인 지원과 개입으로 고립된 생활환경에서 구조되었고 사회적으로 더욱 연결된 삶을 구축하고 있다.

60대 과학자인 에드거는 아직 일하고 있지만 은퇴를 앞두고 있다. 잠깐 결혼생활을 했고 아들이 하나 있는데 30대 후반이 된 아들은 뉴욕에 살며 거의 찾아오지 않는다. 정서적으로 단절되고 정리 정돈과는 담을 쌓은 생활 패턴 때문에 아내와는 결혼 10여 년 만에 이혼했다. 이혼 후로는 혼자 지냈고, 주 5일 정부 소속 과학 연구소에서 일하고 주말에는 아파트에서 홀로 시간을 보내며 고립된 채 살았다. 에드거는 관심사가 많고 매우 지적인 사람이었지만 이야기를 나눌 사람이 없었다. 마침내 그는 근처에 있는 유니테리언 교회에 다니기 시작했고 놀랍게도 그곳에서 좋아할 만한 사람들을 만났다. 이듬해에는 교회 정기 모임에 합류했고 교회 사교 행사에 점점 더 편하게 참석하게 되었다.

매우 지적인 여성인 마샤는 자신보다 훨씬 나이가 많은 남자와 결혼했다. 그녀와 남편은 둘 다 ADHD가 있어서 두 사람이 사는 집은 여행에서 수집한 물건이나 수많은 관심사 및 취미활동과 관련된 물건, 마샤의 눈을 사로잡은 물건들로 구석구석 채워져 있었다. 마샤는 ADHD뿐만 아니라 강박장애(8장에서 코치와 함께 치료하는 강박장애를 언급할 때 살펴본 패턴)도 있었다. 남편이 세상을 떠나자 마샤는 건강이 나빠지기 시작했다. 오랫동안 남편과 함께 살아온 큰 집에 혼자 남겨지자 그녀의 세계는 방 두 칸만큼으로 쪼그라들었다. 점점 의기소침해진 마샤는 수년 전 만난 치료사에게 연락했다. 그녀는 치료사의 조언에 따라 집에서 몇 킬로미터 떨어진, 통합 요양 시설이 갖춰진 매우 쾌적한 아파트로 이사하기로 했다. 마샤는 시설에 사는 다른 사람들과 점차 친해졌다. 저녁 식사를 같이하는 소모임과 매일 함께 산책하는 친구도 생겼다. 시설 안에서 제공하는 활동을 하고 친구들이 있는 곳에 살면서 그녀는 껍데기에서 벗어나 훨씬 건강한 일상생활 습관을 들이는 데 도움을 받았다. 이제 그녀는 운동하고 더 규칙적으로 잠들고 건강에 좋은 음식을 먹고 사교 활동을 한다. 은퇴자 공동체가 제공하는 체계와 정서적 지원은 그녀가 새로운 사회 세계를 만드는 데 도움이 되었다.

내가 면담한 성인 가운데 상당수는 ADHD가 있어도 나이가 들며 건강한 사회적 관계를 맺고 유지할 수 있었다. 이 장의 나머지 부분에서는 사회생활이 필요하고 사회생활을 원하지만 사회 지원망을 유지하는 데 어려움을 겪는 ADHD 노인들이 지닌 광범위한 사회적 욕구와 어려움을 살펴보겠다.

▶ 어떤 ADHD 성향이 좋은 사회적 관계 형성을 방해하는가?

한 연구에 따르면 ADHD 성인들이 사회적 만남을 갖는 일은 매우 적었다.[6] 흔히 ADHD와 관련된 여러 요인은 사회적 만남을 형성하고 유지하기 어려운 사람들에게 영향을 미친다.

- **실행기능 기술 부족** — 사회적 만남을 시작하고 유지하려면 우선 여러 실행기능이 필요하지만 ADHD가 있는 사람은 이런 기능이 부족한 경우가 흔하다. 전화번호와 주소를 기억하고 사회적 만남을 시작하고 계획을 세우거나 기억하고 약속 시간에 제때 나타나고 너무 많은 말을 하거나 끼어드는 성향을 통제하려면 실행기능 기술이 필요하다.
- **산만함** — 말하는 상대방 주변에서 일어나는 일 때문에 주의가 흐트러져 상대방을 보지 않고 자꾸 딴 데로 시선을 돌린다. 이런 경우라면 북적거리는 식당에서 시각적 산만함을 줄이기 위해 식당 안쪽을 마주하는 자리보다 벽을 보는 자리를 추천한다.
- **주의력결핍** — 주의력이 부족한 ADHD는 대화를 따라가고 상대방의 말을 기억하기 어려울 수 있다. 듣고 보는 것이나 그저 머릿속에 떠오르는 생각 때문에 주의가 흐트러진다. 상대방의 말을 듣고 들은 말을 다시 반복하면 대화에 더 집중할 수 있다. 예를 들어 당신이 만난 이웃에게 손주들이 방문할 것이라는 말을 듣는다면 당신은 "아 그래, 손주들이 다음 주에 온다고? 애들 몇 살인데?"라고 대답할 수 있다. 상대방 말을 반복하면 당신이 듣고 있다는 사실을 보여줄 수 있고, 상대방의 말과 연관된 질문을 하면 관심이 있다고 알릴 수 있다.
- **믿을 수 없는 시간관념** — 시간관념이 없으면 반복적으로 약속 시간에 늦어 사람들을 짜증 나게 만들고 결국 친구를 잃을 수 있다. 유머와 사과는 효과가 크다. 사람들과 친해지면 당신이 시간관념이 없다고 설명하고 기다릴 때 문자를 보내달라고 요청하면 도움이 된다.

- **안절부절못함** ─ 앉아서 이야기할 때 안절부절못한다면 더 활동적으로 사람들을 만나는 방법을 찾아보자. 산책하거나 골프를 치거나 어떤 활동을 하면서 사람들을 만날 수 있다.

- **건망증** ─ 감사 편지나 이메일을 보내는 것을 잊거나, 친구를 초대해 무언가를 함께해야 할 '차례'를 잊을 수 있다. 나는 항상 "당장 하거나 메모해두세요"라고 조언한다. 생각났을 때 바로 친구에게 감사 문자나 초대 문자를 보내는 것이다. 아니면 메모해두고 가능한 한 빨리 처리한다. ADHD 건망증 때문에 친구들에게 무심하다고 여겨지고 싶지는 않을 것이다.

- **끼어들기** ─ 끼어들기는 충동과 '지금 말하지 않으면 뭘 말하고 싶었는지 잊어버릴 거야' 같은 두려움 때문에 더욱 심해진다. 충동 때문에 주제에서 벗어나 갑자기 머리에 떠오른 대로 대화 주제를 바꾸면 친구들은 당신이 대화 내용에 관심 없다는 잘못된 인상을 받게 된다. 한 여성은 "저는 잘 들어주기 때문에 친구가 많아요"라고 말했다. 생각나는 대로 말하기보다 당신에게 이야기하고 있는 친구나 이웃에게 관심을 보이는 것이 더 중요하다는 사실을 기억하자. 말해야 할 중요한 생각이 떠올랐다면 일단 주제를 바꾸겠다고 사과하고 방금 생각난 정보를 잊어버리고 싶지 않아서라고 말해두자.

- **말이 지나치게 많음** ─ 말이 많은 ADHD 성인은 자신이 하는 말에 너무 사로잡혀 상대방이 그 주제에 관심을 잃었다는 사회적 신호를 놓치는 경향이 있다. 여기서도 유머가 도움이 될 수 있다. "나 또 말 길어진다! 너무 길어지면 닥치라고 말해줘!"

아마 당신에게도 이런 문제가 일부 있을 수 있다. 하지만 좋은 소식도 있다. 일단 그런 사실을 깨닫고 나면 사회적 관계를 강화할 능력을 키우는 데 도움이 된다.

▶ 가족 구성원과의 관계

가족 중 여러 세대에 진단되지 않은 ADHD가 있다면 갈등이 생기고 가족 관계가 소원해지는 일이 드물지 않다. 논쟁을 좋아하고 성미 급하고 쉽게 화를 내며 때로 알코올의존증까지 있는 가족이 있다면 가족 간 교류가 어려워진다. 단지 일화적인 이야기만은 아니다. 연구자들도 ADHD 성인이 가족 구성원과 더 부정적으로 교류하는 경향이 있음을 밝혔다.[7]

때로 여러 세대에 ADHD가 있는 가족은 정반대의 이유로 갈등을 겪는다. 서로 너무 많이 간섭하는 것이다. 내가 면담한 한 남성은 결혼했고 아이도 있는 40대 아들이 직장에서 해고되어 너무 걱정된다고 말했다. 이 가족에서는 며느리와 시아버지 사이에 갈등이 생겼고, 며느리는 시아버지가 자기들의 삶에 부적절하게 간섭한다고 느꼈다. 그녀는 시가 식구들이 너무 자주 찾아오는 것이 불편하다고 분명히 말했고 남편이 늘 시아버지에게 조언을 구하러 간다고 지적했다.

▶ 사회적으로 행복하게 관계 맺는 ADHD 성인

내가 면담한 많은 성인들은 사회생활이 제한적이고 가족과 거의 교류하지 않았지만, 노년이 인생에서 가장 행복한 시기라고 말한 사람도 있다.

그들은 무엇을 잘하고 있을까?

보니는 성인 시절 대부분을 보스턴에 살며 일했지만 은퇴한 지금
이 가장 행복하다고 말한다. 결혼했다가 아이들이 어느 정도 컸을
때 이혼하고 여러 직장을 전전했지만 스트레스를 많이 받았다. 두
자녀는 ADHD 진단을 받았다. 자신도 ADHD가 아닐까 의심했
지만 다른 많은 여성처럼 자신보다 자녀들 걱정이 앞섰다. 마침내
50대에 ADHD 진단을 받고 약물치료를 시작하자 직장생활을 더
잘 해내는 데 도움이 되었다. 직장에서는 대체로 관리 업무를 했
는데 이 일은 ADHD가 있는 사람에게는 보통 맞지 않는 일이다.
마지막 직장에서는 관리 기술이 좋지 않은 까다로운 상사 때문에
특히 힘들었다. 은퇴한 보니는 행복하다는 듯 한숨을 내쉬며 "제
가 하고 싶은 걸 할 자유가 생겼어요"라고 말했다. 그녀는 노인회
관에서 적극적으로 자원봉사를 하고 월간 뉴스레터에도 글을 기
고한다. 직장 스트레스는 사라졌고 자녀와 손주들 모두 평범하게
산다. 보니는 힘들게 일하는 딸을 도우려 일주일에 한 번 어린 손
녀를 돌본다. 보니는 직장에 다니면서 경제적으로 빠듯하게 살면
서도 두 자녀가 대학을 마치도록 도왔다. 지금은 보조금을 받는
노인주택에 살며 소소한 은퇴 자금으로 생계를 유지한다. 여행하
거나 좋은 레스토랑에 가거나 문화생활을 할 돈은 없지만, 지역사
회에서 사람들과 만나는 일을 좋아한다. 그녀는 노인주택 시설에
서 친구를 사귀고 정기적으로 교회에 나가며 가족을 자주 만난다.
자원봉사 활동도 하며 지역사회에 이바지하고 있다고 느낀다. "일

할 때는 항상 압박을 너무 많이 받았어요. 이제 필요하면 활동을 줄일 수 있지요. 친구가 있고 가족이 근처에 산다는 건 정말 좋은 일이에요." 보니는 ADHD를 관리하며 사회적 관계를 만들고 유지할 수 있다. 그녀는 가족과 지역 고령자 데이케어 센터 노인들을 도우면서 사회와 연결되고 자신이 유용하다고 느끼며 매일 세상으로 나간다.

그레이스도 은퇴 시기가 가장 행복하다고 말한다. 두 딸이 같은 지역에 정착하자 그녀와 남편은 딸들 가까운 곳으로 이사해 자라나는 손주들 가까이 있기로 했다. 평일이면 그녀와 남편은 어린 손주들을 적극적으로 돌본다. 두 딸이 힘들게 일하는 동안 학교에 손주들을 데려갔다가 다시 데려와 오후 동안 집에서 돌본다. "남편과 저는 요즘 더 관계가 돈독해졌어요. 우리 아이들이 클 때는 남편이 가족을 부양하려고 열심히 일했고 저도 집안일을 하고 아이들을 키우느라 바빴죠. 서로를 위한 시간이 별로 없었어요. 지금은 아침에 함께 산책하고, 우리 둘 다 좋아하는 마당과 정원 가꾸기를 하고, 오후에는 손주들을 데리러 가며 한결 편하게 보냅니다. 남편은 아이들을 대할 때 인내심이 많아서 손주들 숙제를 잘 도와주는데, 우리 애들 키울 때는 절대 그럴 시간이 없었죠. 주말에는 예술 취미생활을 해요. 댄은 도예를 해서 공방에서 시간을 보내기 좋아하고 저는 보석 만드는 걸 좋아하죠. 우리는 행복한 한 쌍입니다."

자신의 만년을 행복하다고 묘사한 사람들은 모두 지역사회, 친구, 가족과 관계 맺고 있었다. 어떤 여성은 혼자 살지만 자녀와 손주들과 끈끈한 관계를 맺고 있었다. 다른 사람들은 결혼을 서로를 구원하는 은혜라고 묘사했다. 11장에서 '오래오래 행복하게 사는' 부부관계에 대해 더 살펴볼 것이다. 모든 사례에서 이런 상황은 이제 일할 시기가 지나 압박감을 훨씬 덜 느끼면서 다른 사람들과 밀접한 관계를 유지하는 덕분이라고 생각된다.

▶ 사회적 관계가 아주 만족스럽지는 않다면 어떻게 해야 할까?

다음은 가장 만족을 느끼는 ADHD 노인들과 면담한 사례를 바탕으로 만든 몇 가지 지침이다.

사회적 자아에 '힘을 불어넣는' 일이 중요하다는 사실을 이해하자

내가 아는 불행한 사람들은 사회적으로 고립되어 긍정적인 관계를 발전시키기보다 부정적인 사회관계를 피하는 데 평생 집중했다. 포기해버린 것이다. "시도하는 것도, 상처받는 것도 지겨워." 극복하기 어려울 수 있지만, 틀어박히는 성향을 자꾸 깨닫는 연습을 하면 우정을 쌓고 유지하는 데 도움이 될 수 있다.

더 나은 사회적 기술을 습득하기에 아직 늦지 않았음을 기억하자

우리 클리닉에서는 나이를 불문하고 누구에게나 사회적 기술을 가르친다. 다음은 사람들이 자신이 겪는 사회적 관계 문제를 설명하는 가장 일반적인 말이다.

- **나는 너무 소심하고, '멍청한' 말을 해서 부끄러워지고 싶지 않다.** 대화하기 불편할 때 몇 가지 대화 주제를 미리 준비하면 도움이 된다. 잘 듣는 것이 말을 잘하는 것보다 훨씬 나을 수 있다는 사실도 명심하자.
- **나는 너무 많이 말하고/말하거나 끼어든다.** 부끄러워하지 말고 사과하자. "내가 가끔 말 너무 많은 거 알아요. 제 말이 너무 길어지면 끊어주세요." 농담도 좋다. "좋아, 이제 나는 입 닥칠 테니 아무나 말해봐!" 당신이 자신의 패턴을 알고 그런 행동을 바꾸려고 노력하고 있다는 것을 알면 사람들은 훨씬 관대해진다.
- **나는 항상 늦는다.** 여기에도 사과가 알맞지만 항상 사람들을 기다리게 만들지 않도록 패턴을 바꾸려는 노력도 필요하다. 코치와 함께하면 도움이 된다. 미리 계획하는 것도 좋다.
- **나는 '너무 솔직하다.'** '솔직하다'라는 말은 '생각 없이 말을 내뱉는다'는 말이나 마찬가지다. 그렇게 따지면 어린아이들도 '너무 솔직하다'고 할 수 있다. 아이들은 생각나는 대로 모두 내뱉으면 안 된다는 것을 아직 배우지 못했다. 각성제와 마음챙김 명상은 마음속에 생각이 떠오르고 그 생각을 말하려는 결정 사이에 약간의 '여유'를 줄 수 있다.
- **무슨 말을 해야 할지 모르겠다.** 최고의 대화 상대는 잘 듣는 사람이라는 사실을 명심하자. 당신이 파티에서 중심이 되거나 가장 박식한 사람이 될 필요는 없다. 관심을 갖고 질문하는 사람은 언제나 환영받는다.
- **단체 대화를 따라갈 수 없다.** ADHD인 많은 사람, 특히 여성은 말하는 속도 때문에 남의 눈치를 보게 된다. 당신도 그렇다면 일대일 대화가 낫다.

- **쉽게 상처받는다.** 특히 ADHD 여성이 겪는 일반적인 문제다. 치료받기에도 좋은 주제다. 누군가가 당신에게 동의하지 않을 때 개인적으로 거부당했다고 느끼거나 당신을 거부한다고 받아들였을 가능성이 있다.
- **사람들이 보통 나를 짜증 나게 한다.** 기본적인 사회적 상호작용에도 짜증이 날 수 있지만, 시간을 내어 짜증 나는 상황과 즐거운 사회적 상황에 대해 신중하게 생각해보자.
- **매사에 너무 깐깐하다.** ADHD가 있는 사람들은 때로 자신에게 매우 엄격한 규칙을 세우고 이를 지키려고 지나치게 애쓴다. 생각이 다른 사람과 이야기할 때 나와 다르다고 도전하거나 비판하지 말아야 한다.
- **문제가 무엇인지 모르겠다.** ADHD인 사람 가운데 일부는 사회적 인식이 부족하다. 그렇다면 믿을 만한 사람에게 피드백을 요청해보자. "사람들이 왜 나한테서 멀어지려 할까?" 이 또한 치료받으며 살펴보기에 좋은 주제다.

정답은 없다. 사회적 필요는 사람마다 다르다. ADHD가 있는 사람 가운데 일부는 모임을 어려워한다. '이리저리 튀는 공' 같은 단체 대화를 따라가기가 너무 어렵다는 것이다. 이런 사람들은 일대일 관계를 만드는 편이 더 효과적이다. 일반적인 활동이나 관심사를 중심으로 사회생활을 할 때 편안하게 느끼는 사람들도 있다. 그렇게 하면 항상 이야기할 공통점이 생긴다. 다른 이들에게 봉사하고 유용한 사람이라고 느낄 때 사회적으로 더 자신감을 얻기도 한다. 이런 사람들은 자원봉사를 하고 지역사회에서 도움이 되는 역할을 한다.

개인 상담, 개인 코칭, 자조 모임에 참여하며 사회생활을 하면 방해가 되는 문제를 점차 깨닫고 해결할 수 있다.

지역 공동체에 가입하기

많은 사람은 사회적 관계 대부분을 교회에 의존한다. 이전에 교회나 절, 예배당에 나가지 않았더라도 정기적으로 사람들을 만날 직장 모임이 더 이상 없는 지금은 그런 활동이 당신에게 매우 중요한 소속감을 준다는 사실을 알게 될 것이다.

관심사가 같은 모임 찾기

독서 모임, 사진 모임, 브리지 모임 등의 장점은 계획하고 조직할 필요가 없다는 점이다. 참가하기만 하면 된다. 모든 사회적 교류는 정신적·육체적 건강에 좋다.

동지 찾기

많은 ADHD 성인은 평생 자신이 항상 남들과 '다르다'거나 '아웃사이더'라고 느껴왔다. 은퇴하고 나면 당신의 관심사와 가치를 공유하고 함께 있으면 편안하다고 느끼는 동지를 찾을 시간이 더 많아진다. 많은 사람은 ADHD인 다른 사람들을 동지라고 느낀다. ADHD 관련 전국 및 지역 회의에서 아주 활기차게 서로 이야기를 나누는 모습은 매우 인상적이다. "무슨 말인지 알겠어요! 딱 제 얘기네요!"

운 좋게도 거주지 근처에서 CHADD 모임이 개최된다면 고령자 자조 모임 구성을 지원하는 월간 회의에 참석해보자. ADHD 노인은 빠르게 늘고 있지만 노인들이 더 많이 모임에 참석하고 필요를 알리지 않는 한 CHADD는 계속 ADHD의 영향을 받는 부모와 아이들에게 더 집중할 것이다.

누군가에게 매일 연락하는 습관을 들이자

이것은 9장에서 언급한 가장 중요한 '건강을 위한 일상 습관' 가운데 하나다. 연락하는 데 복잡하게 시간을 많이 들일 필요는 없다. 재미있는 글이나 유튜브 동영상을 문자로 슬쩍 공유하기만 해도 당신이 상대방을 생각하고 있다는 사실을 알릴 수 있다. 자신의 페이스북에 게시물을 올리는 노인들이 점점 많아지고 있지만, 게시물을 올리는 것만으로는 당신에게 관심 있는 사람들에게 당신이 어떻게 지내는지 알릴 수는 있어도 직접적인 관계를 맺지는 못한다. 페이스북에서 '좋아요'를 누르는 것은 '상대방에게 손을 내밀어 관계'를 쌓기에는 매우 단조롭고 인간적이지 못한 방법이다. 직접적인 일대일 문자나 이메일은 훨씬 개인적이어서 우정을 쌓고 유지하는 데 도움이 될 가능성이 높다. 친구나 가족에게 매일 문자나 이메일을 보내고 전화하거나 실제로 만나며 연락을 이어가보자.

사회적 관계는 인간이 지닌 기본적인 욕구다. 독방으로 후퇴해 틀어박히면 우울해지고 결국 건강이 악화된다. 더욱 강력한 사회 지원망을 구축할 방법이 많다. 마음 맞는 사람들, 스스로 조직할 필요가 없는 활동과 모임, 사회적 기술을 개선하는 데 도움이 되는 지원을 찾아보자. 좋은 습관을 들이려 할 때 가장 중요한 딱 하나만 고른다면 사회 지원망을 구축하는 것이다. 친구나 가족들과 의미 있게 관계 맺은 노인들은 더 건강하고 행복하며 장수한다.

이 장의 핵심 교훈

✓ 사회적 관계는 노년에 제 역할을 하는 데 매우 중요하다. 사회적 요구 수준은 저마다 다르지만 사회에서 고립되어 살면 우울해지고 ADHD 문제가 늘어난다.

✓ ADHD가 아닌 사람은 ADHD 패턴을 쉽게 오해한다. 자주 잊어버리거나 지각하고 다른 사람 말에 끼어드는 성향을 유머러스하게 인정하고 사과하면 도움이 된다.

✓ 사회망을 형성하고 제공하는 모임이나 조직을 적극적으로 찾자.

✓ 지역 또는 온라인 자조 모임에서 동지인 ADHD 동료들을 찾자.

✓ 새로운 사람들과 만드는 관계를 당신의 삶에 '더하기'해서 주변 사람들이 이사하거나 건강이 나빠져 어울릴 수 없게 되거나 사망하는 등 인생에서 피할 수 없는 '빼기'를 상쇄하자.

11장
나이 든 부부의 결혼과 ADHD

공감, 연결, 협동 만들기

이 장은 친구이자 동료이며 ADHD와 결혼 문제에서 권위자인 멀리사 오를로우Melissa Orlov와 함께 썼다. 그녀의 부부 온라인 강습은 ADHD가 부부관계에 어떻게 영향을 미치는지 더욱 잘 이해할 수 있도록 도우며 ADHD가 부부관계에 가져올 수 있는 문제를 살피도록 매우 직접적인 조언을 주는 훌륭한 자료다. ADHD 문제를 겪는 부부들을 살피는 그녀의 균형 잡힌 관점은 특히 감탄할 만하다. 멀리사는 ADHD가 있는 파트너를 '고쳐야' 하는 병이 있다고 보지 않고 서로 타협하고 협력하도록 이끈다.

다음에 이어지는 내용은 수년간 부부들을 만나온 내 경험과 멀리사 오를로우의 책《ADHD가 결혼에 미치는 영향The ADHD Effect on Marriage: Understand and Rebuild Your Relationship in Six Steps》[1]에 담긴 매우 유용한 조언을 조합한 것이다.

부부가 ADHD 때문에 겪는 일반적인 문제 패턴

- **ADHD를 '비정상'이나 '결함'으로 판단** — 대부분의 부부는 "나는 '정상'인데 당신이 문제야"라는 잘못된 태도에 빠진다. 상대방이 ADHD라도 어떤 상황에서는 부정적이지만 다른 여러 상황에서는 상당히 긍정적인 성향이 있다는 사실을 보지 않고 부정적인 면에만 주목한다. 사람이라면 당연히 '그래야 한다'라고 여기면서 상대방에게 결함이 있다고 믿는다면 튼실한 결혼생활을 이어갈 수 없다.

- **"바뀌어야 하는 건 당신이지"라는 태도** — 여러 ADHD 성향이 문제를 일으키는 것은 사실이다. ADHD가 있다면 문제 있는 행동을 이해하고 바꾸기 위해 큰 노력을 기울여야 한다. 하지만 행동을 바꿔야 하는 것은 당사자만이 아니다. 더욱 견고하고 행복한 관계를 구축하려면 비ADHD 배우자도 잔소리하거나 비난하고 우월감을 느끼거나 자주 화를 내며 반응하는 행동을 바꿔야 한다.

- **상대방을 깎아내리고 판단하기** — "내가 할게, 당신은 일만 망치잖아" 같은 말("결국 그렇게 되기 전에 조심 좀 하라고 내가 몇 번이나 말했어!" 등)은 ADHD 배우자를 깎아내린다.

- **비판과 비난** — ADHD가 있는 배우자는 흔히 끊임없이 죄책감을 느낀다. ADHD가 있는 사람은 더 집중력 있고 체계적인 사람과 결혼하는 경우가 많다. 처음에는 "나는 재미있고 즉흥적인 사람이고, 당신은 집중력 있고 체계적인 사람이야"처럼 서로 균형이 잘 잡혔다고 느끼지만, 아이가 생기고 챙겨야 할 일이 많아지면 곧 서로에게 독이 된다고 느끼기 시작할 수도 있다.

- **현저하게 다른 '속도'나 활력** — 때로 ADHD가 있는 사람은 가만히 있지 못하고 너무 활력 넘치며 자극을 좋지만, ADHD가 없는 상대방은 천천히 일하고 신중하며 한 번에 한 가지씩 처리하려고 한다. ADHD 결혼 관계를 원활히 유지하려면 서로가 이런 차이점을 받아들이려 애쓰면서 상대방을 있는 그대로 바라보아

야 한다.

- **충동성 대 신중함** — 두 특성 모두 긍정적인 면과 부정적인 면이 있다. ADHD가 있는 사람은 더 충동적이어서 그때그때 계획을 세우고 때로 상대방에게 기회를 잡고 틀에 박힌 생활에서 벗어나라고 재촉한다. 감당할 수 없을 정도로 과소비 하거나 다른 일자리도 없는데 불만이 있다고 직장을 그만둬버리는 '위험한' 행 동이 아니라면, 충동성은 관계에 생기를 불어넣는 흥미로운 특성일 수 있다. 신 중한 부부는 함께 도우며 미래를 계획하고 튼튼히 일구어나간다.

- **서로 다른 시간관념** — ADHD인 많은 사람에게 시간은 항상 '지금'뿐이라서 불 과 몇 시간 후라 해도 '나중'에 해야 할 일을 지금 할 필요는 없다고 느낀다. 갑자 기 생각난 일에는 곧바로 몰두할 수 있지만 곧 다가올 마감에 대비하고 계획하 기는 힘들다. ADHD가 아닌 배우자는 항상 일찍(또는 정시에) 도착하고 싶어 하 지만 ADHD인 상대방은 그렇게 일찍 가는 것은 사실 시간 낭비라고 여기기 때 문에 둘 사이에는 자주 갈등이 빚어진다.

- **무시당한다는 느낌** — ADHD가 아닌 배우자는 ADHD인 상대방이 어떤 활동에 지나치게 몰두하거나 자신만의 생각에 빠져 주의가 흐트러져 있을 때 종종 무 시당한다고 느낀다. 게다가 ADHD가 있는 일부 성인은 배우자의 말에 사실 동 의하지 않는데도 그저 갈등을 피할 요량으로 그냥 동의한다고 둘러대기도 한 다. 나중에 '합의'를 따르지 않으면 비ADHD 배우자는 무시당했다고 느낀다.

ADHD 성향은 결혼생활에 어떻게 영향을 미칠까?

- **ADHD가 있는 배우자에 대한 오해** — 비ADHD 배우자는 상호작용을 모두 자신 만의 관점에서 보지 않아야 한다. 비ADHD 배우자는 상대방이 일부러 부정적인 행동을 한다고 해석하기 때문에 자주 상처받고 화낸다. "내가 (당신 말에 끼어들

고, 당신이 부탁한 일을 하지 않고, 당신 말을 잊어버리고, 대충 듣고, 항상 집에 늦게 오고) 그러는 건 그런 행동이 당신에게 어떤 영향을 미칠지 개의치 않기 때문이지. 그러니 계속 그렇게 하고 나 신경 쓰지 마"처럼 해석하는 것이다. 흔히 이런 행동은 그저 ADHD 증상이 발현된 것일 뿐 상대방의 기분을 헤아리지 않아서 그런 것은 아니다.

- **부모-자식 관계 형성** — 비ADHD 배우자들은 항상 자신이 책임지고 일을 더 많이 떠안는다고 느끼고 불만족스러워하며 상대방을 점점 덜 존중하고 화를 낸다. 집에 아들 하나, 딸 하나, ADHD인 남편/아내, 이렇게 애가 셋이나 된다는 농담을 자주 한다.

- **회피하거나 결국 떠남** — 비ADHD 배우자는 진실한 관계를 이루려 애쓰기보다 일로 도피해버리는 경우가 흔하다.

- **집안일 전쟁** — 특히 집에 아이들이 있다면 집안일을 할 수 있는 시간에 비해 해야 할 일이 많다. 누가 어떤 일을 가장 잘하는지, 누가 어떤 일을 도맡아야 할지, 상대방이 한 일에 돈을 써야 할지 같은 문제를 신중하게 해결하지 않으면 집안일 전쟁이 시작되고 일이 커진다.

- **도피 패턴** — '비판하는 사람'은 사랑받지 못하고 무시당한다고 느끼고, '비판받는 사람'은 끊임없이 비판의 벽에 부딪히는 느낌에서 벗어나려 하는 해로운 패턴에 빠지는 부부가 많다.

- **ADHD라는 동전의 한 면: ADHD 문제를 부인하기** — 결혼생활에서 ADHD가 있는 사람이 주도권을 쥔 경우에는 자신들의 모습과 행동에 문제가 없다고 느끼며 ADHD가 아닌 상대방이 너무 체계적이고 시간을 지킨다고 조롱한다. "좀 쉬엄쉬엄해! 뭐 큰일 났어?" 이런 점이 ADHD라는 동전의 한 면이다.

- **ADHD라는 동전의 다른 면: 체계적이고 정돈되고 항상 시간을 지키는 것이 '올**

바른' 방법이라고 주장하기 — ADHD라는 동전의 다른 면은 ADHD가 아닌 사람이 주도권을 쥔 경우다. 상대방을 끊임없이 비판하고 잔소리하면서 상대방은 제대로 하는 일이 아무것도 없다고 느끼게 만든다.

> 비난하는 태도는 분노와 방어로 이어질 뿐이다.

▶ '비난하는 태도'는 분노와 방어로 이어질 뿐

그렇다면 이런 차이를 해결하고 두 사람이 서로 사랑하게 된 계기로 다시 돌아가려면 어떻게 해야 할까?

멀리사 오를로우는 자신의 저서 《ADHD가 결혼에 미치는 영향》에서 ADHD 문제를 겪는 부부를 위해 개설한 자신의 온라인 수업을 설명했다. 여기서 설명한 단계들은 한쪽에 ADHD가 있어 영향을 받는 헌신적인 관계 모두에 상당히 잘 적용할 수 있다. 이 책에서 동성 커플이나 결혼하지 않은 커플, 두 사람 모두 ADHD인 커플을 직접 언급하지는 않았지만 그녀의 접근 방식은 ADHD 문제가 있음에도 헌신적인 관계를 맺은 모든 성인 커플에게 큰 도움이 될 것이다.

상대방의 입장에서 생각하기

공감하기가 항상 쉽지는 않다. 특히 상대방에게 화가 나고 분개하는 상황이라면 그 사람에게 공감하기는 더욱 어렵다. 하지만 당신의 목표가 결혼생활을 되살리는 것이라면 상대방의 입장이 '틀렸다'고 판단하기보다 상대방의 입장이 되어 그 사람의 관점에서 세상을 바라보아야 한다.

문제 해결을 가로막는 감정 알아보기

다음은 건설적인 문제 해결을 방해하는 감정이다.

- **실패할지도 모른다는 두려움** — "괜히 시도했다가 실패하면 상대방의 화만 더 돋울걸."
- **만성적인 분노** — "너무 화나고 짜증 나서 저 사람 좋은 면은 하나도 안 보여."
- **부인하기** — "그렇게 나쁘지는 않아. 진짜 잘못된 건 하나도 없어. 그냥 저 사람 기분이 안 좋을 뿐이야."
- **절망** — "나는 계속 노력했는데, 아무 소용이 없네."

부부 치료에 함께 참여하기

변화는 부부가 함께 일구어나가야 한다는 사실을 기억하자. 좋은 결과를 이끄는 부부 치료사라면 부부가 함께 비난, 질책, 분개에서 벗어나 건설적으로 문제를 해결하고 명확하게 의사소통하며 공감하고 경청하도록 도와, 상대방의 관점을 이해하고 새로운 이해에 따라 변화를 이룰 수 있다.

소통 방식 개선에 주목하기

좋은 부부 치료사는 부부가 상호 배려하면서 자신이 상대방에게 어떻게 느끼고 무엇을 기대하는지 전달하도록 돕는다. 한쪽에서 '상대방이 내 말을 들어준다'고 느낀다면 서로의 이야기에 훨씬 귀 기울이고 건설적으로 반응할 수 있으며 상대방의 말을 '잘 들을' 수 있다. 부부 상담사를 이용할 수 없거나 전문 부부 상담 비용이 부담스럽다면 지역 내 '공동상담' 모임을 찾아보자. 공동상담 모임에서는 새로운 회원에게 서로 공동상담하는 방법을 가르쳐준다. 배우자와 함께 공동상담에 참여하면 서로 더 잘 듣고 소통하는 기술을 배우는 데 도움이 된다.

관계의 경계 설정하기

한 사람이 다른 사람의 요구를 수용하기 위해 자신의 기본적인 핵심 필요를 희생해야 한다고 여긴다면 튼튼한 관계를 맺을 수 없다. 물론 서로 배려하는 건강한 관계라면 타협이 필요하다. 하지만 당신이나 배우자가 상대의 기대에 부응하기 위해 자신의 핵심적인 면을 억눌러야 한다고 느낀다면 그 관계는 건강하지 않고 점점 불행해질 것이다.

사랑하는 관계가 의무와 책임으로 만들어지는 '파트너십'으로 바뀌지 않도록 하자

인생에는 책임질 일이 가득하며 훌륭한 부부는 균형 있게 이런 책임을 수행한다. 그러나 특히 자녀를 키우는 동안 살면서 필요한 요구 사항이 중심이 되면서 낭만적인 관계가 사그라들도록 내버려두는 부부가 많다. 사랑에 빠지고 평생을 함께하도록 이끌어준 서로의 매력을 기억하자. 때로 일부러 함께할 시간을 내어 그 감정을 되찾는 것도 중요하다. 각자 외출했다가 저녁에 다시 만나는 '데이트의 밤'을 정하거나, 틀에 박힌 일상에서 벗어나 긴 주말여행을 계획할 수도 있다.

ADHD 문제를 겪는 노인 부부를 어떻게 도울 수 있을까?

ADHD 문제를 겪는 많은 부부는 수년 동안 서로 부정적인 영향을 주고받는 건강하지 못한 패턴을 키워왔다. 연구에 따르면 ADHD 때문에 영향받는 관계의 절반 이상에 문제가 있다고 한다. ADHD가 있다고 모든 관계가 힘든 것은 아니지만 은퇴하면 그동안 잘 지내온 부부에게도 부담이 늘어난다. 한 사람 또는 두 사람 모두 은퇴하면 보통 함께 지내는 시간이 더 많아지고, 그러면서 전에는 일과 자녀 양육에 중점을 두면서 미뤄두었던 문제가 악화할 가능성이 있다는 점이 부분적인 이유다.

하지만 은퇴로 부담이 늘어난다 해도 우선 부부가 함께 건강하고 생산적이며 서로 존중하는 방식으로 교류해야 한다. 기대의 크기를 '적절히 조정'하면 새로운 은퇴 생활에 더 빨리 적응할 수 있다.

ADHD가 미치는 영향을 이해하면 부부 문제를 해결하는 데 도움이 된다

모와 마이크는 둘 다 은퇴했다. 재무 부서에서 일했던 모는 이제 하고 싶은 일을 할 시간이 많아지리라 기대하고 있었다. ADHD 인 마이크는 인기 있는 교수였다. 은퇴하기 전 두 사람은 분노 문제로 관계에서 어려움을 겪었다. 마이크는 몇 시간이고 자기 방에 숨어 취미생활을 하며 아내와 거리를 두는 방식으로 분노를 다스렸다. 모는 은퇴하면 남편을 더 자주 보게 되리라 기대했지만 남편은 '굴속으로' 사라지는 일이 더 잦았고 그러면서 아내의 화를 돋웠다. 기대와 달리 두 사람은 은퇴 후 더 외로워졌다. 모는 마이크가 자주 혼자 사라져버려 외로웠고, 마이크는 교수로 일하면서 누렸던 사회생활이 그리워 외로움을 느꼈다.

이 부부가 해야 할 첫 번째 일은 ADHD가 관계에 미치는 구체적인 영향을 자세히 살피는 것이다. 이 경우 모가 느낀 분노는 두 가지 주요 원인에서 비롯되었다. 첫 번째는 어머니와 고통스러운 관계를 맺으면서 자랄 때 품었던 뿌리 깊은 분노였다. 두 번째는 마이크와의 관계에서 자신이 더 많은 책임을 떠맡아야 했고 마이크가 수년간 감정적으로 자신을 피해왔다는 오랜 억울함에서 비롯되었다.

ADHD 때문에 영향받는 다른 부부들과 마찬가지로 두 사람은 부모-자식 역학 관계를 발전시켰다. ADHD가 아닌 사람이 ADHD인 상대방의 관리되지 않는 증상 때문에 생기는 들쑥날쑥한 모순을 메우려 애쓰면서 결국 지나치게 힘들이는 패턴이다. ADHD인 사람은 뭔가를 하겠다고 약속하지만 보통 하지 않는다. ADHD가 아닌 쪽은 함께 살아가면서 자신이 통제권을 떠맡아 일해야 한다는 사실을 계속 떠올리고 우선순위를 정하고 정리하고 집안일 대부분을 책임지며 결국 '부모' 역할을 하게 된다. 이렇게 되면 ADHD가 아닌 사람은 (자신이 너무 많은 일을 하고 있다고 느끼면서) 엄청난 실망과 억울함, 만성적인 분노를 겪게 되고 ADHD인 사람도 (자신이 통제받고 중요한 사람이 아니라고 느끼면서) 같은 감정을 느낀다. 마이크처럼 ADHD 증상을 제대로 관리하지 못한 사람은 부모-자식 역학 관계에서 제 역할을 하지 못하고 수년 동안 상대방이 점점 더 표출하는 불만에 방어적으로 반응하거나, 마이크가 그랬던 것처럼 상대방의 요구를 완전히 피하려고 후퇴하는 경향이 있다.

은퇴 시기를 성공적으로 헤쳐나가려면 모와 마이크는 그들이 이어온 건강하지 못한 관계 패턴을 바꾸기 위해 상당한 노력을 기울이고 감정을 더 잘 조절해야 한다. 무엇보다 두 사람이 함께 행복해지려면 부모-자식 역학 관계를 벗어나야 한다.

이들은 성인 ADHD와 ADHD가 미치는 영향에 대해 자세히 알아보는 일부터 시작했다. 이렇게 하자 모는 마이크가 여전히 자신을 사랑하고, 자신이 부탁한 일에 마이크가 그렇게 반응하는 것이 모가 싫어서 그런 것이 아니라는 사실을 이해했다. 그게 아니라 마이크의 반응은 그가 ADHD를 제대로 관리하지 못하고 일을 제대로 하지 못해 모를 실망하게 했을 때 느낀 수치심에 스스로 대처하지 못했기 때문이었다. 따라서 마이크의 첫 번째 과제는 ADHD 때문에 빚어지는 시간관념과 프로젝트 완수 문제를 관리할 방법을 배우는 것이었다. 주방에는 평소에 자주 눈에 띄도록 화이트보드를 두고 그날 자신이 해야 할 일을 확인하고 완료한 일에 표시하는 일상 습관을 만들었다. 일상 습관에 (ADHD에 치료 효과가 있다고 알려진) 운동을 더하고 약물도 복용했다. 마이크는 은퇴하고 나서 수업이 규칙적 일과가 되어주었을 때만큼은 제 역할을 하지 못했기 때문에 생산성을 유지하는 데 도움이 되는 일과도 만들었다.

다음으로 두 사람은 함께 관계에 놓인 분노의 근원을 해결하기 위해 노력하고, 분노나 수치심을 덜 유발하면서 서로의 고민을 전달할 더욱 체계적인 새로운 소통 방법을 연습했다. 모는 오랫동안 어머니 생각을 피해왔지만 남편에 대한 분노를 살펴보면서 어머니에 대한 분노도 탐색했고 큰 성과를 거두었다.

두 사람의 관계가 부정적인 강한 감정에 휩쓸릴 일이 줄어들자, 모와 마이크는 서로 관계를 구축하고 외로움을 해결하기 시작했다. 문제를 없애는 것도 해결해야 할 일이지만, 부부가 진정으로 행복한 관계를 만들기 위해서는 두 사람에게 기쁨과 관계를 주는 일을 더해야 한다. 수영 수업에서 남자가 자신뿐이라는 것을 알게 되자 마이크는 자신이 관심받는 일을 좋아한다는 사실을 알았고, 이런 상황은 학생들을 가르치는 일을 그만두면서 잃은 관심을 대체하는 데 도움이 되었다. 두 사람은 브리지 게임을 다시 배우기로 하고 정기적으로 브리지 클럽에 함께 다니기 시작했다. 두 사람 모두 함께하는 시간을 새로 발견하고 사회생활을 꽃피우며 훨씬 행복해졌다. 게다가 행복은 관대함으로 이어졌다. 이제 두 사람은 자신이 지원하는 봉사단체에서 활동하며 목적의식을 더하고 있다.

모와 마이크는 각자 서로의 감정과 결혼 문제에 미친 영향을 직시하면서 서로를 비난하지 않고 자기 행동을 책임지고 개선할 수 있게 되었다. 이 과정에서 두 사람은 오랫동안 이어진 분노 문제를 해결하고 부모-자식 역학 관계의 짐을 덜면서 마침내 해로운 상호작용에서 한 발짝 물러날 수 있었다. 두 사람은 그토록 갈망했던 우정과 사랑을 다시 쌓았다.

은퇴에 대한 기대치 차이 탐색하기

존과 로리는 삐걱대는 관계에 더해 은퇴로 가는 험난한 여정에 있다. 두 사람은 관계를 맺으며 쌓인 부모-자식 역학 관계를 감당할 수 없어 결혼생활 중 9년 동안 별거했다. 하지만 아들의 축구 경기에서 진정으로 서로를 그리워한다는 사실을 깨닫고는 결혼생활을 회복하고 관계를 다지기로 했다. 놀랍게도 두 사람은 다시 뭉쳐 사랑과 공감을 잘 쌓아나갔다.

재결합한 지 몇 년 뒤 은퇴가 가까워지자 두 사람은 사랑에 새로운 스트레스 요인이 더해졌다는 사실을 감지했다. 로리는 동물을 돌보는 자기 일을 정말 좋아했고 직장에서 매일 얻는 만족감과 규칙적 일과가 사라질지 몰라 불안해했다. 규칙적 일과는 그녀의 ADHD를 관리하는 주된 방법 가운데 하나였다. 반면 존은 서부 해안지역으로 이주해 바깥에서 더 많이 시간을 보내며 자유와 기쁨을 누릴 꿈을 키웠다. 은퇴를 바라보는 두 사람의 비전에는 엄청난 차이가 있었고 로리가 불안해하면서 의견 불일치는 더욱 커졌다.

부부 상담에서 로리는 부끄러워서 존에게 자신의 불안을 숨기고는 했다고 털어놓았다. 그녀는 감정을 털어놓으면 존이 자신을 판단할까 봐 불안해하기도 했다. 그 결과 불안이 쌓여 더욱 커졌고 세상(과 그들의 관계)이 실제보다 훨씬 더 위협적으로 보이게 되었다.

결혼 문제 상담사의 도움을 받아 로리는 자신의 불안을 좀 더 일찍 알리기 시작했고 그러면서 존의 사랑을 받으며 불안을 없앨 수 있었다. 두 사람은 간단한 일과를 만들었다. 매일 저녁 함께 앉아 "오늘 당신한테 말할 가장 중요한 일은…" 같은 문장으로 이야기를 마무리하는 것이다. 이런 일과는 서로가 성공, 희망, 두려움, 불안을 공유하며 더욱 가까워질 기회가 되었다.

이러한 일과를 만든 직후 로리는 자신의 불안 가운데 많은 부분이 현실에 기반한 것이 아니라 파국을 가져오는 패턴 때문임을 깨달았다. 그녀는 존이 말한 대로 그가 로리의 감정에 진심으로 공감한다는 사실을 알게 되었다. 이 간단한 연습으로 두 사람은 서로를 더 가깝고 편안하게 느끼고 더욱 신뢰하게 되었다.

서부로 이사하는 문제에 대해서는 운명이 개입해 결정을 도왔다. 로리가 심각한 교통사고를 당하자 존은 그녀의 회복을 도왔다. 그다음 존이 위독한 병에 걸렸다는 진단을 받았고 로리는 존이 회복하도록 도왔다. 각자 죽음을 마주하자 두 사람은 여전히 함께할 수 있다는 것이 얼마나 커다란 행운인지 깨달았다. 이제 완전히 은퇴한 두 사람은 서부에서 새로운 삶을 탐험하는 일을 몹시 즐기고 있으며 함께 그렇게 할 수 있음에 감사한다. 두 사람은 함께 정서적 친밀감을 쌓고 함께하는 시간을 더욱 풍성하게 만들기 위해 '오늘 가장 중요한 일'을 말하는 일과도 여전히 이어가고 있다.

한 사람은 일하고 한 사람은 은퇴하는 경우

아미와 댄도 은퇴에 대해 상반된 기대를 갖고 있었다. 이 경우 아미는 계속 일하는데 댄이 은퇴하는 문제와 관련 있었다. ADHD인 댄은 아미보다 먼저 은퇴해서 매우 즐거워하며 자신이 좋아하는 취미에 몰두했다. 여전히 전업으로 일하는 아미는 보통 자신이 도맡았던 집안일 일부를 댄이 해주어야 한다고 생각했다.

처음에는 댄도 그렇게 하기로 동의했다. 하지만 현실상 댄은 집안일에 그다지 관심이 없었고 그의 보상 중심 ADHD 뇌는 더욱 흥미로운 집중 거리를 계속 찾아냈다. 댄이 약속을 지키지 않자 아미는 결국 점점 짜증이 났고, 댄은 전에 하지도 않았던 일을 할 생각이 전혀 없다고 실토했다.

많은 성인이 관계에서 겪는 문제 가운데 하나는 상대방이 하고 싶어 하지 않는 일을 하도록 '만들' 수는 없다는 사실을 깨닫는 것이다. 아미가 아무리 댄이 도와주기를 원해도(또는 요청해도) 자기 시간을 어떻게 쓸지는 댄에게 달려 있다. 댄이 왜 집안일을 더 도와야 한다고 생각하는지 아미가 아무리 증명해도 댄이 계속 거부하면 그녀가 할 수 있는 일은 거의 없다.

아미처럼 은퇴 후에는 서로에 대한 기대치가 달라질 수 있다. 부부는 이런 기대를 마주할 때 상대방의 의견과 행동이라는 현실을 건설적으로 다루어야 한다. 아미는 댄의 태도에 괴로웠을 수 있다. 하지만 그녀는 댄이 집안일을 하지는 않았지만 오랫동안 열심히 일해왔다는 사실을 인정하기로 했다. 그는 조금 여유 있는 시간을 가질 자격이 있고 하고 싶은 일을 무엇이든 할 권리가 있다. 그렇지만 아미 역시 열심히 일했고 조금 한가한 시간을 보낼 자격이 있다. 그래서 그녀는 청소 도우미를 고용해 일주일에 몇 시간 자유시간을 가졌다. 자신은 특히 싫어하지만 댄은 그다지 거부하지는 않는 두 가지 집안일을 맡아달라고 했고 그도 동의했다. 그리고 댄이 무엇을 하지 않을지 선택할 권리가 있듯 자신도 마찬가지라고 그에게 확신시켰다. 그녀가 도움을 청하는 문제를 꺼냈을 때 전에는 주저했던 댄도 이제는 그녀의 상황을 이해하고 한 걸음 물러났다. 새로 자유시간을 얻자 아미는 그 시간을 그저 집안일로 채우지 않고 좀 더 즐거운 일로 채웠다.

그 결과 두 사람 모두 더욱 행복해졌고 한 사람은 은퇴하고 다른 사람은 여전히 일한다는 새로운 상황에 성공적으로 적응했다. 누구도 상대방에게 의무를 부여할 수는 없다는 사실을 인정하자 돌파구가 생겼다. 두 사람 모두 스스로 선택할 자유의지와 권리가 있다.

은퇴 생활과 책임 체계

디네시와 애머라는 결혼한 지 45년이 됐지만 결혼생활이 너무 힘겨워서 그 기간 중 많은 시간 상담을 받았다. 이제 그들은 ADHD와 ADHD에 대한 반응이 갈등에 큰 역할을 했다는 사실을 이해했다. 디네시의 ADHD는 심각했지만 두 사람은 딸들을 키운다는 공통의 목표를 두고 즐겁게 아이들을 함께 키웠다. 이제 딸들이 성장해 독립하자 두 사람 사이에는 공통점이 별로 없어 보였고 애머라는 자기 삶에 대해 다시 생각하고 있다. 우울한 날이면 이혼을 고민하고 제대로 관리되지 않은 디네시의 ADHD를 떠올린다. "언젠가 내가 아프면 그에게 기댈 수 있을까" 걱정한다.

괜찮은 날에는 덜 부정적이다. "전 남편을 정말 사랑해요. 우리 사이가 완벽하지는 않지만 그를 떠나고 싶지는 않아요. 전부 다시 시작하는 데 에너지를 소모하고 싶지도 않고요. 이대로 있으면서 더 행복해지기 위해 해야 할 일을 하는 편이 나아요."

68세가 된 디네시는 은퇴하고 싶지만 돈이 빠듯하다. 그는 은퇴를 고민하고 저금하거나 은퇴 후에 어떤 변화가 일어날지 계획하는 데 시간을 쏟지 않았다. 그는 행복한 은퇴를 상상하지만 동시에 시간이 남아돌고 목적이 불분명해지는 것이 어떤 느낌일지 두려워한다. 이런 우려를 자주 드러내지는 않는다. 대체로 그가 불안해하는 것은 돈이 바닥나거나 결국 직장을 잃는 것이다. 애머라가 계속 불만스러워하는 것도 걱정이다.

애머라는 자기 말대로 이 관계를 유지하는 열쇠는 자신만의 행복을 책임지는 것이라 판단했다. 1년 넘게 자조 모임에 다니며 독립성을 지키고 디네시와의 관계에서 균형을 유지하는 방법을 배우는 데 도움을 받았다. 그녀는 70대 중반인데도 일을 좋아하고 자신에게 확신을 더해주는 것이 좋아 계속 일하기로 했다. 애머라는 디네시와 함께하기 위해 최선을 다하고 있다. 그에게 ADHD를 관리하기 위해 부가적인 도움을 받으라고 권하지만 자신이 어찌할 수는 없다는 사실도 안다. 그녀는 소원해진 자녀 한 명과 다시 이어지도록 애쓰고 있다.

요컨대 애머라는 자기 행복에 대해 통제권을 쥐면서 그 과정에서 디네시를 포기하지 않았다. 이렇게 그녀는 만족스러운 자기 삶과 행복에 대한 일종의 통제력을 가지면서 관계에서 오는 압박을 덜 수 있었다. 애머라는 모든 것이 완벽할 수는 없다는 생각을 받아들이면서도 자기 행복을 희생하지 않았다. 인생에서 자신이 원하는 것이 무엇인지 재평가하자 더욱 즐겁고 목적 있는 길을 계획하는 데 도움이 되었다.

당신의 ADHD 때문에 거슬려!

마이클과 헬렌은 결혼한 지 45년이 넘었다. 두 사람은 각자 직업적으로 성공했고 두 자녀를 함께 키웠다. 결혼생활 내내 핵심 가치를 여럿 공유했지만 서로의 삶은 극과 극이었다. 헬렌은 걱정이 많고 완벽주의자였으며 열심히 일하는 사람이었고 지역사회에서 자신의 위치를 매우 의식했다. 마이클은 '사람을 좋아하는' 사람이어서 만나는 사람마다 말 걸기를 좋아했는데 헬렌은 이런 패턴이 매우 거슬렸다. 헬렌은 무슨 일이든 때맞춰 하고 싶었지만 마이클은 분위기에 휩쓸렸다. 은퇴하고 나자 마이클의 ADHD 패턴 때문에 헬렌은 더욱 짜증이 났다. 함께 더 많은 시간을 보낼수록 그의 어수선함과 매사에 늦는 행동이 더욱 거슬렸다. 예정된 행사에 참석하려고 그가 차에 타기를 기다리면 분노가 끓어올랐다. 마이클은 몇 분 늦어도 상관없었지만 헬렌은 항상 일찍 도착하고 싶어 했다. 헬렌의 분노와 불만이 늘자 두 사람은 ADHD에 초점을 맞춘 부부 치료를 받기로 했다. 두 사람 모두 자신을 잘 성찰하고 인식하는 사람이었기 때문에 치료를 잘 활용할 수 있었다. 헬렌은 마이클이 집 안의 다른 공유 공간에서 그의 물건을 제대로 치운다면 "거실은 엉망으로 두어도 괜찮다"라고 동의했다. 시간을 잘 지키는 것이 헬렌에게 얼마나 중요한지 알게 되자 마이클은 시간을 좀 더 살피기로 했다.

1년이 지나 서로의 단점과 결점을 더 잘 이해하고 관대하게 대하면서 두 사람은 더욱 가까워졌다. 그들은 항상 결혼생활에 매우 헌신적이었지만 노년이 되어서야 마침내 실제로 함께 시간을 즐길 수 있게 되었다.

앞서 언급한 부부들은 모두 ADHD에 초점을 맞춘 부부 상담에 참여하면서 서로를 더 잘 이해하게 되었다. 이들은 억울해하지 않고 문제를 해결하고 서로를 통제하려 하지 않으면서 긍정적인 면에 집중하는 법을 배웠다.

▶ 두 사람 모두 ADHD가 있으면 어떻게 될까?

때로 ADHD가 있는 두 사람이 서로를 발견하고 사랑에 빠지기도 한다. "드디어 날 이해하는 사람을 만났어!"

마티와 로빈

둘 다 ADHD를 겪고 있던 마티와 로빈은 각자 오랫동안 이혼 상태에 있다가 캘리포니아 북부 작은 예술 공동체에서 만났다. 각자의 첫 결혼 상대도 ADHD였지만 문제 있는 자녀를 키우는 부담을 감당하기가 너무 어려웠다. 결혼은 깨졌고 각자 한부모로 자녀를 기르며 어려운 시절을 보냈다. 아이들이 품을 떠나자 마티와 로빈은 자신들의 요구에 더 잘 맞는 공동체로 이주했다. 두 사람모두 동료 예술가 공동체에서 더 단순하게 살고 싶었다. 로빈은 그림을 그리고 아름다운 구슬 장식 액세서리를 만들었다. 마티는 소규모 부동산개발업자로 일했지만 멋진 수제 가구를 만들고 싶은 꿈을 이루기 위해 일을 줄였다. 마티와 로빈은 아이들을 키우며 스트레스받는 시간을 보낸 뒤 서로를 만났다. 둘은 더 단순하고 예술적인 삶을 살고 싶은 꿈을 추구했다. 그들은 수입이나 재산보다 삶의 질을 우선시하는 공동체에서 만났다. 마티도 로빈도 규칙적인 일과에 얽매이지 않았다. 마티가 직접 지은 단순하고 소박한 집 옆에 각자의 공방을 두었다. 집중하거나 시간을 지키거나 체계를 갖출 필요가 없는 생활 방식을 고안해 각자 지닌 ADHD의 어두운 면을 관리했다. 로빈은 주부였던 이전의 역할을 기꺼이 포기하고 진정한 자의식과 예술가다운 '자유로운 영혼'을 즐겼다.

티나와 릭

티나와 릭의 결혼은 ADHD인 두 성인이 행복하게 결합한 또 다른 사례였지만 마티와 로빈의 결혼과는 상당히 달랐다. 티나는 제대로 된 가정에서 자라지 못했다. 아버지는 그녀가 고등학생일 때 돌아가셨고 어머니와의 관계는 원만하지 못했다. 그녀는 첫 결혼을 10대 때의 '절망적인 몸부림'이라고 묘사했다. 그녀가 고등학교 3학년 때 알코올의존증인 어머니는 고향인 중서부로 이사할 것이라고 말하며 티나가 고등학교 남자 친구와 결혼하거나 엄마와 함께 이사해야 한다고 선언했다. 티나는 결혼을 택했지만 결혼 생활은 고작 1년 이어졌을 뿐이다. 겨우 열아홉 살 때 이혼하고 실직 상태가 된 티나는 어머니에게 돌아갔지만 여전히 갈등투성이였다. 최저임금 노동에 지친 티나는 미용학교에 가기로 결심했다. 어머니와 함께 살면서 불행했던 티나는 졸업하자마자 마약과 술에 절어 '행동이 거칠'지만 정착할 것이라 맹세한 청년과 충동적으로 결혼했다. 하지만 그가 바뀔 마음이 없는 것이 금세 분명해졌다. 그녀는 잘못된 두 번째 결혼생활을 마감하고 자립하기로 했다. 마침내 그녀는 미용사로 자리 잡았다.

티나는 점차 미용실을 성공적으로 이끌어나갔다. 세 번째 남편은 미용실 건너편 식당에서 우연히 만났다. 미성숙한 첫 남편이나 제 몫을 전혀 하지 못한 두 번째 남편과 달리 릭은 똑똑하고 야망이 있었으며 사업과 부동산에 관심이 많았다. 두 사람은 관심과 활력 수준이 잘 맞았고 오랫동안 호텔과 레스토랑을 성공적으로 관리했다. "우리는 파트너여서 제가 집에만 있을 필요는 없었죠." 두 사람은 아들딸을 함께 키웠다. 티나는 아들, 딸, 남편, 자신까지 가족 네 명 모두 ADHD가 있지만 모두 잘 지내며 아들과 딸도 가업을 잇고 있다고 말했다.

부부가 모두 ADHD일 때 결혼을 성공적으로 이끌려면 다음과 같은 핵심 사항을 기억해야 한다.

- **KISS**Keep It Simple, Sweetheart(자기야, 그저 단순하게) **하자.** 두 사람 모두 ADHD라면 단순하고 간소하게 생활할수록 문제가 줄어든다. 집이 크면 멋져 보이지만 작은 집이 관리하기 훨씬 쉽다. 친구들과는 집 밖에서 만나자. 그렇게 하면 모임을 위해 요리하거나 청소하고 장식해야 하는 부담을 덜 수 있다.

- **필요한 체계와 지원을 더하자.** 두 사람 **모두** ADHD라면 서류 정리, 청구서 지출, 소득세 신고서 제출, 집 안 정돈, 세탁, 식사 계획 및 준비 같은 일은 둘 다에게 부담이 된다. 이런 '일상 관리'를 가능한 한 '아웃소싱'하는 부부도 많다. 장부 담당자나 회계사를 고용하고, 청소 서비스에 돈을 좀 더 쓰고, 식당에서 식사하거나 배달 음식을 주문한다. 어려운 일은 친구나 친척에게 재능 교환 방식으로 '아웃소싱'하자. 당신이 특히 어려워하는 작업을 도와주는 대가로 당신이 잘하는

일을 해주겠다고 제안해보자.

- **당신에게 맞는 곳에 가자.** 다시 말해 자신을 '고치려' 애쓰지 말고 당신이 가장 제 몫을 할 수 있는 환경이 어딘지 생각해보고 그곳을 찾으려 노력하자. 아주 비판적인 친구나 친척과는 거리두기하고, 당신이 지닌 특별한 재능이나 관심사를 중심으로 한 모임에 가입해보자.

▶ 오랜 시간 끝에 우리는 여기에

당신은 여전히 배우자와 결혼한 상태지만 은퇴, 금전 문제, 건강 문제, 늘어나는 사회적 고립 같은 삶의 변화에 적응하는 데 어려움을 겪고 있을 수 있다. 이번이 두 번째나 세 번째 결혼일 수도 있다. 한 사람 또는 두 사람 모두 ADHD일 때 노년에 행복한 결혼을 유지하기 위한 핵심은 이해와 수용이다. 하지만 말처럼 쉽지 않을 때도 있다.

아이들이 자라면 생활이 좀 더 수월해진다!

> 힐러리와 브라이언은 33년간 이어진 결혼생활 대부분을 ADHD 문제와 그에 대한 반응으로 일어나는 갈등 때문에 허비했다. ADHD가 관계에 미치는 영향을 깨닫자 두 사람은 관계를 개선하기 위해 함께 노력했다. 하지만 자녀 양육, 직장생활, 일상생활의 압박 때문에 그들이 바라던 것보다 갈등은 더 많았다.
> 7년 전 막내가 마침내 독립하자 두 사람은 책임이 줄어 자유를 얻

었고, 꿈에 그리던 일들을 함께 시작할 수 있다는 사실을 발견했다. 두 사람은 더 많이 여행하고 친구들과 많은 시간을 보내며 다음 날 할 일을 계획하는 대신 느긋하게 저녁 시간을 보냈다. 마침내 자유를 얻어 기후가 더 따뜻한 지역의 작은 집으로 이사한 두 사람은 한 해의 대부분을 야외 활동을 하며 보낼 수 있었고 집안일을 해야 한다는 책임도 덜었다. 한집에 사는 가족이 적어지자 집안일 자체도 줄었다.

수년간 어려움을 겪은 끝에 마침내 관계가 단순해지자 두 사람은 항상 품고 있었지만 일상의 스트레스 요인 때문에 가려져 있었던 애정을 진정으로 살필 수 있게 되었다.

멀어져서 잘 지내기

적게 만나야 더 좋다

마리아는 "우리가 매일 함께 부대끼며 지냈다면 남편을 죽였을지도 몰라요"라고 농담했다. 농담이었지만 그녀가 마크와 오랫동안 결혼생활을 유지할 수 있었던 비결은 서로 오랫동안 떨어져 지냈기 때문이라는 사실은 분명했다. 다행히도 그들은 집뿐만 아니라 차로 몇 시간 거리에 작은 별장도 갖고 있었다. 이들은 각자 필요와 관심사, 활동 수준이 매우 다르다는 사실을 금방 인정했고, 서로 떨어져 몇 주, 때로는 몇 달을 보낸 다음 다시 만났다.

우리 집 아니면 당신 집?

캐럴과 에드는 60대에 만나 결혼했다. ADHD인 에드는 전처와 이혼한 지 오래되었다. 캐럴은 최근에 남편을 잃었다. 두 사람은 같은 대규모 은퇴자 공동체에 살았지만 시설에서 주최한 사교 모임에 참석하기 전까지는 서로 마주치지도 못했다. 로맨스와 흥분이 한바탕 휩쓸고 간 후 캐럴과 에드는 매우 다른 각자의 일상으로 돌아갔다. 에드는 올빼미족이었고 하루 종일 대형 텔레비전에서 스포츠 경기를 계속 돌려 보기를 좋아했다. 캐럴은 아침형 인간이어서 아침에 발코니에 앉아 모닝커피를 마시며 새소리에 귀 기울이는 평화롭고 고요한 시간을 즐겼다. 그들은 서로를 사랑했고 서로의 관계가 이어준 우정을 매우 고맙게 생각했다. 그들은 결혼해서 더 큰 캐럴의 아파트로 이사했다. 몇 주 만에 불만이 쌓이기 시작했다. 캐럴은 단정하고 깔끔했지만 에드는 곳곳에 물건을 흩뿌리고 다녔다. 캐럴은 저녁 시간 외에는 텔레비전을 끄고 싶었다. 에드는 캐럴이 자신을 계속 헐뜯으며 잔소리한다고 느꼈다. 캐럴은 내게 이렇게 설명했다. "이상하게 들릴지 모르겠지만 에드와 저는 낮 동안에는 따로 살기로 했어요. 항상 우리 집에서 함께 저녁을 먹어요. 밖에서 부부처럼 사교 활동을 하고 여행도 함께 가고요. 하지만 24시간 내내 같이 있고 싶지는 않아요."

결국 내가 졌어

상황을 받아들이고 오랫동안 결혼생활을 이어온 사람들 이야기도 있다.

"저희는 공통점이 별로 없어요. 하지만 같은 집에서 서로 거리 두며 사는 법을 익혔죠." 리처드는 ADHD가 있는 아내 엘런이 쉴 새 없이 떠든다고 말했다. 엘런은 리처드에게 이야기하지 않으면 누군가와 통화했다. 그는 수년에 걸쳐 한집에서 거리 두고 사는 법을 익혔다고 말했다. 그는 주로 지하실에서 지냈다. 그곳에 텔레비전을 볼 수 있는 큰 서재와 파트타임 일을 계속할 수 있는 홈 오피스를 만들었다. "같이 저녁을 먹으면서 가끔 텔레비전을 보는데 아내는 저보다 훨씬 일찍 잠자리에 들어요. 전 소파에서 텔레비전을 보다가 잠이 들 때가 많고요." 친구 모임도 따로였다. 리처드는 '남자들'과 골프를 치고 포커를 했다. 엘런은 여자 친구들과 브리지를 하거나 점심을 먹고 쇼핑했다. 두 사람은 함께 손주들과 즐겁게 지냈다. 친밀한 관계는 아니지만 이들은 원활하게 지내는 법을 익힌 셈이다.

▶ 은퇴 뒤에 오는 큰 변화에 적응하기

결혼과 은퇴가 충돌할 때

결혼생활에 갈등이 있든, 평화롭고 조화롭든, 또는 그 사이 어딘가에 있든, 노년에 찾아오는 삶의 변화는 언제나 도전을 던지고 조정이 필요하다. 이런 변화에는 건강 문제, 인지 저하, 살림 규모 줄이기 같은 공간적 변화, 따뜻한 지역이나 가족 가까이 이사하는 등의 변화도 있다. 전업으로 일하다가 완전히 은퇴하는 전환은 흔히 두 사람 모두에게 조정이 필요한 또 다른 큰 변화다.

부부가 은퇴하면서 매우 불안정한 국면을 맞는 결혼 관계도 있다. 깨어 있는 시간 대부분 동안 각자 일할 때는 상당히 잘 적응했던 부부도 은퇴하면 일과가 깨지고 더 이상 공유하는 목표가 없어지면서 각자가 원하는 생활 방식이 상당히 다르다는 사실을 깨닫기도 한다.

이혼은 원치 않지만 함께 살고 싶지는 않다

론과 셰릴은 자녀들이 분가한 뒤 몇 년 동안 서로 점점 떨어져 사는 방식을 고안했다. 셰릴은 혼란스럽고 고통스러운 이혼을 선택하기보다 대안을 제시했다. 두 사람은 가족과 함께하는 명절과 기념일은 그대로 지키고 가족 방문과 손주들과의 시간을 즐기고 싶었다. 셰릴이 계속하고 싶지 않았던 것은 서로 매일 짜증 내고 원망하며 그대로 계속 함께 사는 것이었다. 그녀는 두 사람 모두에게 효과적인 기발한 방법을 생각해냈다.

론은 똑똑한 사람이어서 항상 다양한 주제를 다룬 책을 읽기 좋아했고 직장에서 점심을 먹으며 이야기를 나누던 사람들을 그리워했다. 은퇴하자 오랜 결혼생활은 파탄이 났다. 론과 셰릴의 관심사가 서로 너무 달랐고, 셰릴은 몹시 어수선하고 체계가 없는 론의 패턴을 점점 더 참을 수 없게 되었다는 사실을 깨달았다. 론이 은퇴한 지 1년이 지나자 아내는 론에게 이혼을 원하지는 않지만 더 이상 함께 살고 싶지는 않다고 말했다. 명절을 가족과 함께 보낼 수는 있었지만 셰릴은 두 사람이 생활 공간을 공유하고 둘 다에게 잘 맞지 않는 생활을 부대끼며 이어나가고 싶지 않았다.

론은 다른 아파트로 이사 나갔다. 놀랍게도 상실감이나 거부당했다는 느낌은 없었고 오히려 날개를 펼쳤다. 주말에 처음으로 아내의 취미를 맞춰주려 골동품 시장에 따라나서기보다 자신의 관심사에 몰두할 수 있었다. 비판받거나 갈등이 생길까 걱정하지 않고 집에서 자신의 방식대로 일할 수 있었다. 게다가 그들은 이혼하지 않았다. 종종 주말에 함께 만나 점심이나 브런치를 먹었고, 일상에 불만이나 갈등이 넘쳐나지 않게 되자 서로 함께 있는 시간이 더욱 즐거워졌다는 사실을 알게 되었다.

론은 아내와 지적 관심사를 공유한 적이 없었다. 그는 철학, 역사, 과학, 정치 이야기하기를 좋아하는 사람들을 찾아 나섰다. 그는 교회에서 '시니어 싱크탱크'라는 남성 모임을 결성했다. 다행히도 같은 교회에 다니고 있었지만 전에는 한 번도 만난 적이 없는 사람들을 많이 알게 되었다. 그다음에는 '안락의자 철학자 모임'을 결성해 그가 좋아하는 사람들을 더 많이 만났다. 론과 셰릴은 각자의 세계를 더욱 충실하게 누리고 있다고 생각하게 되었다.

ADHD의 영향을 받는 노년 부부의 만족스러운 결혼생활

결혼과 ADHD의 관계를 다룬 실망스러운 통계는 누구나 안다. ADHD 성인의 이혼율이 훨씬 높고 ADHD 자녀를 둔 여성은 이혼할 가능성이 더 높다는 사실 말이다. 결혼과 ADHD의 관계를 다룬 몇몇 훌륭한 책들은 ADHD가 있는 사람과 ADHD가 없는 배우자 사이에 흔히 부모-자식 같은 순조롭지 못한 관계가 형성된다고 설명한다.[2] 하지만 그것이 다는 아니다. 내가 만난 ADHD 노인 가운데 상당히 많은 사람은 결혼, 보통은 더욱 성숙한 다음에 시작된 두 번째 결혼이 매우 행복한 관계였다고 말했다.

릭과 케이트

론처럼 릭도 대학원을 졸업했다. 두 번 결혼했다 이혼한 다음 케이트를 만나 33년 동안 살고 있다. 파탄 난 두 번의 결혼은 매우 갈등이 심했다. 첫 결혼에 대한 기억은 어두웠다. "다행히 아이가 없었죠! 친구들이 그러는데 우리가 맨날 싸웠다고 하더군요." 이혼한 지 3년 만에 그는 다시 결혼했다. "제 생각은 아니었지만 만나던 여자가 아이를 원했고 전 그냥 따랐죠." 두 번째 결혼생활도 갈등이 심했고 9년 후 이혼으로 끝났다. 이 결혼에서 ADHD가 있는 두 아들을 낳았다. 지금까지만 보면 릭의 인생은 흔한 이야기처럼 들린다. 두 번째 결혼에서 ADHD가 있는 아들 두 명을 낳았고, 두 결혼 모두 갈등이 심해 비교적 짧게 끝났다. 하지만 지금 론은 앞서 언급한 결혼과는 반대로 케이트와 매우 행복한 결혼생활을 이어가고 있다. "저는 여전히 ADD이고 케이트는 강박장애OCD 진단을 받았어요. 우리 식탁을 보면 알죠. 제 쪽은 물건이 엉클어져 있고 케이트 쪽은 깔끔하게 정리되어 있어요. 저는 여전히 짜증을 잘 내고 심술궂지만 그녀는 아주 참을성 있고 때로 너무 관대해요. 케이트는 정말 인내심이 많아요. 제가 시간관념이 없다는 걸 잘 알아서 제가 준비될 때까지 책을 가져와서 읽어요." 론은 케이트와의 결혼을 '내게 일어난 최고의 일'이라고 묘사한다.

다이앤과 에번

짧고 불행한 첫 번째 결혼생활 뒤 대학원에 다니던 다이앤은 두 번째 남편을 만나 곧 결혼했다. 에번은 열두 살 연상에 세 아이를 둔 홀아비였다. 다이앤은 곧 아들을 낳았다. 에번은 성공한 사업가였다. 가족이 그녀의 수입에 의존하지 않았기 때문에 그녀는 자유롭게 대학원 교육을 받고 여러 비영리단체의 이사회에서 봉사하고 ADHD 코치 훈련을 받았다. ADHD에 대해 두루 교육받은 다이앤은 ADHD가 결혼생활에 미치는 영향을 최소화할 여러 통찰과 해결책을 얻었다. 에번은 다이앤을 아꼈고 다이앤이 자기 삶에 들어와 세 자녀를 키우는 일을 도와준 데 매우 감사했다. 훨씬 나이 많은 세 형제와 부모의 관심 세례 속에서 자란 두 사람의 아이 찰리는 모두의 사랑을 받으며 가족을 연결하는 *끈끈한 고리가* 되어주었다. 다이앤과 에번의 결혼생활은 두 사람의 돈독한 감정적 유대 덕분에 가능했지만, 다이앤이 결혼생활 덕분에 경제적 안정을 얻고 든든한 남편의 가정적 도움을 받았으며 아이를 키우면서 일할 필요가 없어 스트레스를 적게 받았기 때문이기도 하다. 많은 ADHD 여성이 이혼하고 한부모로 아이를 키우며 전업으로 일하고 있지만 다이앤은 정반대다. 그녀가 경험한 정서적·경제적 지원은 ADHD가 결혼생활에 미치는 영향을 줄이는 데 큰 도움이 되었다.

아나이스

아나이스는 젊었을 때 결혼한 지 불과 몇 달 만에 이혼했다. 남편이 말다툼 중에 폭력을 행사하자 그녀는 이혼 소송을 내고 40대 초반까지 혼자 살았다. 그때쯤 두 번째 남편을 만나 이후 30년 넘게 결혼생활을 이어갔다. 첫 번째 남편은 미성숙하고 화를 잘 내고 자신의 필요에만 집중했지만, 지금의 남편은 원래 사랑이 넘치는 사람인 데다 인내심이 강하고 각종 지원을 아끼지 않았다. 이제 70대가 된 그녀는 남편을 잃고 외로워지지 않을까 점점 불안해한다. 그녀는 자신에게 항상 어려운 금전 관리와 서류 작업을 모두 남편에게 의존한다. 심지어 남편은 그녀의 삶을 일구는 '근본적인 조직 원리'를 넘어 가장 가까운 친구이자 지원자다. 아나이스는 시간제 미술 강사이자 편집자로 계속 일한다. 그녀의 큰 즐거움 중 하나는 저녁에 책을 읽어주는 남편 곁에서 구슬 장신구를 만드는 일이다. 두 사람은 서로 조화를 이루고 사랑하며 지지한다.

지나

ADHD인 많은 사람처럼 지나도 아주 어린 나이에 충동적으로 결혼했다. 그녀는 자신과 첫 번째 남편이 '소울메이트'라고 생각했지만 몇 년 후 남편은 캘리포니아에서 '자유로운 사랑'에 휩쓸려 바람을 피웠다. 지나는 홧김에 이웃과 바람을 피우고 실수로 임신했다. 아기 아버지인 브렛은 그녀와 함께 살며 아기를 키우고 싶어 했다. 그 후 두 사람은 30년 넘도록 함께 살았다. 두 딸을 둔 두 사람은 지금 매우 행복해하며 함께 손주들을 봐주고 있다. 지나와 브렛은 각자의 관심사를 추구하도록 격려하며 서로 매우 지지하는 관계를 구축했다. 지나는 많은 돈을 벌지는 못했지만 자신의 관심사와 어머니로서 해야 할 역할에 더욱 집중했다. 브렛은 경제적으로 더 성공했다. 지나는 이렇게 말했다. "브렛과 저는 행복한 한 쌍이죠. 시간이 지나며 우리는 서로에게 더욱 고마워합니다. 그에게 미친 듯 화냈던 적도 있지만 지금은 그렇지 않아요. 치료와 마음챙김, 자조 모임 덕분이죠. 제가 정리를 못 하고 허우적대고 있으면 빠져나오도록 도와주기까지 해요. 정말 좋은 남자죠."

▶ **오랫동안 유지되는 행복한 결혼생활의 공통점은 무엇일까?**

이런 행복한 결혼생활에는 모두 인내와 이해심, 서로가 필요로 하는 것에 대한 지원이 있다는 공통점이 있다. 모든 사례에서 사람들은 더 적합한 두 번째(또는 세 번째) 파트너와 결혼했다. ADHD 결함을 관대하게 받아들이고 배우자의 필요를 지지하고 긍정적인 면에 초점을 맞추는 파트너 말이다.

이 장의 핵심 교훈

✓ ADHD는 은퇴기를 맞이하는 인생의 주요 전환기에 들어선 부부에게 더욱 문제가 된다.
✓ 부부 전문 코칭이나 상담을 받으면 ADHD가 있는 배우자와 비ADHD 배우자가 서로의 욕구를 더욱 잘 이해하는 데 도움이 된다.
✓ ADHD 때문에 영향받는 부부는 다음과 같은 사항을 연습해 관계를 개선할 수 있다.

- 파트너의 관점을 이해하기 위해 열심히 노력한다.
- 서로의 말을 진심으로 경청하며 소통 패턴을 개선한다.
- 멀어지고 갈등을 유발할 수 있는 관계에 서로 연결되고 즐거움을 함께 누릴 낭만적인 순간을 다시 더한다.
✓ 생활 방식을 단순화하고 서로에 대한 기대치를 '적절하게 조절'하면 결혼생활에서 오는 스트레스를 줄이는 데 도움이 된다.
✓ 오래가고 만족스러운 두 번째(또는 세 번째) 결혼 사례는 생각보다 많다.

12장
길고도 험한 길

ADHD 노인의 양육 경험

양육은 누구나 겪는 큰 어려움 가운데 하나다. ADHD 성인에게 ADHD 인 자녀까지 있다면 양육 문제가 훨씬 어렵다. 이 장에서는 정서적·경제 적 또는 양쪽 면에서 좋든 나쁘든 여전히 성인 자녀를 돌보고 있는 ADHD 노인의 경험을 살펴볼 것이다. ADHD인 젊은이들은 불안하고 벅찬 데다 아직 성인이 될 준비가 되어 있지 않아서 독립적인 삶을 '시작 하지 못한다.'

이 장에서 나는 선을 긋지 못하고 성인 자녀와 종속적인 관계를 맺어 자녀가 독립적으로 문제를 해결하고 삶을 꾸려나가는 데 필요한 자신감 을 키우지 못하게 가로막는 부모들의 이야기도 살펴볼 것이다. 살면서 어느 정도 지속적인 도움이 필요한 선천적·후천적 장애 때문에 독립적 인 성인이 될 수 없는 젊은이들의 이야기도 함께 살펴본다.

오늘날 ADHD 노인 대부분은 자녀를 키우면서 자신의 ADHD도 이 해하게 되는 혜택을 거의 받지 못했다. 이들 가운데 일부는 운 좋게도 자녀가 어릴 때 ADHD를 알아보고 필요한 치료와 지원을 해주기도 했다. 하지만 대부분은 자신과 자녀의 ADHD가 어떻게 일상생활을 힘들게 만드는지 이해하지 못한 채 고군분투할 뿐이었다. 많은 부모는 자신과 자녀 모두 치료할 수 있는 장애를 지녔다는 사실을 알지 못한 채 계속 직장에서 일하며 열심히 자녀를 키웠다. 이런 부모 가운데 많은 이들은 이제 성인이 된 ADHD 자녀를 여전히 보살피고 있다.

우리가 키운 ADHD 자녀들은 제각각이므로 각자의 양육 경험도 다를 수밖에 없다. 예를 들어 도전적이고 반항적이며 충동적이고 학교생활에 거의 관심이 없는 아이를 키우는 것보다 조용하고 순응적이며 학교생활을 걱정하는 주의력결핍 유형의 ADHD 아이를 키우는 편이 훨씬 쉽다. 이와 마찬가지로 당신이 우울, 불안, 감정 조절 문제 등을 겪는다면 양육이 더욱 어려울 것이다. 당신이 자녀를 키울 때 얼마나 지원받았는지에 따라 당신과 당신의 성인 자녀 역시 영향받았을 것이다. 요컨대 육아 경험은 매우 다양하므로 더 복잡하다.

▶ 부모의 후회와 회복

ADHD를 늦게 진단받으면 필연적으로 자신의 잃어버린 기회에 대해서뿐만 아니라 부모로서도 후회하게 된다. 많은 노인 부모는 자녀가 자랄 때 아이들과 관계 맺었던 방식을 후회했다.

"제게 육아는 너무 버거웠어요. 전 아이가 하나뿐이었죠. 겨우 키왔어요. 돌이켜 보면 딸을 키우면서 생겼던 문제는 대부분 제 불안 때문이었어요. 언제나 개인 생활보다 직장생활을 통제하기가 훨씬 수월하다고 느꼈어요."

이 어머니의 경험은 직장에서는 그럭저럭 집중하고 체계적으로 일할 수 있지만 퇴근하고 집에 오면 지쳐서 "기력이 다 떨어졌다"라고 말하는 많은 여성들의 경험을 보여준다.

"저희 아이들 셋 다 ADHD가 있지만 잘 지내고 있어요. 엄마인 제가 ADHD가 있어서 아이들이 클 때는 그다지 잘 지내지 못했죠. 아이들에게 필요한 것을 해주지 못해서 미안해요."

"가정과 직장생활을 병행하기가 항상 어려웠어요. 그러다 큰딸이 사춘기가 되었을 때 전 폐경기에 접어들었죠. 전 감정적으로 충동적이었고 딸은 기분이 변덕스러웠죠. 돌이켜 보면 제가 수년 동안 딸에게 욕설을 퍼부었던 것 같아요. 딸애가 고등학교 때 우리는 애가 자살할까 봐 계속 감시했죠. 그러다 감정 폭발을 줄이는 데 각성제가 도움이 된다는 기사를 읽고 모든 것이 바뀌었어요."

호르몬 변화로 엄마와 딸이 흔히 격렬하고 감정적인 관계를 맺게 되는 이런 패턴은 매우 흔하다. 안타깝게도 둘 다 ADHD인 엄마와 딸이 모두 호르몬 변화를 겪을 때 일어나는 이런 현상이나 그럴 때 무엇이 도움이 될 수 있는지 다룬 글은 거의 없다.

ADHD인 아버지가 딸이 10대였을 때 겪은 폭풍 같은 관계를 돌아본 이야기를 살펴보자.

> "제 딸은 '상당히 다루기 힘든 아이'였어요. 아무도 딸애에게 꼬리표를 붙이고 싶어 하지 않았죠(이 일은 ADHD 소녀들이 더 많이 알려지기 몇 년 전 일이다). 아이는 학교에서도 문제가 있었고 법적 문제나 관계 문제도 있었죠. 애 엄마와 저는 딸을 양육하는 방법에서 합의를 보지 못했어요. 애 엄마는 딸의 행동에 대해 딸에게 책임을 묻고 싶지 않다고 했죠. 딸이 10대 때 심리학자를 찾아갔는데 'ADD라고 생각되지 않는다'라는 말을 들었어요. 전 딸을 엄격하게 대했고 상황은 아주 나빠졌어요.
> 딸이 나중에 성인이 되어 마침내 자신이 ADHD라는 것을 받아들이자 저와 딸에게 큰 돌파구가 생겼습니다. 딸은 지금 약을 먹고 있어요. 전 딸에게 제가 퉁명스러울 수 있지만 딸도 제게 퉁명스럽다고 설명해요. 이제 딸이 집에 들르겠다고 했다가 막판에 마음을 바꿔도 화내지 않아요. 저희는 서로를 이해하고 함께 음악을 연주하기도 하죠."

이 아버지는 세대 간 치유를 경험했다. 이제 그와 딸은 잘못을 인정하고 ADHD 때문에 발생하는 서로의 결점을 용서할 수 있다.

▶ 부모의 후회와 치유 재도전하기

이제 60대가 된 린다는 ADHD인 큰딸 티나가 10대였을 때 너무 힘들었다고 고백했다. 딸은 충동적이고 반항적이며 공부는 뒷전이고 남자아이들에게 훨씬 관심이 많았다. 티나는 열여섯 살에 임신했다. 믿음이 깊었고 매우 엄격했던 가족은 티나의 딸을 정식 가족으로 받아들이기로 했다. 사춘기 시절 티나와 함께 보낸 경험을 돌이켜 보며 린다는 후회한다고 말했다. "우리 둘 다 ADHD라는 걸 알았다면 도움을 받을 수 있었을지도 모르고 상황이 달라졌겠죠."

할머니가 되어 ADHD에 대해 더 잘 이해하게 된 린다는 손녀를 훨씬 수월하게 키웠다. 손녀는 어릴 때 ADHD 평가를 받고 약을 먹기 시작했으며 코칭과 교육 지원을 받았고, 고등학교를 마치고 대학에 갈 수 있었다.

린다는 엄마로서 '재도전'했다고 느낀다. 티나가 사춘기였을 때보다 손녀 리디아를 키우면서 린다는 더 차분하고 인내심 많은, 완전히 다른 엄마가 되었다. 티나와 린다는 후회한다고 여러 번 이야기를 나누며 서로 화해했다.

▶ 부모의 후회를 덜어주는 도움

부모와 자녀 모두 ADHD일 경우 부모-자식 간에 오랫동안 이어지는 갈등은 여러 면에서 두 사람에게 모두 '복합 트라우마complex trauma'적인 상황이다. (복합 트라우마는 외상을 일으키는 하나의 사건 때문에 일어나는 트라우마와는 대조적으로, 일상적인 작은 외상이 빈번하게 일어나며 미치는 영향을 설명하는 비교적 새로운 개념이다.) 복합 트라우마는 치료되지 않은 ADHD를 겪는 가족 구성원들 사이에 상당히 일반적이다. 부모와 자녀 모두 빈번한 갈등, 언어폭력, 심지어 신체적 폭력이나 다양한 정도의 가정불화가 일어날 만한 상황에 스트레스를 받고 불만을 터트리며 어쩔 줄 모르게 되기 때문이다.

가족치료는 짧은 시간만 받더라도 노년의 부모와 성인 자녀 모두에게 매우 치유되는 경험을 준다. 치료의 목표는 서로 이해하고 용서하고 더 나은 소통을 촉진하는 것이다. 지금 ADHD가 있는 자녀를 키우는 많은 중년 ADHD 성인들은 자신이 부모와 겪었던 갈등을 훨씬 명확하게 바라보게 되었다고 말한다. 한 여성은 이렇게 말했다. "20대 때는 너무 분하고 화가 났어요. 하지만 지금 ADHD인 딸을 키우다 보니 부모님이 저를 키우면서 얼마나 힘들었을지 이해가 됩니다."

▶ 오랫동안 의존하게 만드는 양육 패턴

"어른 되기는 어렵지"라는 노래 가사가 있다. ADHD인 많은 노인 부모는 성인 ADHD 자녀를 걱정하고 정서적 그리고/또는 경제적으로 돕는다. ADHD가 있으면 '성숙한' 방식으로 행동하도록 돕는 뇌 영역인 전전두엽이 완전히 발달하는 데 시간이 걸린다. 나는 종종 부모들에게 성인 자녀가 30세쯤 되면 스스로 살아가는 능력이 크게 나아질 것이라고 말한다. 하지만 부모가 선을 긋고 기대치를 설정해, 더디게 성장하는 자녀가 계속 자력으로 살아갈 수 있는지 두고 보는 것이 중요하다. 성숙과 성장을 방해할 수 있는 양육 패턴 몇 가지를 살펴보자.

스노플로 양육

'스노플로snowplow' 양육은 길을 막는 장애물을 모두 눈 치우듯 '치워plow' 주며 자녀가 순조롭게 나아가도록 도우려는 부모의 양육법을 일컫는 요즘 말이다. 많은 부모는 자녀의 문제 해결사를 자청하는 오래된 패턴에 빠진다. 부모는 자녀를 사랑하고 자녀가 성공하기를 원하기 때문에 좋은 의도로 자녀를 위해 '끼어든다.' 아이의 편의를 봐달라고 매년 교사를 찾아가고 숙제를 버거워하면 끼어들어 도와주고 스스로 할 수 있는 나이가 훨씬 지났는데도 빨래를 해준다. 이런 패턴은 청년기가 지나도 자연스럽게 이어진다. 부모는 이런 습관을 그만두기 어렵고 성인 자녀는 이제까지 그렇게 해왔으므로 당연하게 여기기 때문이다.

　60대 초반인 앨런은 아들 앨릭스가 대학을 졸업할 때까지 끝나지 않을 것 같은 길을 보며 느낀 체념과 좌절을 이야기했다. 앨런은 ADHD 때문에 성인기 동안 별다른 계획 없이 이 일 저 일을 전전했음이 분명했다. 하지만 그는 우수한 학생이었고 석사학위도 받았다. 아버지인 앨런은 수동적이고 상당히 순응적이었지만 아들 앨릭스는 그 반대였다. 아들은 너무 말이 많고 사교적이었으며 고등학교 때는 숙제를 해야 하는 이유를 두고 교사들과 논쟁하기도 했다. 그의 어머니 베스는 스노플로 부모였다. 그녀는 앨릭스를 변호하고 대학 에세이를 대필해주는 등 아들을 위해 대신 싸웠다. 앨릭스가 대학에 들어갔을 때도 그녀는 학장과 교수들, 장애 지원 제공자들에게 아들 대신 계속 전화를 걸어 예외적으로 아들 편의를 봐달라고 부탁했다. 어머니가 온갖 노력을 들였지만 그는 학사경고를 받았고 성적이 계속 떨어져 결국 중퇴했다. 한 학기 후 어머니가 갖은 로비를 벌인 끝에 그는 대학에 돌아갔다. 끝까지 셈해보니 그는 학부를 6년이나 다녔다. 그가 대학에서 무엇을 배웠는지는 모르겠지만 자신에게는 규칙이 적용되지 않는다는 사실은 확실히 배웠을 것이다.

앨릭스는 성인이 될 준비가 되어 있지 않았다. 그리고 집으로 돌아가서 자신이 좋아할 만한 직업을 부모가 물어다 줄 때까지 마냥 기다릴 것이 거의 분명하다.

타조처럼 문제를 외면하는 양육 — 그냥 두면 괜찮아지겠지

어떤 부모는 성인 자녀가 자라면 결국 스스로 살아갈 방법을 터득하리라 기대하며 아무런 계획 없이 아이들을 놓아두며 기른다. 하지만 아이들이 10대였을 때처럼 부모가 자원과 도움을 계속 주면 자녀는 나중에도 독립적인 성인으로 살아갈 기술을 익혀야 한다는 명확한 메시지를 받지 못한다. 나는 많은 부모에게 "당신의 일은 아이들을 돌보는 것이 아니라 스스로 돌보는 법을 가르치는 것이에요"라고 말한다. 어떤 청소년들은 이런 과정을 자연스럽게 익힌다. 이들은 운전면허를 따고 첫 직장을 구하기를 고대한다. 고등학교를 졸업하면 직장이나 대학에 가기 위해 집을 떠나고 싶어 한다. 이런 젊은이들은 실행기능 능력과 자신감이 넘친다. 하지만 ADHD가 있는 젊은이들은 대부분 훨씬 성숙이 느려 이렇게 되려면 몇 년은 더 걸린다. 다른 10대라면 자연스럽게 습득하는 '어른 되기' 기술도 ADHD가 있는 젊은이들이 습득하려면 확실한 도움이 필요할 수 있다.

다음 이야기에서는 ADHD인 여성 노인 클레어가 성인 딸 지나에 대해 느끼는 엄청난 좌절감을 볼 수 있다. 성인이 된 딸은 학업 성적이 좋았지만 독립하거나 직장을 구한 적이 없다. 부모가 스물여덟 살 먹은 딸 지나에게 노력을 갖다 바친 탓에 딸은 훨씬 어린 아이들처럼 미성숙했다. 대학과 로스쿨을 졸업했지만, 학업 능력이 좋았음에도 너무 미성숙했다. 그녀는 로스쿨을 마치고도 법조계에서 직장을 구하지 않았고 앞길이 꽉 막힌 듯 느꼈다. 지나는 애초에 법학을 공부할 생각이 없었는데 아빠가 "그렇게 하라고 시켰다"라며 화를 냈다.

지나는 로스쿨을 나온 뒤 아무 일도 하지 않고 자신과 마찬가지로 부모님 집에 얹혀사는 사람과 만나고 있다. 지나가 한 일은 모두 가족 지인들이 물어다 준 것이다. 어머니 생각에 지나는 일하는 어려움에 맞닥뜨리고 싶지 않아 대학을 마치고 바로 로스쿨에 진학한 것 같다. 로스쿨에 다니는 동안 그녀는 부모 집에 살았다. 클레어는 이렇게 말했다. "남편은 저나 지나와 거리를 두며 대처하고 있어요. 딸에게 독립하라고 잔소리하는 건 전적으로 제 몫이죠. 남편은 도와주지 않아요. 요즘 저는 딸에게서 벗어날 활동만 찾고 있어요."

클레어와 남편, 지나는 앞이 꽉 막혔고 앞으로 나아가려면 치료사의 도움이 절실히 필요하다. 이 가족의 오래된 문제 가운데 하나는 딸이 독립하도록 돕기 위해 부부가 계획을 세우거나 협력해서 딸에게 합리적인 요구를 한 적이 없다는 점이다. 부부는 가족치료사를 만나 서로 대화하고 지나에 대해 오래 끌어온 결정을 내려 딸이 점차 독립할 수 있도록 도와야 한다. 하지만 성인이 된 자녀가 독립하고 자급자족하는 일을 늦추거나 심지어 가로막는 오랜 상호의존적 관계를 어떻게 끊을 수 있을까?

▶ 성인 자녀와 선을 긋기 어려운 경우

성인 자녀가 독립한 지 오래되었지만 부모가 선을 긋는 방법을 배우지 않았기 때문에 계속 비합리적으로 부모의 지원을 기대하는 경우도 있다. ADHD 아동이 성공적으로 성인이 되어 독립했다고 해서 그들이 나중에 피할 수 없는 문제에 맞닥뜨렸을 때 정서적·경제적 도움을 얻으러 돌아오지 않는다고 장담할 수는 없다.

정서적 선 긋기

상당수의 노인 부모는 성인 자녀가 겪는 삶의 위기가 자신들에게 영향을 미칠 때 힘겹고 버거운 느낌을 받는다. 정서적 선 긋기는 성인 자녀가 정서적 위기에 처했을 때 부모가 얼마나 많이, 자주 전화하는 것이 적절하다고 여기는지와 관련된다. 부모는 성인 자녀가 늘 집에 전화하기보다 스스로 문제를 해결할 수 있다고 확신하고 자신을 위한 사회 지원망을 구축하도록 자녀를 격려하고 도와야 한다. 이것이 정상적인 정서적 성숙을 향해 나아가는 과정이다. 우리는 성숙하면서 점점 부모의 정서적 지원에 덜 의존하는 한편 조언을 주거나 그저 귀 기울여줄 친구나 룸메이트, 파트너, 배우자와 관계망을 쌓는다.

ADHD가 있는 여성 노인 필리스는 매우 성공적으로 직장생활을 하고 은퇴했다. 직장에서는 상당히 잘 집중하는 많은 여성 가운데 한 명이었지만, 가정에서의 실행기능은 분명 그렇지 못했다. 아이들이 자랄 때는 집에 전일 가사도우미가 있고 서류와 금전 문제를 처리해주는 남편이 있는 덕분에 모든 일이 그럭저럭 잘 관리되었다. 하지만 은퇴하고 나자 필리스는 꿈꾸던 평온하고 여유로운 삶을 누리지 못하고 딸 애니의 힘겨운 이혼 때문에 불안하고 감당할 수 없는 상황에 놓였다. 애니는 남편이 바람피웠다는 사실을 알고 헤어졌다. 남편은 이사했고 애니는 두 아이를 키우던 전업주부에서 벗어나 갑작스럽게 일자리를 찾아야 했다. 딸은 매일 울면서 전화해 갑자기 책임져야 할 일이 너무 많아져 감당할 수 없다며 끊임없이 필리스에게 도움을 요청했다. 필리스는 손주를 돌보고 긴 전화 통화를 하며 정신적으로 도움을 주려 애쓰고 경제적 지원도 해주어야 했다. 필리스는 혈압이 오르기 시작했고 잠도 제대로 자지 못해 스트레스가 천정부지로 치솟았다.

필리스는 명확한 선을 그어야 했다. 딸은 엄마가 은퇴했기 때문에 자기를 도와줄 시간이 남아돈다고 생각하는 것 같았다. 모든 상황이 금방 제자리를 찾지는 못했지만 치료사는 필리스가 손주를 얼마나 돌봐줄 수 있는지 명확하게 선을 긋도록 도와주었고 애니는 어머니에게 너무 의존하기보다 치료받아야 한다고 주장했다. 1년 후 애니는 일자리를 찾았고 미취학 자녀 두 명을 돌봐줄 괜찮은 보육 시설도 찾았으며 더 이상 문제가 생길 때마다 해결해달라고 부모에게 의지하지 않게 되었다.

경제적 선 긋기

많은 부모는 여전히 의존적인 20대 자녀들에게 좋은 의도로 '부모 은행'이 되어준다. ADHD인 젊은이들은 20대 초중반에도 경제적으로 완전히 독립하지 못한 경우가 많아 부모들은 습관적으로 성인 자녀를 구제해준다. 이런 일이 필요할 수도 있지만 젊은 자녀와 '경제적 선'을 긋는 일은 매우 중요하다. 도움을 얼마나 기꺼이 줄 수 있는지, 자녀가 완전히 독립을 선택하리라 예상되는 시점 전까지 얼마나 오래 경제적으로 도움을 줄 수 있는지 알려주어야 한다.

> 롭은 대학을 마치지 못한 채 스무 살 때 집에 돌아왔다. 직장에서 최저임금을 받고 이따금 일하며 부모님 집에 수년간 얹혀살았다. 그는 해고되거나 "상사가 마음에 들지 않는다"라며 직장을 그만두었다. 아버지는 은퇴했고 어머니는 은퇴를 눈앞에 두고 있었다. 절망에 빠진 부모는 몇 킬로미터 떨어진 외딴 숲에 작은 별장을 빌렸다. 롭은 자신이 아마추어 환경운동가라고 생각하며 오두막에 살면서 제2의 '월든' 경험을 쌓고 있다고 상상했다. 그렇게 몇 년이 지나자 어머니는 더욱 절망했다. 당시 이미 일흔이 넘은 어머니는 아들을 경제적으로 부양할 만큼만 일하고 있었고 은퇴에 대한 열망이 매우 컸다. 한편 이제 30대 중반이 된 아들은 여전히

실직 상태였고 점점 제 몫을 하지 못했다. ADHD와 자폐스펙트 럼장애가 있는 아들이 몇 년 동안 실직까지 하게 되자 완전히 독립할 수 없는 상황이라는 사실이 점점 분명해졌다. 결국 부모는 아들에게 누군가가 감독하는 생활환경을 찾아주기 위해 아주 적극적으로 지원해야 했다. 롭의 부모가 몇 년 전에 도움을 구했다면 자기들과 아들에게 훨씬 도움이 되었을 것이다. 아들이 20대에서 30대가 될 때까지 경제적 도움을 준 부모의 선의는 상황을 훨씬 악화시켰을 뿐이다. 경제적 선을 긋고("널 무한정 도와줄 수는 없어") 사회적 지원을 받았다면 이 가족은 더 나은 방향으로 나아갈 수 있었을 것이다.

레오는 ADHD에 학습장애가 있었다. 나이 든 이혼 여성인 레오의 어머니는 은퇴할 때가 다가왔는데도 아들을 둥지 밖으로 밀어낼 의지나 결단력이 없어 보였다. 그녀가 좌절하고 나가라고 할 때마다 아들은 엄마가 자신을 쫓아내면 자살하겠다고 협박했다. 이 정서적 협박은 꽤 효과가 있었다. 10여 년의 노력 끝에 마침내 학사학위를 취득한 다음에도 아들은 집에 계속 얹혀살았고 이따금만 일하면서 자동차 리모델링이나 하며 여가를 즐겼다. 레오가 서른아홉 살 때 어머니가 세상을 떠났다. 그는 한 번도 스스로 벌어 먹고산 적이 없었다. 레오는 몇 년 동안 값비싼 자동차를 사고 여자들과 데이트하며 옷과 보석을 사주고 함께 휴가를 가며 어머니가 남긴 얼마 안 되는 유산을 허비했다. 당연히 중년의 삶은 매우 힘들어졌다. 그는 주택담보대출을 충당하려고 상속받은 연립

주택의 방을 임대했고 힘들게 하루 벌어 하루 먹고 살았다.

뒤늦게 경제적 선을 그을 경우

역시 ADHD 진단을 받은 재니스는 집을 떠나 독립하지 않은 레오와 달리 어린 나이에 독립했지만 여전히 가족에게 많은 일을 의존한다.

재니스는 충동적으로 대학을 중퇴하고 마찬가지로 ADHD가 있는 남자 친구와 결혼했다. 미성숙한 데다 ADHD까지 있던 탓에 이 젊은 부부는 끊임없이 형편없는 결정을 내렸다. 부부에게 위기가 닥칠 때마다 재니스의 부모는 전화 세례에 시달렸다. 재니스와 남편 둘 다 직장을 잃었다거나, 자동차가 고장 나서 수리비가 엄청나게 든다든가 하는 문제였다. 문제는 끝없이 발생했고, 적어도 10년 동안 부모는 끝없이 돈과 정서적 지원을 보내며 딸과 사위가 타고 나간 물 새는 배에서 물을 퍼내며 겨우겨우 배가 나아가도록 도왔다. 마침내 은퇴가 가까워진 부모는 교회 상담사와 이야기를 나누었다. 상담사가 힘을 북돋워준 덕에 부모는 재니스와 사위를 반복적으로 구제하는 일을 중단하겠다고 다짐했다. 부모는 최근 일어난 재난을 돕기 위해 돈을 보내며 경제적으로 돕는 건 이번이 마지막이라는 문자를 함께 전했다.

이런 결정은 고통스럽고 어려울 수 있다. 흔히 부모와 ADHD 자녀 사이에 이어져온 문제 해결 관계는 아이들의 학창 시절부터 형성된 경우가 많다. 따라서 그런 패턴과 기대가 깨지기는 어렵다. 어떤 부모는 제 몫을 전혀 하지 못하는 성인 ADHD 자녀에게 스스로 문제를 관리하도록 도움을 받을 결심이 서기 전까지는 전화하지 말라고 호소해야 했다.

▶ 성인 자녀의 독립을 돕는 가족 중심 치료

성인 자녀의 독립 촉진을 위한 치료 프로그램

'독립 실패'는 학교를 중퇴하고, 거의 혹은 아예 일을 하지 않으며, 부모에게 얹혀살고, 거의 또는 전적으로 생계 도움을 받는 20대를 묘사하는 대명사가 되었다. '어른 되기'는 어려운 일이지만 ADHD로 실행기능에 문제를 겪는다면 더욱 어렵다. 성인 자녀가 '독립 실패'하도록 만드는 몇 가지 양육 패턴과 도움이 될 만한 해결책을 살펴보자.

긍정적인 효과를 보인 치료 프로그램 중 하나는 예일대학교의 엘리 레보비츠Eli Lebowitz 박사가 개발한 방법이다.[1] 그의 치료 접근법은 젊은이들과 직접 만나 노력하기보다 전적으로 부모와 협력하는 것이다. 그는 여전히 부모에게 의존하는 성인 자녀와 부모들이 직면하는 딜레마를 이해하고, 제 몫을 하지 못하고 계속 서로 의존하게 만드는 상황이 모두의 책임이라는 사실을 깨닫도록 돕는다. 치료사는 부모가 지나치게 방임적이고 젊은이는 버릇없고 게으른 사람이라고 지레짐작하기보다, 좋은 의도를 지닌 부모가 어떻게 상호의존의 덫에 계속 걸려드는지 깊이 공감하며 이해해야 한다. 레보비츠의 프로그램은 젊은이들이 겪는 매우 현실적인 고통에도 초점을 맞춘다. 그들을 버릇없고 미성숙하다고 판단하기 쉽지만 레보비츠는 다르게 썼다. "이런 젊은이들은 또래들이 성취하는 동안 자기들은 점차 누적되는 장애 속에서도 독립적으로 제 역할을 하려 애쓰며 성인으로서의 요구에 너무 짓눌린 나머지 흔히 수치심과 소외감을 느낀다."

부모와 성인 자녀 사이에는 종종 악순환이 발생한다. 성인 자녀는 불안하고 극복할 수 없다고 느껴지는 문제를 피하려고 부모에게 도움을 요청하지만, 부모가 편의를 제공하면 성인 자녀가 문제를 회피하고 효과적으로 대처하지 못하는 패턴을 더욱 강화할 뿐이다. 많은 부모는 성인 자녀에게 계속 호의를 베풀면 의존이 심해질까 봐 두려워하면서도 성인 자녀의 요구 때문에 제약을 받아 분노한다. 부모는 이런 두려움과 분노에 대처하기 위해 정서적·경제적 지원을 줄여보려고 하지만, 그러면 성인 자녀는 분노와 배신감만 느낀다. 분노가 폭발하거나 때로 신체적 폭력이 발생해 부모는 '완전히 후퇴'한다.

레보비츠의 프로그램에서는 부모들을 지원하며 의존형 자녀들이 겪는 매우 현실적인 불안과 버거운 감정을 직시하라고 격려한다. 이 프로그램은 가족 체계의 관점에서 문제를 바라본다. 부모는 성인이 된 자녀에게 더 많은 것을 기대하기 시작하는 한편, 성인으로서 능력을 좀 더 발휘하지 못하는 자녀를 비난하고 부끄럽게 여기기보다 자녀에게 공감하도록 격려받는다.

이와 함께 가족들은 성인 자녀가 자급자족을 배우는 첫걸음을 떼듯 자신감과 할 수 있다는 느낌을 갖도록 나아가는 데 도움이 되는 중요한 과정에 대해 이야기를 나눈다. 부모의 공감 어린 지원을 받고 성인 자녀도 노력하고 참여하면서 점진적인 변화가 나타나면, 분노와 대립에서 벗어나 부모와 성인 자녀 모두 긍정적인 변화를 느끼는 데 도움이 되는 성장

방향으로 관계를 바꿀 수 있다.

연착륙을 돕는 엄한 사랑

정신 건강 전문가라도 ADHD 청년을 치료하는 데 제대로 된 전문 지식이 없다면 청년을 판단하고 비난하며 부모에게 '엄한 사랑'을 베풀도록 권하는 패턴에 빠질 수 있다. 오랫동안 좌절하고 앞길이 막막하다고 느껴온 부모 가운데 일부는 엄한 사랑을 주라는 조언에 따르지만 그렇게 하면 파국에 이르는 위기만 생길 뿐이다. 일부 청년은 충격받고 아무런 준비도 없이 내팽개쳐졌다고 느껴 자살을 떠올릴 수도 있다. 그게 아니면 갑자기 부당하게 버림받았다고 느끼고 부모에게 위험할 정도로 공격적으로 변할 수도 있다. 실제적인 독립생활을 영위할 기술이 없는 젊은 이들은 부적절한 낭만적 관계로 도피해 '폭풍 속의 항구'를 찾기도 한다.

집을 내어주거나 경제적 도움을 주는 일을 그만둔다고 해서 ADHD 청년이 갑자기 상황을 파악하고 스스로 삶을 일구게 되지는 않는다. 다음 이야기는 연착륙을 도우며 엄한 사랑을 베푸는 접근법의 한 사례다.

한 여성은 전혀 의욕이 없는 아들을 집에서 쫓아내려고 거의 필사적으로 애쓰다 나를 찾아왔다. 루커스는 대학을 중퇴하고 일도 하지 않으면서 늦잠을 자고 비디오게임을 하고 텔레비전을 보며 무려 1년 가까이 집에서 지냈다. 어머니가 자신을 돌보지 않으면 거리에 나앉을 거라 말하며 그녀의 화를 돋웠다. 어머니는 끊임없이 독촉했지만 아들은 일자리를 찾아보지도 않았다. 홀어머니인 그녀는 은퇴를 앞두고 있었고 아들을 매일 돌보는 삶이 아닌 자신의 삶을 살고 싶었다.

그녀는 지역 대학 근처 지하에 방을 얻어 아들을 내보냈다. 그는 아파트에서 완전히 혼자 지내기보다 다른 가족이 사는 하숙집에 들어가는 편이 더 안전하고 편하다고 생각했다. 어머니는 집세를 내주고 6개월 동안 음식과 생필품을 구매할 최소한의 돈만 주겠다고 제안했다. 6개월이 지나면 지역 대학에 등록하고 과정을 마쳐야만 적은 돈이라도 계속 주겠다고 엄포를 놓았다. 차를 사거나 놀러 다니거나 생필품이 아닌 다른 물건을 살 돈이 필요하면 아르바이트해야 했다. 대학 과정에 등록하지 않으면 6개월 후에는 집세를 절반만 내줄 것이라고도 덧붙였다. 이렇게 어머니는 아들에게 약소하지만 임대료를 낼 만한 일자리를 찾을 6개월의 '연착륙 활주로'를 내준 셈이다. 한편 그녀는 근처 활동적인 성인 공동체 아파트로 이사하려고 집을 매물로 내놓아 루커스에게 다시는 집에 돌아올 수 없다는 구체적인 메시지를 전했다.

루커스는 독립을 향해 아주 천천히 나아가기 시작했다. 하숙집 안주인은 그를 좋게 보고 그를 고용해 집 주변 잡일을 시켰다. 일하는 법을 배우고 적당한 수입을 관리할 수 있는 매우 안전한 환경이었다. 그는 어머니의 도움을 받아 인근 지역 대학을 방문해 어렵지 않은 온라인 기술 지원 방법을 가르쳐주는 1년짜리 자격증 반에 등록했다. 루커스는 항상 컴퓨터에 관심이 있었고 졸업 후에 찾은 직장을 좋아했다. 집에서 할 수 있는 일이었고 통근 스트레스를 받을 일도 없었으며 자동차를 사지 않아도 되었다. 어머니의 집을 떠난 지 1년 뒤 루커스는 분명 더 큰 독립을 향해 나아가고 있었다. 그리고 어머니는 더 이상 루커스와 매일 부딪히며 삶을 소모하지 않아도 된다며 안도의 한숨을 내쉬었다.

가족 상황 활용하기

소규모 사업체를 소유하고 있다면 성인 자녀를 가족 사업에 끌어들여 '연착륙'을 도울 수도 있다. 나는 이런 가족을 여럿 만났다. 작은 인쇄소를 운영하는 한 부부는 ADHD인 딸을 고용해 가게에서 전화를 받고 주문을 받는 일을 하며 점차 부모의 사업을 배우도록 했다. 아버지가 소규모 주택 리모델링 사업을 하는 다른 가족은 아들에게 현장 교육을 해주었다. 이 아버지는 몇 년 동안 다양한 잡역을 하는 방법을 아들에게 천천히 보여주었다. 아들은 고등학교를 졸업하고 집에서 지내다가 몇 년 후 형과 함께 아파트로 이사해 나갔다. 연착륙을 보여주는 또 다른 사례다.

자녀가 독립할 수 있을지 어떻게 알까?

독립에 '실패'하는 상황과 독립할 수 없는 상황을 구별해야 한다. 성인 자녀가 자폐스펙트럼장애, 양극성장애, 심각한 사회 불안 그리고/또는 심각한 학습장애를 동반한 심각한 ADHD가 있을 수도 있다. 그런 성인 자녀는 실제로 월급을 받는 직업을 유지할 수 없거나, 외부 지원이나 감독 없이 '스스로' 일하는 것을 두려워하거나 버거워할 수 있다.

자녀가 독립할 수 있을지 확실치 않다면 자격 있는 정신 건강 전문가에게 평가받을 것을 강력히 권한다. 평가받고 나서 부모는 성인 자녀의 요구 사항이 무엇이고 어떻게 충족할 수 있을지 지침을 줄 전문가와 긴밀히 협력해야 한다. 심각한 장애가 있는 성인 자녀라면 성인기 생활을 지원하는 사회 보장 장애 보험Social Security Disability Insurance 수당을 받을 자격이 될 수도 있다. 재활서비스관리국Rehabilitative Services Administration, RSA을 통해 직업 훈련을 받을 수도 있다. 노인 부모도 복잡한 장애 관련 법의 미로를 뚫고 장애 보조 혜택이나 감독을 받는 공동주택, 성인 자녀를 위한 기타 지원을 신청하는 법을 이해하려면 도움을 받아야 할 때도 있다.

일부 가정에서는 성인 자녀가 그저 집에 계속 얹혀 있으면서 스스로 완전히 자립하지 못하기도 한다. 이 경우 부모가 나이 들면 근심이 커진다. 부모는 영원히 성인 자녀를 돌보며 곁에 있어주지 못하리라는 사실을 알기 때문이다. 그런 부모라면 집에서 더는 성인 자녀를 돌봐줄 수 없을 때 성인 자녀가 연착륙할 지점을 열심히 탐색해야 한다.

ADHD 자녀가 성공적으로 나아가도록 돕는 방법

ADHD 자녀 양육이 어렵다는 점에는 의심할 여지가 없지만 놀라운 성공 사례도 많다. ADHD는 문제를 어렵게 만들기도 하지만 ADHD 자녀가 성공적으로 나아가는 데 도움이 되는 요인도 많다. 적절히 치료받고 가족의 든든한 지원을 받으며 동반 질환이 적다는 이점이 있는 자녀는 매우 성공적으로 성인이 될 수 있다. 건설적인 선택을 하는 청년들도 있다. 학교에 남기로 하거나, 준비 없이 아이를 갖거나 결혼하지 않고, 운동이나 적당한 수면, 좋은 식습관 같은 건강한 일상 습관을 기르기도 한다. 최고의 자아가 되는 데 도움이 되는 친구들을 사귈 수도 있다. 이런 선택은 성공적이고 독립적인 어른이 되는 길로 이끌어준다.

성인 자녀가 독립에 실패하는 데는 여러 가지 이유가 있다. 자녀가 성공적으로 독립하도록 돕는 것은 부모라면 누구나 지닌 목표지만 하룻밤

사이에 달성할 수 있는 것은 아니다. 다음과 같은 몇 가지 중요한 문제를 살펴보자.

- **올바른 방향으로 나아가는 작지만 긍정적인 단계에는 무엇이 있는가?** 갑작스럽게 더 많은 책임을 지도록 요구하면 청년은 궁지에 빠지고 문제가 악화된다. 그러지 말고 성인 자녀와 함께 문제 해결책을 논의하며 당황스럽고 버겁지 않은 첫걸음을 설정하자.
- **지금 자녀에게 대학이 적합한가?** 자녀가 대학을 중퇴하면 다시는 돌아가지 못할지도 모른다며 걱정하는 부모가 많다. 그러지 말고 방향감각이 생기고 진짜 준비되었다고 느낄 때 학교로 돌아갈 수 있다고 생각하며 성인 자녀와 함께 지금 취할 수 있는 다른 선택지에 대해 논의해보자. ADHD 뇌는 성숙하는 데 오래 걸린다. 20대 초반 학교생활에 실패한 ADHD 청년이라도 20대 중후반이 되면 학교생활을 제대로 할 준비가 되어 있을 수 있다.
- **성인 자녀가 실패를 두려워하여 삶을 회피하고 있는가?** ADHD 청년은 특히 대학 생활에 실패하고 희망과 방향감각을 상실한 상태로 집에 돌아왔을 때 버겁게 느끼는 경우가 많다. 화내며 대응하지 말고 자녀와 공감하며 직장 찾는 일을 돕자. 자녀에게 애초에 필요한 것은 지원하고 손을 잡아주는 것일지도 모른다. 자녀가 집 안에 틀어박혀 스스로 일자리를 구할 생각을 절대 하지 않는다며 화내지 말고 성인 자녀와 함께 온라인으로 취업 사이트를 검색해 흥미를 느낄 만한 쉬운 일자리를 찾아보고 원서 작성을 도우면 더 많은 결실을 볼 수 있다.
- **대학의 대안이 될 만한 자격증 프로그램 같은 것이 있는가?** 학교를 좋아해본 적이 없는 ADHD 학생에게 대학에서 일반 교육과정을 통과하기 위해 노력을 들이는 일은 그저 '전과 똑같은' 무의미한 일처럼 보일 수 있다. 자녀와 함께 인터

넷으로 지역의 커뮤니티 칼리지(미국의 2~3년제 대학으로 주로 전문 직업교육을 제공하는 공립 교육기관 — 옮긴이)를 검색해 어떤 자격증 과정이 있는지 알아보자. 이런 과정은 매우 실용적이고 기술에 중점을 두고 있으며 1년 정도만 이수하면 되는 경우가 많다.

• **집에서 대학을 다닐 수 있는가?** ADHD가 있는 많은 젊은이는 집과 가족을 떠나 주의를 뺏는 요소가 수없이 많은 캠퍼스 환경에서 혼자 순조롭게 지내며 공부하고 수업을 들을 준비가 되어 있지 않은 경우가 흔하다. 대학에 가려고 집을 떠났다가 1학년 때 '탈탈 털린' 학생들을 도운 적이 많다. 이런 학생들은 고향으로 돌아가 현지 대학에 다니면서 공부하고 성공할 수 있었다.

• **대학에 들어가기 전에 생활 기술을 배울 방법이 있는가?** 부모들에게 흔히 하는 이야기가 있다. 성인 자녀들은 고등학교를 졸업하자마자 배워야 할 기술이 상당히 많다는 사실이다. 집에서 일하러 다니면 정시에 취침하고 정시에 일어나 출근하고, 돈을 벌고 관리하고, 예산을 짜고 청구서를 지불하고, 스스로 빨래하고, 자동차를 유지하고 기름을 넣는 것을 잊지 않는 등 여러 방법을 배울 수 있다. 책무와 책임을 가르치는 직장에서 일하면 어른의 직업 세계를 탐색하는 방법을 배우는 데 도움이 된다. 일단 이런 생활 관리 기술을 습득하면 대학에서 성공적인 생활을 해내기가 더욱 수월해질 것이다.

성장은 오랜 시간이 필요한 과정이다. 가정불화 때문에 충동적으로 또는 부모가 18세가 되면 '스스로 살아야 한다'라고 생각해서 집을 떠나는 ADHD 청년들은 자기 패배적인 패턴과 관계에 빠진다. 성인 자녀가 당신의 보호 아래 있을 때 자급자족하는 기술을 더욱 키워나갈수록 집을 떠났을 때 성공적으로 살아갈 가능성이 더 커진다.

- **성장과 발전 기회가 있는 직장에 들어가도록 자녀를 격려하자.** 승진 가망이 없는 직장에서 일하는 청년들이 많다. 이런 직장에 오래 남아 있을수록 사기가 저하된다. 학교에 다니면서 시간제로 돈을 벌 때는 이런 직장도 좋지만, 대학이 맞지 않는 많은 ADHD 청년이 미래를 건설할 만한 직업은 아니다. 이런 청년들은 부모나 다른 사람의 지도를 받아 성장하고 발전할 수 있는 직업을 찾으면 큰 혜택을 볼 수 있다.
- **집에서 청년이 자급자족하는 기술을 구축하는 데 도움이 될 만한 명확한 지침을 설정하자.**
  - 일하거나 수업을 들어야 한다는 조건을 두자.
  - 명확한 기대치를 설정하고 집 안 곳곳에서 일정 역할을 해야 한다는 조건을 두자.
  - 스스로 빨래하고 방을 어느 정도 정리해야 한다는 조건을 두자.
  - 일을 하고 있다면 수입의 50퍼센트를 숙박비와 식비로 내놓아야 한다는 조건을 두자. 부모는 이 돈을 따로 떼어놓아 성인 자녀가 나중에 독립할 때 첫 달과 마지막 달 임대료, 보증금, 자동차보험 같은 비용에 쓸 수 있다. 숙박비와 식비를 거의 또는 전혀 내지 않으면 급여 대부분을 주말에 놀러 다니는 데 써버리는 돈으로 생각하는 청년들이 많다. 생활비를 실제로 지출해보면 집에 '얹혀살며' 더욱 의존하게 된 이들은 말할 것도 없고 계속 '무임승차'해온 청년들도 상당한 충격을 받을 것이다.
- **부모는 인내심이 필요하지만 끈기도 있어야 한다.** 성인 자녀를 언제나 정서적으로 지원하면서도 단계적으로 성인 생활을 영위하는 기술을 배우도록 지원해야 한다.

사고, 부상, 건강 문제로 완전히 자급자족할 수 없는 청년도 물론 일부 있다. 부모가 전문가의 지도를 받으면 성인 자녀가 실제로 어른 되기가 불가능한 상태인지, 어른 되기를 피하지만 가능한 상태인지 구별하는 데 도움이 된다.

이 장의 핵심 교훈

✓ 부모와 자녀가 둘 다 ADHD라면 양육이 특히 어렵다.

✓ 어린 시절 ADHD가 있으면 보통 성숙이 몇 년 늦춰진다.

✓ 지금 ADHD인 노부모는 보통 지금의 부모 세대가 받는 ADHD에 대한 도움과 이해를 받지 못했다.

✓ '독립 실패' 패턴은 흔히 청년의 실행기능 부족과 성숙을 늦추는 데 일조하는 부모의 양육 패턴이 결합해 생긴다.

✓ 상담을 받으면 노인들이 부모로서 느끼는 후회를 받아들이고 ADHD인 성인 자녀와 건전한 유대감을 쌓는 데 큰 도움이 된다.

✓ 부모가 다음과 같은 패턴을 바꾸려면 도움을 받아야 할 수 있다.
  • 자녀 앞에 놓인 문제를 모두 치우려고 하는 스노플로 부모
  • 문제가 사라지기를 바라며 외면하는 타조 부모
  • 성인 자녀에게 경제적·정서적 선을 긋지 않는 한도 없는 부모

✓ 일부 성인 ADHD 자녀는 증상이 심각하거나 두드러진 동반 질환, ADHD 관련 뇌 손상으로 완벽하게 독립하지 못할 수도 있다. 이런 성인 자녀의 미래를 확실히 계획하려면 전문가의 도움이 필요하다.

✓ 자신은 ADHD를 진단받거나 치료받지 못했지만 이제 성인이 된 자녀들이 자랄 때 필요한 도움을 확실히 받을 수 있도록 도운 부모들의 성공담도 많다.

13장
수입과 지출의 균형 맞추기

ADHD 노인의 경제적 스트레스 줄이기

ADHD라면 은퇴 이후를 위한 경제적 준비가 어려울 수 있다. 이유는 여러 가지다. 첫째, ADHD가 있다면 일하는 동안 일정하고 적당한 수입을 벌 가능성이 낮다. 둘째, 저축을 하려면 매달 은퇴 자금을 마련할 수 있을 만큼 충분한 수입을 버는 것 이외에도 장기적인 계획과 자제심이 필요한데 ADHD인 사람은 저축이 매우 어렵다.

미국의 대부분 회사가 퇴직연금을 없애고 있으며 사회보장국이 제공하는 지원도 제한적이기 때문에 우리는 '은퇴'라는 개념을 재정립해야 한다. 많은 ADHD 성인은 가능한 한 오래 일하거나 은퇴 후 소득을 창출할 다른 방법을 찾아야 한다. 이 장에서는 금전 관리를 제대로 할 방법을 배우는 ADHD 친화적인 접근법을 알아보는 한편, 지출을 줄이고 은퇴 후 수입원을 만들 창의적인 방법을 찾은 ADHD 노인들의 이야기를 함께 나누려 한다.

▶ 그들의 이야기를 들어보자: ADHD 노인과 금전 문제

ADHD와 신중한 금전 관리란 거의 양립할 수 없는 말이다. ADHD인 사람에게는 충분한 은퇴 소득이라는 장기적인 보상보다 즉각적인 보상이 훨씬 매력적이다. ADHD인 사람의 시간관념은 매우 즉각적이어서 '지금' 아니면 '나중' 두 가지뿐이라고 말하는 경우도 있다.[1] 물론 은퇴는 막상 '지금'이 되기 전까지는 먼 '나중' 일이다.

기초 면담에서 "은퇴할 경제적 준비가 되어 있나요? 아니면 은퇴하고도 일해야 하나요?"라는 질문에 대해 나온 몇 가지 대답을 살펴보자.

> "모르죠. 일하지 않으려면 로또가 되어야겠죠."
> "2년 전에 마지막 일자리를 잃었어요. 연금을 탈탈 털어 살며 아르바이트를 조금 하고 있죠. 진짜로 은퇴할 여유는 없어요."
> "은퇴할 경제적 준비가 되어 있냐고요? 아뇨, 아뇨, 절대 아니죠! 은퇴하고도 일해야 하냐고요? 네, 네, 완전 그렇죠."
> "지금은 사회보장 연금을 받으면서 잡일을 하고 있어요."
> "모아놓은 돈은 없고 사회보장 연금과 제가 버는 돈 약간으로 생활해요. 제 경제 상태는 제가 돈 관리를 잘하지 못한다는 살아 있는 증거죠."
> "경제적으로 끔찍해요. 마지막 직장에서는 쫓겨났고요. 3년 전 은퇴했죠. 노인들을 돌보는 일을 했는데 감정적으로 너무 힘들었어요. 그다음엔 집 청소 일을 했지만 지금은 허리가 아파서 못해요. 경제적인 면에는 깜깜하고 늘 그랬죠. 집도 다 저당 잡혔어요. 청

구서를 처리하느라 집 담보대출을 했거든요."

▶ ADHD 친화적인 금전 관리

미국인의 70퍼센트는[2] 일하는 동안 근근이 살아가고[3] 은퇴를 위해 돈을 모아둔다는 일은 상상도 하지 못한다. 여기에 ADD가 추가되면 금전 관리는 훨씬 어려워진다. 이 단락에서 나는 충동적인 지출과 형편없는 금전 관리법 때문에 애를 먹는 많은 ADHD인 사람들에게 내가 지도했던 금전 관리법을 함께 나누려 한다.

재정 관리사나 회계사가 추천하는 금전 관리 체계를 따르려면 보통 많은 기록을 보관해야 하는데 이는 상당히 ADHD 친화적이지 못한 일이다. ADHD인 사람이 효과적으로 따를 수 있는 금전 관리 체계라면 다음과 같은 ADHD 패턴을 고려해야 한다.

- **건망증** — "지난달에 청구서 낸 것 같은데요. HBO 정기 구독 취소한 것 같은데. 세상에, 신용카드 청구액이 왜 이렇게 많죠?"
- **세부 사항에 대한 부주의** — "정기 구독이 자동으로 갱신되는지 몰랐어요."
- **서류 작업을 싫어함** — "서류를 쌓아놓기만 하고 열어보지도 않아요."
- **정리 정돈을 하지 못함** — "그거 어디 있었던 것 같은데!"
- **충동적인 지출 패턴** — "예산 같은 건 없어요. 그냥 되는대로 돈을 쓰죠."
- **단기적인 사고** — "월말 청구서만 감당할 수 있다면 괜찮아요."

지출을 통제하기 위한 계획은 대부분 '다음 달을 위해 지출을 하나하나 정확하게 기록하고 영수증을 모아 카테고리별로 분류해서 적어두는 일'에서 시작한다. 이런 계획을 제안하는 사람은 분명 ADHD에 대해 잘 모르는 사람이다. ADHD 노인이 그렇게 기록한다면 계획에 있던 지출이든 아니든 그저 지출 기록 더미만 남게 되어 자신이 얼마나 잘못하고 있는지만 보게 되고, 금전 관리라는 목표에 도달할 로드맵은 얻지 못한다. 좀 더 ADHD 친화적인 방법을 살펴보자.

- **모든 월별 고정비 목록을 만든다.** 목록(주택 관리비, 자동차 할부금, 주유비, 보험료, 공과금, 인터넷과 전화 사용료, 월별 평균 식비, 월세, 의료비 등)을 만들고 고정비 합계를 낸다.
- **월별 세후 소득에서 총 고정비를 뺀다.** 남은 돈은 다음과 같은 **다른 것에** 쓸 수 있는 돈이다.
  - 의복
  - 여가
  - 주택 유지
  - 선물
  - 여행
  - 외식

그렇다. 재미있는 것은 전부다! 당신이 다른 ADHD 노인들과 비슷하다면 고정비를 제하고 남는 돈은 거의 없을 것이다. 하지만 얼마가 되든 남은 돈은 당신 재량껏 쓸 수 있다.

- **남는 돈이 없다면 월 지출을 줄이기 위해 큰 결단을 내려야 한다.** 재정 관리사와 상의해 주택 관리비, 교통비, 식비 등의 비용을 어떻게 줄일지 알아보자.
- **재량 지출을 관리하자.** 월 생활비를 계산하고 남는 돈이 있다면 이 돈은 당신이 쓸 수 있는 재량 지출 예산이다. 재량 지출 예산을 4.5(4주 조금 넘는 한 달을 메우기 위해)로 나누면 이것이 **모든** 재량 지출에 사용할 수 있는 주간 예산이다.
- **재량 지출에 사용할 직불카드 계좌를 따로 마련하자.** 매주 '재량 지출' 예산만큼을 이 재량 지출 계좌로 보내도록 은행에서 쉽게 설정할 수 있다. 이 계좌에 직불카드를 연결해 온라인이나 오프라인에서 물건을 구매할 때 사용하자. 신용카드와 달리 직불카드를 사용하면 과소비를 막을 수 있다. 커피 한 잔이든 신발 한 켤레든 무언가를 사려고 할 때마다 남은 주간 잔액을 확인하자. 그 주의 잔액이 많지 않다면 '살 수 없는' 상태이므로 다음 주까지 기다려야 한다. 이렇게 며칠만 참으면 구매할 수 있다.
- **신용카드는 비상시에만 사용하자.**
- **이제 비상금을 만들자.** 긴급하거나 중요하고 예상치 못한 비용에만 사용되는 자금이다. 자동차 수리, 집수리, 의료 또는 치과 청구서, 새 안경, 새 컴퓨터나 스마트폰을 사는 데 필요한 돈이다. 쉬운 일은 아니다. 하지만 다음에 살펴볼 여성의 사례처럼 우리 대부분은 돈이 '새게 놓아둔다.' 매일 여기저기 새는 푼돈을 조금씩 모으면 비상금이 생겨 긴급하고 예상치 못한 지출이 발생할 때마다 돈을 빌리거나 신용카드를 쓰지 않아도 된다.

수입이 많지 않은 한부모 여성을 도운 적이 있다. 매달 근근이 사는 여성이었다. 나는 그녀에게 비상금 만드는 게임을 하자고 제안했다. 잡지, 도시락, 스타벅스 커피 한 잔 같은 것을 사고 싶을 때마다 사지 않고 그 금액을 비상금으로 모아두는 것이다. 그녀는 자신이 불필요한 물건에 하루 15달러쯤은 쉽게 써버린다는 사실을 깨달았다. 내 제안은 인생의 소소한 즐거움을 모두 포기하는 '영원한 계획'이 아니었기 때문에 그녀는 처음으로 돈을 모은다는 사실에 흥분했다. 그녀는 매일 저녁 인터넷에 접속해 입출금 계좌에서 같은 은행에 만들어놓은 저축 계좌로 돈을 이체했다. 저축 계좌가 불어나는 것을 보는 일은 즐거웠다. 어떻게 보면 그녀는 소소한 물건을 사들이며 도파민 폭발을 즐겼던 것처럼 매일 저녁 돈을 이체하면서 효과적인 '도파민 폭발'을 얻은 것이다. 몇 달 만에 비상금이 1000달러를 넘어서자 그녀는 그때부터 저축할 방법을 더 많이 찾기 시작했다. 더 저축할수록 스트레스가 줄었다. 예상치 못한 지출이 발생해도 이제는 신용카드를 써야겠다는 압박을 받으며 뜻밖의 재난에 휘둘리지 않게 되었다. 그런 비용을 충당하고 나서도 저축 패턴을 이어나가 비상금을 전만큼 되돌려놓을 수 있었다. 일상적인 소비 습관에 작은 변화를 주는 것만으로 이 모든 일이 가능했다.

- **'건강한' 지출 습관을 만들자.** 건강한 소비 습관 형성은 건강한 식습관 형성과 상당히 비슷하다. 연구 결과들은 다이어트가 오래가지 못한다고 입을 모아 말한다. 바람직하지 않은 식습관을 천천히 바꾸며 건강한 식습관을 들이면 새롭고 건강한 식습관 패턴이 자연스럽게 자리 잡는다. 엄격한 체중 감량 프로그램을 따르면 박탈감만 느낄 뿐 꾸준히 다이어트할 수 없다.

이와 마찬가지로 지출 예산을 너무 엄격하게 짜서 뭘 살 수 있을까 하는 생각에만 매달리지는 말자. 너무 쪼들리면 새로운 지출 습관이 오래가지 못한다. 그러지 말고 과소비 습관을 '건강한' 지출 습관으로 천천히 대체해보자. 몇 가지 사례가 있다.

- 책을 구매하는 대신 지역 도서관을 이용하자.
- 친구와 식당에서 밥을 먹지 말고 함께 걷는 등 운동을 통해 사교 활동을 하자.
- 매일 커피 한 잔씩 사 먹지 말고 집에서 만들어 먹자(점심이나 다른 식사도 마찬가지다).
- 비용이 저렴하거나 무료로 할 수 있는 새롭고 흥미로운 노인 활동을 찾아보자.
- **친구나 가족에게 값비싼 선물을 하지 말자.** 생일이나 명절을 축하하는 창의적인 방법을 찾고 큰 지출은 삼가자. 손주의 생일을 축하하기 위해 며칠이나 몇 주쯤 지나면 잊힐 값비싼 선물을 사기보다 특별한 나들이를 계획하자.
- **술 그리고/또는 담배가 월 지출의 일부라면 줄이자.** 술과 담배는 몸은 물론 지갑에도 좋지 않다. 이런 습관을 줄이면 건강에도 좋고 몇 달이 지나면 상당한 비용을 절약할 수 있다.
- **돈이 새는 구석을 찾자.** 자신은 사치하는 습관이 없다고 말하는 노인 은퇴자들이 많다. 돈이 많이 드는 휴가도 안 가고 값비싼 은퇴용 주택을 구매하지도 않기 때문이다. 하지만 예산이 빠듯하다면 5달러, 10달러라도 돈이 '새는' 구멍을 찾아야 한다. 사소하지만 불필요한 곳에 매일 돈을 쓰면 금세 큰돈으로 불어난다.
- **"나는 이걸 살 만해" 또는 "내 나이에 이쯤은 살 자격이 있지"라고 자신을 속이며 감당할 수 없는 지출에 빠지지 말자.** 무언가를 살 만한 '자격'이 있다고 느끼지만 그런 느낌은 사실 예산과는 관련 없는 기대일 뿐이다. 그런 사고방식을 따

르면 돈을 잘 관리한다는 자부심보다 박탈감만 느끼게 된다. 무언가를 사고 싶다면 한 걸음 물러서서 그것이 진짜 필요한지, 재량 소득으로 감당할 수 있는지 진지하게 고민해보자(자세한 내용은 다음 단계를 살펴보자).

- **온라인이든 오프라인이든 그저 즐거움을 위해 쇼핑하지 말자.** 책 한 권이나 신발 한 켤레라도 '소소한' 지출이 한 달 모이면 산처럼 쌓인다. 필요하거나 원하는 것이 있다면 장보기 목록을 쓰듯 물건값과 함께 적어보자. 이렇게 하면 충동구매에서 벗어나 계획적이고 사려 깊은 소비를 할 수 있다. 일단 목록을 들여다보면 목록 가운데 일부 항목을 다른 항목보다 선호한다고 결정하고 예산 내에서 선별해 선택할 수 있다. 온라인에서 구매한 것은 **모두** 월별 '할당' 금액에서 공제되어야 한다는 사실을 기억하자. 그렇지 않으면 점점 빚더미에 빠진다.

- **'나를 위한 기금'을 만들자.** 일단 긴급 비상금이 조성되면 '원하는 것'에 눈을 돌릴 수 있다. 소소한 것에 돈을 써버리며 새어 나가게 하지 말고 진짜 원하는 것을 위해 따로 돈을 모아두자. 그렇게 하면 박탈감을 느끼지 않고 기억할 만한 보상을 얻을 것이다. 사소한 것도 다시 한번 생각해보는 방법을 익힌 어떤 여성은 간식이나 커피를 사거나 무심코 이것저것 사들이는 데 돈을 쓰지 않고 저축 계좌에 돈을 모으기 시작했다. 그녀는 가족을 방문할 항공권이나 친구와의 특별한 이벤트처럼 자신에게 더 의미 있는 일에 쓰기 위해 저축했다.

- **'필요한 것'과 '원하는 것'을 구별하자.** 누구나 새 외투나 멋진 레스토랑에서 외식하기, 멋진 자동차처럼 원하는 것이 있다. ADHD가 있든 없든, 자동차나 겨울 코트를 조금만 손보면 아직 쓸 만한데도 자신에게 새 차나 새 겨울 코트가 '필요' 하다고 쉽게 말한다. 안타깝게도 우리는 멀쩡한 옷, 책, 가구, 가재도구가 넘치는데도 조금만 닳을 기미가 보이면 내팽개쳐 '쓰레기가 넘치는 사회'에 살고 있다. ADHD 노인은 '새롭고 반짝이는' 것에 주의가 쏠려 스스로 필요 없다고 자제심

을 발휘하기 어려울 수 있다. 실제로는 감당할 수 없는데도 구매를 합리화하기도 한다. 일부 ADHD 성인은 무언가를 구매해서 그날 할 일의 부담이 조금 줄어든다고 여기면 마음속에서 '원하는 것'을 '필요한 것'으로 바꿔버린다. 너무 피곤해서 요리하기 힘들거나 그냥 하기 싫을 때 배달 음식을 주문하거나 식당에 가서 식사하는 경우가 그런 사례다.

ADHD가 있는 여성 린다는 고소득 남성과 결혼했다. 노년에 이혼하고 재량 수입이 급격히 줄자 경제적으로 감당하기 힘들어졌다. 스스로는 '괜찮아'라고 생각했지만 더 이상 값비싼 옷을 사고 고급 차를 몰거나 주말마다 외식을 하거나 극장에 가고 1년에 여러 번 여행을 갈 여유는 없어졌다. 처음에는 감당할 수 있는 것보다 더 많이 써버려서 미래의 자신을 경제적 위험에 빠뜨렸다. 린다는 점차 더욱 현실적으로 바뀌었다. 더 저렴한 집으로 이사하고 소박한 차를 몰았고, 이전의 풍요로운 삶의 상징을 버리면서 흥미롭게도 점점 더 만족하게 되었다. 잃어버린 것에서 눈을 돌려 다음에 올 것에 주목하자 그녀는 상당한 예술적 재능을 발휘하기 시작했고 지역 예술 공동체의 적극적인 구성원이 되었다. 그녀는 필요한 것과 원하는 것을 구별하는 법을 익혔고 결국 기대했던 것보다 더 만족스러운 삶을 살았다.

충동적인 지출을 피하기 위한 몇 가지 ADHD 친화적 전략
- **일주일 규칙을 만들자.** "일주일 후에도 여전히 필요하다고 생각되면 그때 사는 걸 생각해보자." 일주일 규칙은 온라인에서 쉽게 해버리는 즉각적이고 충동적

인 지출을 막을 수 있다.

- **'비상식량'을 냉동실에 약간 쟁여두자.** 요즘은 식료품점에 저렴하고 건강에 좋은 냉동식품이 많다(더 좋은 방법은 정기적으로 여분의 음식을 해서 냉동해두었다가 요리하기 싫을 때 해동해 먹는 것이다). 몇 가지만 쟁여두어도 요리하기 싫을 때 배달 음식을 주문하거나 식당에 가고 싶은 돈 드는 충동을 피하는 데 도움이 된다.
- **'스타벅스 습관'을 끊자.** 홈 커피메이커를 업그레이드하자. 어떤 여성은 지금 집에서 커피메이커를 사용하는데, 아주 맛있는 커피를 만들 수 있고 우유도 데울 수 있다고 한다. 일반 제품보다 조금 비싼 커피메이커라도 커피숍에 써버리는 비용에 비하면 극히 적다.
- **집 밖에서 일한다면 도시락을 싸자.** 매일 사 먹는 것보다 건강에 좋고 돈도 적게 든다.

▶ 은퇴 후 수익을 창출하고 저축할 창의적인 아이디어

ADHD의 긍정적인 면 가운데 하나는 ADHD가 있는 많은 이들이 눈앞에 문제가 닥쳤을 때 문제 해결 능력이 뛰어나다는 재능을 지녔다는 점이다. 몇 년 후의 은퇴 계획은 즉각적인 문제가 아니라서 거의 눈길을 끌지 못하지만, 은퇴가 다가오거나 막상 그때가 되면 창의적인 아이디어가 튀어나올 수 있다. 소득 감소에 대비할 창의적인 방법을 생각해낸 ADHD 노인의 몇 가지 사례를 살펴보자.

시간제 아르바이트

많은 은퇴자는 아르바이트가 일상에 즐거움을 더하는 반가운 일이라고 여긴다. 부수입이 될 뿐만 아니라 일상에 체계와 자극을 주기 때문이다. 아르바이트는 은퇴자들에게 흔히 위험한 사회적 고립을 줄이는 완충장치가 되기도 한다. 직원 할인이나 일부 회사가 시간제 노동자에게 지원하는 의료보험도 또 다른 혜택이다.

미국에서는 시간제 노동자에게 의료보험과 합리적인 시급을 제공하는 고용주가 점점 늘고 있다. 트레이더조Trader Joe's, 홈디포Home Depot, 로우스Lowe's, 코스트코, 스타벅스 등 많은 기업은 성숙하고 믿을 만한 성인을 시간제로 고용할 때의 장점을 깨닫고 있다. (시간제 노동자에게 의료보험을 제공하는 회사는 온라인에서 더 찾아볼 수 있다.) 누구나 은퇴 후에도 건강하게 일할 수 있는 것은 아니지만, 할 수 있는 사람들에게 이런 선택지는 점차 인기를 얻고 있다. 많은 고령자는 시간제 아르바이트에서 목적의식과 사회적 자극을 얻는 즐거움을 이야기했다.

한부모로 자신과 아들을 부양해온 ADHD 여성 세라는 모아둔 은퇴 자금이 거의 없었다. 워싱턴DC 교외에 있는 집 한 채가 전부였다. 노스캐롤라이나에서 자란 그녀는 가족들 근처로 돌아가 더 저렴한 집에서 살기로 했다. 이사하고 나자 그녀는 직장에서 사람들과 나누었던 일상적인 교류와 익숙한 높은 수입이 그리웠다. 얼마 지나지 않아 그녀는 자신이 사는 은퇴자 공동체 근처에 있는 대규모 리조트 호텔과 골프 코스를 돌아다녔다. 대체로 시골인 이곳에서 여가의 중심인 곳이었다. 며칠 뒤 그녀는 취업을 알아보았다. 세라의 지성과 외향적인 성격이 마음에 든 호텔 매니저는 그녀에게 호텔 선물 가게 아르바이트를 제안했다. 그녀는 내게 액세서리를 사러 들른 골프 스타들 이야기를 신나게 늘어놓았다. 급여가 높은 일은 아니었지만 이 일은 그녀에게 부가 수입보다 훨씬 많은 것을 주었다. 일은 그녀에게 갈 곳, 머무를 시간, 그곳에서 성취할 과업을 주었다. 일주일에 며칠 사람들과 교류할 기회도 주었다. 예상하지 못한 일이었지만 이제 일은 그녀에게 새로운 ADHD 친화적인 은퇴 생활의 하이라이트가 되었다.

자영업

자영업은 은퇴 소득을 늘리는 또 다른 방법이다. 게다가 자영업은 일할 시간과 업무량을 스스로 통제할 수 있기 때문에 상당히 매력적이다.

행복한 잡역부

ADHD 노인인 론은 은퇴 후 자신이 사는 아파트 단지에서 남편을 잃은 여성들을 위해 잡일을 도맡아 하며 먹고살았다. 사람들과 개인적인 친분을 맺고 갑자기 사소한 문제가 생겨도 열심히 도와주었기 때문에 사람들은 그를 신뢰했다. 그들은 친구들에게 론을 추천했고, 그는 은퇴한 지 1년 만에 잡역부로 매우 바쁘게 지내게 되었다. 그는 수입도 얻고 자신이 사는 플로리다 은퇴자 공동체에서 선한 목적을 이루고 있다고 느꼈다.

레저용 차량 임대

창의력 넘치는 ADHD인 션은 자신의 레저용 차량RV을 임대하기 시작하면서 높은 투자 수익을 거둘 수 있다는 사실을 재빨리 깨달았다. 차에서 지내면서 전국을 돌아다니고 싶어 RV를 구매했지만 건강 때문에 기대했던 것보다 훨씬 적게 사용하고 있었다. RV를 임대하자 놀라운 수입을 거둘 수 있었다.

버리지 말고 팔자!

젠과 마크는 둘 다 ADHD였다. 마크는 아무것도 버리지 않는 가족들과 자랐다. '언제 필요할지 모르니까'가 가훈이었다. 결혼 후에도 마크는 자기 손에 들어온 것이라면 무엇이든 버리지 못하는 가족 전통을 이어갔다. 강박장애처럼 보일 수 있지만 대체로 이런 성향은 결정을 내리기 어려워하는 ADHD 문제 때문에 발생한다. 아이들이 다 커서 독립하자 젠과 마크에게는 아무짝에도 쓸모없는 소지품이 잔뜩 남았다. 둘 다 중년 후반에 ADHD 진단을 받자 (성인이 된 아들이 진단받은 것이 계기였다) 젠은 ADHD에 대처하는 방법을 다룬 책을 엄청나게 읽었다. 타고난 연구자인 그녀는 호기심 많은 지적인 여성이었고 곧 갖가지 ADHD 지원 및 치료를 파악한 전문가가 되었다. 처음에 그녀와 남편은 불필요한 소지품을 덜어줄 정리 전문가를 고용했다. 젠은 이때 '아하!' 하고 깨달았다. 그녀는 수많은 물품을 버리는 대신 이베이나 크레이그스리스트Craigslist, 아마존에 내놓기 시작했고 사업은 빠르게 번창했다. 집 지하창고는 판매 물품 창고가 되었고 집의 나머지 부분은 점차 비워지고 정리되었다. 곧 매달 1000달러에서 1500달러 사이의 이익을 얻을 수 있었다. 그녀와 마크가 예정보다 일찍 은퇴를 맞이하게 되었을 무렵(마크는 회사가 매각되며 실직했다) 젠은 경험 많은 중고 물품 판매자로 자리 잡았고, 꽤 많은 이윤을 붙여 재판매할 수 있는 상품을 대량으로 찾는 게임을 즐기고 있었다. 그녀는 어디에서나 할 수 있는 은퇴 후 활동을 찾았고, 살면서 일어나는 사건에 따라 원하는 만큼 조절하며 일할 수 있었다.

자영업 고령자는 세금으로 얼마나 떼어놓아야 하는지 정보를 얻어야 한다. 주 소득세를 걷지 않는 곳에 거주하지 않는 한 소득의 3분의 1 정도를 주와 연방정부에 내야 한다는 사실을 기억하자. 소득이 모두 '내 돈'이라 생각하고 내야 할 세금을 써버리는 실수를 저지르지 말자. 예상 세금을 따로 빼 별도의 계좌에 넣어두고 분기별 세금을 내는 것이 가장 좋은 방법이다.

주택 공유 고려하기

주택 공유에 관한 내용은 ADHD 친화적인 은퇴를 다루는 14장에서 더 살펴볼 것이다. 주택 공유, 즉 다른 사람과 집을 공유하는 방법은 은퇴 비용을 절감하고 노년에 매우 중요한 사회관계를 제공할 수 있어 점점 인기를 얻고 있다. 주택 공유에 대해 알아보고 싶은 고령자에게 선택지는 빠르게 늘고 있다.[4]

여성 ADHD 노인인 일레인은 남편이 사망하기 전 함께 살던 집에 쭉 혼자 살고 있었다. 주거 비용이 너무 비싸다는 사실을 알았지만 떠나기는 주저되었다. 친구들과 어울리기 좋아했던 일레인은 지하에 욕실, 간이 주방, 외부 출입구가 있는 자신만의 편안한 공간을 만들었다. 그러고는 아직 지역 학교에서 일하는 친구를 통해 젊은 독신 교사들에게 위층 침실을 임대한다는 광고를 냈다. 얼마 지나지 않아 그녀는 매우 책임감 있는 젊은 여성 서너 명을 맞이했고 이들은 저렴한 공간에 살 수 있다는 사실에 고마워했다. 여성들은 서로 좋아했고 유대감을 느꼈다. 1년 후 그중 한 명이 약혼하고 이사하자 일레인은 다른 독신 교사에게 방을 임대했다. 일레인과 젊은 교사들은 1층 공용공간을 함께 썼고, 곧 그녀는 비공식 기숙사 사감 역할을 하며 젊은 여성들과 활기찬 시간을 즐겼다. 한편 주택담보대출을 상환하자 월수입은 거의 2500달러 늘었다. 악착같이 외롭게 살던 예전에 비하면 나쁘지 않았다.

월 소득을 늘리기 위한 공간 임대

주택을 소유하고 있다면 지하 공간을 장기 임대로 내놓거나 에어비앤비에 등록해 단기 임대하는 방법을 고려해보아도 좋을 것이다.

리즈에게는 1년에 몇 번씩 찾아오는 자녀와 손주들이 있었기 때문에 가족들이 왔을 때 머물 방은 남겨두고 싶었다. 그녀의 집에는 큰 지하 공간이 있어서 지하실 계단의 위아래에 문을 달아 닫아둘 수 있었다. 자녀와 손주를 위한 이 공간은 상당한 1박 비용으로 임대할 수 있는 에어비앤비로도 쓰일 수 있었다. 그녀는 에

어비앤비 호스트 일을 좋아할지 확신이 서지 않아 시험 삼아 해보기로 했다. 리즈는 편안한 지하 공간에 사람들을 맞아들이고 식당 정보를 알려주고 환영 편지와 신선한 꽃다발을 두는 등 특별한 손길을 더하는 역할을 자신이 정말 좋아한다는 사실을 알게 되었다. 그녀는 손님들에게 최고 리뷰를 받았다. 이 일을 얼마나 오랫동안 할지는 알 수 없지만 현재로서 리즈는 경제적 위기를 해결하면서 집에서 몇 년 더 지낼 수 있는 방법을 찾은 셈이다.

'타이니 하우스'로 이사하는 것을 고려하기

주택을 소유하고 있다면 경제적 안정의 가장 큰 원천은 집에서 나오는 돈일 가능성이 크다. 노인 주택 소유자는 대부분 은퇴쯤이면 주택담보대출을 갚을 수 있다. 대출이 남아 있더라도 집을 팔면 잔금이 상당한 유동 자산으로 남는다. '타이니 하우스'[5] 운동은 아주 최근에 생겼지만 빠르게 퍼지고 있는데, 이런 타이니 하우스 대부분은 은퇴자들이 구매한다. 타이니 하우스는 10만 달러 이하면 구매할 수 있다. '타이니 하우스'는 지역 건축 법규를 따르지 않으므로 모든 주에서 허용되지는 않지만 점점 많은 주가 이런 형태의 주택을 허가하고 있다.

타이니 하우스는 이동식 주택과 다르다. 대개 11~14평 정도에 2층 구조의 집이다. 어떤 건축가들은 창문을 크게 두어 공간감을 주고 외부에 베란다나 덱을 설치해 생활 공간을 확장해서 매우 저렴하고 작지만 아주 예쁜 소형 주택을 설계한다. 타이니 하우스 공동체는 미국 여러 지역에서 설계되고 건설되고 있다. 타이니 하우스 운동에 대해 자세히 알아보려면 인터넷에서 '타이니 하우스'를 검색해보자. 다음 두 개의 웹사이트도 살펴보자. https://tinylivinglife.com 및 https://tinyhouse.

세금이 적은 주로 이사하기

알래스카, 플로리다, 네바다, 사우스다코타, 텍사스, 워싱턴, 와이오밍은 개인 소득에 세금을 부과하지 않는 주이고, 나머지 중 서른여섯 개 주는 은퇴자의 과세 소득에서 퇴직 소득의 전부 또는 일부 세금을 감면해준다. 물론 낯선 곳으로 혼자 이사하기는 어렵지만 이혼한 ADHD 노인인 앨리스는 창의적인 발상을 떠올렸다.

앨리스는 필라델피아에서 멀지 않은 집 근처에서 스포츠 활동을 하며 지냈다. 그녀는 비용을 절감할 방법을 고심하면서 플로리다로 이사를 할까 생각했지만 혼자 이사하고 싶지는 않았다. 그녀는 조사를 시작했고 플로리다에서 지금의 주거 비용 일부로도 들어갈 수 있는 스포츠 중심의 '활동적인 성인'을 위한 공동체를 여럿 찾아냈다. 앨리스는 친구에게 이 '55세 이상'을 위한 활동적인 공동체를 구경하러 가자고 제안했고 가보니 다들 좋아했다. 친구들끼리 플로리다의 같은 공동체로 이사하는 문제에 관해 이야기를 나누다 보니 다른 사람들도 관심을 가졌다. 앨리스는 친구와 같은 단지에 아파트를 구매해 '6개월하고도 하루'를 살아서 플로리다 거주권을 획득했다. 플로리다에서 겨울을 보내고 돌아와 뉴저지 집을 매물로 내놓자 모임의 몇몇 회원이 관심을 보였다. 2~3년 사이에 오랜 친구들 가운데 모두 독신이고 몇몇은 ADHD가 있는 활동적인 친구들이 같은 플로리다 공동체로 이주해 왔다. 주 세금이 없고 생활비도 훨씬 저렴했으며 날씨도 너무 좋았다.

생활비가 덜 드는 나라로 이주하기

모두가 물가가 저렴한 나라로 이주할 여유가 있지는 않으며, 가족과 멀리 떨어진 곳으로 이사하기를 원치 않는 사람도 많다. 하지만 비행기를 타고 자주 집으로 돌아갈 여력이 있거나 가족이 종종 방문하도록 초대할 수 있는 사람 가운데 점점 많은 사람이 멕시코, 코스타리카, 파나마 등으로 이주해 더 좋은 기후와 저렴한 생활비를 누린다. 그러려면 '글로벌' 또는 '인터내셔널' 의료보험을 알아보아야 한다. 해외에 거주하더라도 미국에 돌아오면 메디케어 의료보험을 사용할 수 있지만 다른 나라에 사는 동안에는 글로벌 의료보험이 필요할 수 있다.

> ADHD가 있는 여성 루이즈는 나와 면담하던 당시 사별하고 애리조나주에 살고 있었다. 그녀는 젊은 시절 평화 봉사단에서 일했고 스페인어를 유창하게 구사한다고 말했다. 1~2년 후 막내가 대학을 졸업하면 라틴아메리카에 있는 외국인 공동체에 부동산을 구매할 계획이었다. 그녀는 "여기 애리조나에서는 근근이 살아야 하지만 라틴아메리카에서는 편안하게 지낼 수 있어요"라고 말했다. 그녀는 모험을 추구하고 자신을 위해 완전히 다른 삶을 찾기를 고대하고 있다.

✓ ADHD 성향 때문에 은퇴 자금을 모으기 어려울 수 있다.

✓ 은퇴 준비 자금을 관리하기 어려웠더라도 금전 상태를 개선할 수 있는 선택지가 아직 많다. 예를 들면 다음과 같다.

- 주택 공유
- 덜 비싼 집으로 이사하기
- 세금 절감하기
- 은퇴 후 수입 흐름을 만들 방법 찾기

✓ 더 나은 금전 관리 습관을 들이고 좋은 경제적 결정을 내리기에 너무 늦은 때란 없다.

✓ 당신이 지닌 ADHD 창의력을 이용하면 은퇴 후 수입을 보충할 방법이 많다.

14장
ADHD 친화적인 은퇴 생활

체계, 지원, 자극, 사회적 관계 찾기

당신 앞에는 많은 날들이 남아 있다. 이 책에서 소개한 방법을 어떻게 실행할지 익히면 당신은 훨씬 더 나은 삶의 질을 누리며 앞으로 남은 많은 날을 살아갈 수 있을 것이다. 이 마지막 장에서는 다가올 노년을 살아갈 당신을 위한 'ADHD 친화적인 환경'을 조성해 이 시기를 만족스럽고 충만하게 누릴 방법을 간략히 살펴본다.

▶ 노인을 위한 ADHD 친화적인 환경이란 어떤 것인가?

다음 페이지의 목록에 소개하는 것들을 모두 이룰 수는 없겠지만 여기에서는 ADHD 친화적인 생활환경을 구축할 때 목표로 삼아야 할 것들을 요약했다.

- **자기 수용과 자기 이해**─상담하거나 대면 또는 비대면으로 다른 ADHD 노인들을 만나며 ADHD에 대해 배우면 자신을 훨씬 잘 받아들일 수 있다.

- **당신의 ADHD를 수용하고 이해하는 가까운 사람들**─당신이 ADHD에서 어떻게 영향받는지를 당신과 함께 사는 사람들이나 가까운 사람들이 이해하고, 그저 비판하기보다 지지해주고 해결 중심적인 방식으로 당신과 교류하면 이상적이다.

- **ADHD인 '비슷한 사람들'과 관계 맺기**─대면 또는 비대면으로 ADHD가 있는 '동지' 공동체를 만나면 ADHD 노인으로 살아가는 좋은 여정을 이어나가는 데 도움이 된다. 동료 ADHD 노인들은 당신을 받아들이고 이해하며 동료애를 주고 지지해줄 수 있다. 비슷한 ADHD들을 만나면 매우 치유되고 지원받는 경험을 얻는 경우를 많이 보았다.

- **더 능률적이고 정돈된 가정 환경 만들기**─정리를 혼자 할 필요는 없지만 버겁거나 실망스럽지 않고 산만하지 않은 생활환경을 잘 유지할수록 당신에게 중요하고 즐거움을 주는 일에 더욱 집중할 수 있다.

- **스트레스 줄이기**─때로 우리는 그저 틀에 박힌 생활을 하며 계속해서 많은 스트레스를 견디고 산다. 다른 사람과 이야기를 나누면 만성 스트레스의 원인을 파악하고 삶에서 스트레스 요인을 줄이거나 없앨 방법을 찾는 데 도움을 받을 수 있다.

- **뇌를 건강하게 만드는 일상 습관 실천하기**─뇌를 건강하게 만드는 일상 습관을 실천하면 기분이 나아지고 제 역할을 할 수 있다. 이런 습관은 점차 천천히 쌓으면 되며, 굳이 '완벽'하지 않아도 인지기능과 전반적인 기능을 개선하는 데 상당한 도움이 된다.

- **규칙적인 일과 만들기**─규칙적인 일과를 만들어 자신과 가정, 요구 사항을 살

피자. 이때도 새로운 습관을 들이는 데는 시간이 걸리며 다른 사람이 체계를 잡고 지원해주어야 한다.

ADHD 친화적인 환경을 조성할 때는 체계와 지원이라는 말을 주문처럼 기억해야 한다. 부모 집에서 지내던 10대가 독립하며 제 몫을 다하는 데 도움이 되었던 체계와 지원을 잃는 것처럼, 은퇴기에 접어든 노인도 비슷한 어려움을 겪을 수 있다. 10대든 노인이든 모두 그들이 제 역할을 하도록 도와주던 체계와 지원이 갑자기 사라지면 보통 좋지 않은 영향을 받는다. ADHD 청년들이 집을 떠날 때 흔히 일상을 살아갈 준비가 부족한 것처럼, ADHD 노인들도 은퇴 생활을 맞이할 준비가 부족한 경우가 많아 체계가 없고 사회적으로 고립된 삶을 살 수 있다. 버니의 이야기가 그런 사례다.

"수년 전 대학에 가려고 집을 떠날 때 길을 잃은 듯한 느낌이 들었던 기억이 나네요. 전 진단되지 않은 ADHD였지만 집에서는 꽤 잘 지냈습니다. 부모님은 제가 해야 할 일을 상기시켜주셨고 어리석은 일이라도 하면 몇 번이나 절 구제해주셨어요. 방과 후에는 운동을 했고 친구들도 사귀었죠. 그러다 대학에 갔고 모든 것이 무너졌습니다. 때로 수업을 빼먹고 종종 새벽까지 깨어 있기도 했어요. 혼자 사는 법을 배우려면 도움이 필요하다는 사실을 깨닫기도 전에 낙제해서 퇴학당할 뻔했고요. 은퇴하고 보니 그때와 좀 비슷한 것 같아요. 은퇴 로드맵 같은 건 없잖아요. 전에는 일과가 있고 가야 할 곳과 가야 할 시간, 직장에서 해야 할 일이 있었습니다. 지금은 시간은 많은데 어떻게 써야 할지 모르겠어요. 어떤 날은 옷도 대충 입고 텔레비전을 보거나 온종일 인터넷만 하죠. 제가 생각했던 것만큼 재미있지는 않네요."

은퇴 후 길을 잃은 듯한 느낌이 드는 것은 버니만이 아니다. 갑작스럽게 아무것도 할 수 없게 된 메리의 이야기는 인생에서 체계와 지원을 잃는 것이 얼마나 위험한지 생생하게 보여준다.

메리는 전업으로 일을 하면서 두 딸을 홀로 키웠다. 쉽지는 않았지만 그럭저럭 해냈다. 25년 넘게 지역 고등학교에서 미술을 가르치며 많은 사랑을 받았다. 은퇴 후 메리는 큰딸 데버라가 사는 곳 근처로 이사하기로 했다. 이사하고 몇 달 뒤 데버라는 내게 연락해 엄마가 이사한 다음 짐도 다 풀지 않았다고 전했다. 새집에는 이삿짐들이 상자째 쌓여 있었다. 메리는 밤낮이 바뀌어 밤을 새우고 낮에는 온종일 잤다. 영양가 있는 식사도 하지 않고 간식으로 때웠다. 메리는 오랫동안 살아온 동네에서 누렸던 친숙한 일상과 사회적 만남을 잃었고 새로운 환경에서 체계와 지원을 얻을 방법을 찾아야 했다. 그녀는 식사, 활동, 사회적 만남을 제공하는 노인 생활 지원 단지로 이사하면서 해결책을 찾았다.

▶ 체계와 지원은 뇌를 건강하게 만드는 일상생활 습관을 유지하는 데 도움이 된다

MENDSS 습관(마음챙김, 운동, 자연, 식이, 수면, 사회적 관계)을 기억하는 가? MENDSS 습관은 9장에서 설명한 뇌를 건강하게 만드는 일상생활 습관이다. 운동하고 사람들을 사귀고 자연을 만나도록 돕는 체계가 일상에 있다면 이런 활동을 할 가능성이 훨씬 크다. 체계와 지원은 고령자 생활 시설에서 얻을 수도 있고 산책 친구를 만들거나 고령자 운동 모임에 참석하는 등 일상적인 방법으로 얻을 수도 있다. 대면 또는 비대면 고령자 명상 수련이나 요가 모임에 참석하면 명상이나 스트레스를 줄이는 여러 도구를 생활에 끌어올 수 있다. 요리가 너무 부담스럽다면 요즘 널리 퍼진 식단 서비스를 이용해 건강한 식습관에 도움을 받을 수 있다.

▶ 정리하고 단순화해서 중요한 일에 집중하자

평생 모아온 물건 때문에 버겁다고 느끼는 성인이 너무 많다. 내가 만난 노인들 가운데에는 무엇보다 부모가 살림을 정리하지 않고 세상을 떠나는 바람에 불필요한 물건이 홍수처럼 생활 공간에 흘러들어와 수많은 결정을 내려야 하는 이중고를 겪는 경우가 많았다. 특히 ADHD라면 이런 일이 버거워져서 손을 놓아버리기 쉽다. 정리를 수월하게 하기 위해 해 볼 수 있는 몇 가지 방법을 살펴보자.

정리 전문가 고용하기

정리가 버거울 때 여력이 된다면 정리 전문가를 고용하는 일이 훌륭한 투자가 될 수 있다. 노인의 살림 정리를 돕는 일을 전문으로 하는 정리 전문가도 있다. 그저 옆에 누군가가 함께 있고, 적절한 질문을 던지며 그 일에 집중할 수 있도록 도와주기만 해도 상황이 크게 달라질 수 있다. 많은 정리 전문가는 불필요한 물건을 집에서 치우고, 남은 물건을 버리기 전에 최대한 기부하거나 재활용하는 서비스도 제공한다.

은퇴자 공동체로 이사해 살림 줄이기

일부 적극적인 성인 공동체는 임대 또는 구매하려는 집의 도면(침실 두 칸, 작은방 딸린 침실 한 칸 등)을 이용해 새 공간을 신중하게 측정하고 무엇이 들어갈 수 있을지, 심지어 어디에 가구를 배치해야 공간을 최대한 활용할 수 있을지 결정하는 서비스를 제공하기도 한다.

> 클레어는 집 안 물건이 너무 버거웠다(그녀와 남편은 둘 다 쓸데없는 물건을 쌓아두는 수집가였다). 나는 그녀에게 작은 집으로 이사해 살림 규모를 줄이는 일을 돕는 정리 업체를 이용하라고 권했다. 전문가들은 그녀가 옷과 개인 소지품을 꾸리고, 새 아파트의 작은 부엌에서 사용할 수 있는 몇 가지 접시, 그릇, 유리잔, 냄비, 프라이팬을 싸도록 도왔다. 옮겨 갈 가구에는 꼬리표를 붙였다. 클레어는 이삿짐 트럭을 따라 비교적 멀지 않은 곳에 있는 여유 있고 안락한 '55세 이상' 공동체의 새 아파트로 이사했다. 짐을 풀고 나자(많은 것을 가져오지 않았기 때문에 쉽게 할 수 있었다) 그녀는 오랫

동안 살았던 낡고 큰 집에 다시 관심을 돌릴 수 있게 되었다. 매매 계약을 담당한 부동산 중개인은 집을 정리하려고 창고에 보관한 몇 가지 물건과 남은 가구를 이용해 집을 팔 준비를 해두었다. 필요 없는 물건은 기증하고 재활용하는 서비스를 이용해 남은 물건을 수거해 가도록 주선하는 일도 도맡아주었다. 자, 이제 클레어는 평생 모아온 물건을 분류하는 번거로운 일에서 한 발 벗어날 수 있었다. 1년도 넘게 그녀에게 마음의 짐이 되었던 일이었다.

가족이나 친구의 도움을 받아 정리하고 버리기

정리 전문가를 고용하거나 이런 서비스를 제공하는 은퇴자 공동체로 이사할 여력이 없는 사람도 많다. 그렇다면 도움을 줄 가족이나 친구를 찾아보자.

ADHD 여성 노인들의 자조 모임을 이끈 적이 있다. 그들이 마주한 큰 문제 가운데 하나는 통제 불능의 혼란이었다. 서로를 재빨리 파악하고 신뢰하게 된 그들은 그룹 보고 모임에서 웃고 미소 지으며 각자의 집에서 큰 짐이었던 '들어내기'를 서로 돕기 시작했다고 말했다. ADHD가 있는 많은 사람들은 자기 물건보다 다른 사람의 물건을 들어내고 버리기가 훨씬 수월하다고 말한다.

하지만 모두가 운이 좋아서 일생일대의 들어내기를 해주거나 기꺼이 도와줄 성인 자녀를 둔 것은 아니다.

한 여성은 세 자녀를 불러 자신이 작은 은퇴자 아파트로 들어갈 때 가지고 가려고 남겨둔 몇 가지 물건을 제외하고 원하는 것은 모두 가져가라고 했다. 그녀는 더 이상 어린 시절 물건이나 가족 유품을 보관할 수 없으니 자녀들이 가져가지 않은 것은 모두 버릴 것이라고 말했다. 아들은 와서 도와줄 시간이 없고 가재도구는 필요하지 않다고 말했다. 두 딸이 주말 내내 와서 가족에게 기념이 될 만한 물건을 여럿 가져갔지만, 덜어내고 버려야 할 것 대부분은 여전히 그녀의 몫이었다. 그녀는 최대한 기부하고 재활용한다고 광고하는 지역 청소 회사에 연락했다. 서비스 가격은 그리 비싸지 않았고, 작은 은퇴자 임대아파트의 침실과 거실에 둘 옷과 주방용품, 가구 몇 가지를 제외한 가재도구를 다 빼는 데 몇 시간밖에 걸리지 않았다. 추억 어린 물건들을 딸들에게 주었기 때문에 남은 살림살이를 줄이는 일은 생각보다 훨씬 쉬웠다. 그녀는 청소 업체 직원과 함께 방을 돌아다니며 치우고 싶은 것을 가리켰다. 청소 업체 직원이 같이 있는 동안 재빨리 결정을 내려야 한다고 압박받으니 과정이 한결 수월했다. 일이 끝나자 아들은 트럭을 빌려 남은 물건을 새 은퇴자 주택으로 옮겨주겠다고 제안했다.

▶ 직장을 그만두고 은퇴기로 접어드는 ADHD 친화적인 전환

은퇴로 접어드는 일은 누구에게나 어렵지만 ADHD 성인에게는 이런 어려움이 더욱 배가된다. 일하는 시기는 우리에게 체계와 이미 짜인 사회생활, 목적의식을 준다. 하지만 일단 은퇴해서 이런 것들이 사라지면 공허를 채우기 어려워하는 사람이 많다. ADHD 노인들은 보통 체계와 자극을 추구하지만 스스로 이런 것을 만들기는 어렵다. 많은 이들은 과식, 과음, 온라인쇼핑, 소셜 미디어 남용, 텔레비전 과다 시청 등 기본적인 자극에 의존한다. 직장을 그만두고 은퇴기로 접어드는 전환은 손바닥 뒤집듯 쉬운 문제가 아니다. 그러므로 천천히 체계를 만들기 시작하고 건강한 자극제를 찾으며 은퇴 뒤 목적의식을 주는 다른 활동을 일구는 편이 낫다. 일부 ADHD 고령자들이 사용한 점진적인 은퇴 방식을 살펴보자.

어떤 사람들은 은퇴가 가까워지면서 점차 근무 시간을 줄이거나 일하는 방식을 바꿀 수 있다. 자영업자라면 은퇴 과정을 더욱 점진적으로 통제할 수 있다.

> 행크는 거의 30년 동안 가족 사업체에서 일했다. 그는 필요한 만큼 계속 회사에 있으면서 새로운 소유주를 안내하고 교육하며 회사 단골들에게 소개한다는 계약을 맺고 회사를 매각했다. 처음에는 이런 상황이 불만스러웠지만 몇 달 뒤 행크는 그런 계약이 서로에게 윈윈이었다는 사실을 깨달았다. 항상 꿈꿔왔던 장거리 자전거 여행을 포함해 흥미진진한 여행을 계획할 시간이 생겼고, 오래 일한 회사에서 새로운 역할을 맡게 되어 기분이 좋았다. 그는 은퇴에 살짝 발을 담그면서 전문가라는 정체성을 유지했다.

> 앨리스는 자금이 부족한 비영리단체의 편집자이자 프로젝트 관리자로 매우 힘들게 일했다. 항상 적은 비용으로 더 많은 일을 하려고 애쓰느라 모든 직원이 영향받았지만 특히 앨리스가 더 그러했다. ADHD 치료사는 그녀에게 직장에서 스스로 자기편이 되어

주라고 격려하며 직장을 완전히 은퇴하기 전 1년 동안 집에서 시간제로 일하면서 서서히 은퇴하라고 제안했다. 이는 앨리스와 고용주에게 윈윈이었다. 그녀는 1년간 후임자를 교육하고 지원하는 동시에 점차 직장을 벗어나 은퇴 시기에 주목할 시간을 가졌다. 편집자였던 그녀는 항상 책을 쓰고 싶었다. 몇 년이나 머릿속에 아이디어가 맴돌았지만 직업상 할 일이 많아 정작 자신의 글을 쓸 시간이나 여력이 없었다. 이 전환기 동안 그녀는 조금씩 글쓰기를 시작했고 1년쯤 지나 정년퇴직하면서 본격적인 글쓰기 모드에 들어갔다.

체이스 역시 점진적인 은퇴를 선택했다. 그는 아버지가 시작한 고급 철물점 체인에서 평생 일하며 성공적으로 가업을 이었다. 그와 형은 아버지에게서 사업을 물려받았고 이제 다음 세대가 사업을 이어받을 차례였다. 체이스는 활력 넘치는 ADHD였고 오히려 과하게 활동적인 편이었다. 그는 "저는 일주일에 며칠 골프나 치는 정도로는 부족할걸요"라고 설명했다. 하지만 건강이 좋지 않은 형은 완전히 은퇴하고 싶어 했다. 체이스는 점진적인 변화를 꾀했다. 역할을 명확하게 하여 관리 권한을 중년의 아들과 조카에게 넘겼고 자신은 영업과 신제품 소개, 고객을 매장으로 끌어들이는 특별 이벤트 기획을 맡았다. 그는 다양하지만 스트레스를 적게 주는 새로운 업무를 좋아했고 이 직책을 맡아 좀 더 오래 일하고 싶다고 기대했다.

아르바이트하기

13장에서는 은퇴하고도 경제적 문제로 부수입을 벌어야 하는 ADHD 노인 이야기를 썼지만, 아르바이트가 좋은 선택인 데에는 다른 이유도 있다. 아르바이트는 자극, 목적의식, 사회적 관계를 준다.

교사로 일하다 은퇴한 마사는 고향에서 가까운 남부의 가족 근처 동네로 이사했다. 그녀는 침실이 두 칸 딸린 소박한 목장 집을 구매했다. 옛 친구들이 가끔 찾아왔지만 전에 살면서 일하던 워싱턴 DC는 차로 다섯 시간 떨어진 곳이었다. 몇 년 사이 친구들의 방문은 점차 뜸해졌고 그녀는 외로움과 고립감을 느끼기 시작했다. 한 친구의 제안으로 그녀는 관광객이 많이 찾는 인근 작은 마을에서 아르바이트를 시작했다. 그녀는 역사 여행 가이드 훈련을 받고 매주 몇 시간 일했다. 일주일에 스무 시간 하는 일은 부수입과 일상의 체계를 제공해주었고, 사람들과 교류하기를 즐기는 그녀에게 사회적 출구가 되어주었다.

계속 일하기 — 제2의 직업이나 오랫동안 미뤄두었던 관심사 시작하기

조 앤 젱킨스Jo Ann Jenkins는 최근 베스트셀러인《나이듦, 그 편견을 넘어서기》에서[1] 사회가 노화(및 은퇴)를 오늘날의 관점에서 바라보기 시작하는 일이 매우 중요하다고 논했다. 은퇴라고 하면 '난롯가에 앉아 스웨터를 뜨는' 비틀스 노래에 나오는 이미지를 떠올리다가 따뜻한 남서부로 이주해 골프를 치는 이미지로 점차 바뀌었지만, 이제는 그마저도 시대에 뒤떨어져 보인다. 50세 이상을 위한 대규모 지원 단체인 AARP의 CEO인 젱

킨스는 다음과 같이 썼다. "우리는 자신과 내면의 삶을 바라볼 때 노화가 쇠퇴라는 관점에서 노화는 지속적인 성장이라는 관점으로 바꿔보아야 한다."

조기 퇴직은 많은 사람에게 세상에서 당신이 '해냈다'고 알리는 지위의 상징이었다. 돈이 충분해 더 이상 일할 필요가 없다는 의미였다. 하지만 돈을 버는 것은 일하는 이유 가운데 하나일 뿐이다. 사회적 만남, 지역사회에 이바지한다는 만족감, 지적 자극, 목적의식 등 다른 이유도 많다. 이와 함께 ADHD가 있는 사람은 자칫 체계 없고 생산성 부족할 수 있는 날들에 더욱 필요한 체계를 얻을 수 있다.

많은 사람, 특히 ADHD인 사람은 일에서 큰 만족을 얻지 못했을 수 있다. 상당히 많은 ADHD 노인은 직장 스트레스가 너무 커서 정신적·육체적 건강이 위험해졌다고 말했다. 이런 사람들도 직장을 떠나지 말아야 한다는 뜻은 아니다. 내가 주장하는 바는 일과 은퇴를 이분법적으로 생각하지 말아야 한다는 의미다. 은퇴를, 항상 꿈꿨던 다른 일을 할 기회라고 여기면 어떨까? 일은 돈을 벌기 위한 수단이 아니라 삶에 의미, 목적, 자율성, 만족을 주는 활동이 될 수 있다. 제2의 직업 또는 오랫동안 미뤄온 꿈을 진지하게 추구하는 것은 이런 일이 될 수 있다. 제2의 직업을 통해 우리는 수입을 극대화해야 한다는 걱정을 덜고 자기만족에 집중할 수 있다.

▶ ADHD 친화적인 주거 선택하기

더욱 ADHD 친화적인 주택으로 이사하기

활동적인 성인 공동체에서 잘 지내는 ADHD 노인이 많다. 이런 시설은 일반적으로 다양한 만남, 모임, 활동을 제공한다. 계획하거나 구성할 것은 아무것도 없다. 참석하기만 하면 된다. 관심사가 많지만 활동을 조직하기가 어렵거나 마음 맞는 사람을 찾기 어려운 ADHD 노인에게는 이런 시설이 적합하다. 노인을 위한 여름 캠프 같은 곳이다.

이와 달리 다른 많은 고령자처럼 오랫동안 살아온 집에 남아 '그 자리에서 늙어가는' 편을 선호할 수도 있다. 하지만 나이가 들며 그 자리에서 늙어가는 것은 여러 가지 이유에서 ADHD 친화적이지 못한 선택지일 수도 있다는 점을 이해해야 한다.

- 원래 살던 집에서 혼자 살면 지속적인 유지 보수와 수리가 필요한데, 이런 일에는 흔히 노인들에게 부족한 실행기능 기술이 필요하다.
- 원래 살던 집에서 혼자 살면 오랜 친구나 이웃이 이사하거나 세상을 떠나면서 사회적 고립이 심화하는 경우가 많다.
- 원래 살던 집에서 혼자 또는 노부부로 살면 55세 이상 사람들을 위해 설계된 공동체에서 제공하는 체계와 지원을 전혀 받을 수 없다.

특히 ADHD라면 이사한다는 생각만으로도 버거울 수 있다. 이제껏 쌓아온 물건을 모두 처리해야 한다는 사실이 두려울 수도 있다. 게다가 이사를 하려면 많은 결정을 내려야 한다. 이사할 여유가 되는 곳은 어디일까? 여기 있을까 아니면 자녀들 가까운 곳으로 이사할까? 통합 요양 시설로 옮길까? 활동적인 노인 공동체로 이사해야 할까? 자녀 집으로 들어갈까? 플로리다로 갈까? 혼자 의사결정을 내리려 하다 보면 흔히 갑자기 건강이 악화하여 급하게 계획 없는 결정을 내려야 할 때가 되기 전까지 아무 결정도 내리지 못하고 내버려두게 된다.

어디에서 어떻게 살지 고려할 때 ADHD 친화적인 생활환경은 당신이 습득하고 유지하고자 하는 일상 습관을 자연스럽게 제공하고 지원하는 환경이어야 한다는 사실을 명심하자. 보통 모두 스스로 해결해야 하는 상태로 상당히 고립되어 혼자 사는 것보다는 건강한 식사, 자극을 주는 활동, 운동 기회, 사회적 관계 등을 갖는 것이 더 ADHD 친화적인 선택지다. 보조금을 받는 노인주택이나 주택 공유는 비용이 적게 드는 방법이다. 미국에서는 노인, 특히 여성들이 다른 고령자를 찾아 집을 공유하고 함께 식사하는 움직임이 늘고 있다. 에이미 클라크Amie Clark는 '노인의 주택 공유: 노인 케어의 미래Elder Cohousing: The Future of Eldercare'라는 기사에서 이 내용을 자세히 다뤘다.[2] 더 일반적인 (그리고 보통 더 비싼) 선택지에는 55세 이상 성인을 위한 활발한 공동체와 통합 생활 지원 공동체가 있다.

▶ 은퇴 후 관계와 목적 찾기

공동체 관계와 목적의식은 많은 은퇴자, 특히 은퇴 전 목적의식과 공동체 의식이 이미 떠나온 직장과 연결된 사람에게 중요하다. 내가 면담한 한 남성은 이렇게 말했다. "은퇴하고 나니 여전히 관계 맺고 있다는 생각을 갖기 어렵네요."

종교 단체에서 적극적으로 활동하기
내가 면담한 많은 노인은 종교 활동이 사회생활의 중심이 되었다고 말했다. 어떤 사람은 주말 예배와 주중 모임에도 참석한다. 활력 수준이 높고 자극에 대한 요구가 높은 이들은 다양한 모임 활동에 참여한다.

어떤 자원봉사에 참여할지 결정할 때 당신이 ADHD라는 사실을 고려하는 것이 중요하다. 계획과 체계화 기술이 필요한 역할은 잘 맞지 않을 수 있다. 이미 고정된 활동에 뛰어들어 도움을 주는 편이 보통 낫다. 내가 면담한 메리라는 여성은 정원 가꾸기를 좋아해서 교회 주변 조경을 관리하는 일에 자원했다. 하지만 그녀는 자신의 한계를 잘 알았다. 그녀는 제초, 멀칭, 식물 심기를 돕지만 교회 시설 관리 예산을 책정하는 데는 관여하지 않는다.

자원봉사 참여하기

의미 있는 봉사활동을 찾기 어려울 수 있다. 자원봉사 활동이 주로 다른 봉사자들과 교류하는 수단이었다고 말하는 사람들이 아주 많다. 봉사활동 자체는 투표소에서 사람들을 확인하거나 이벤트 준비를 돕는 등 단순 작업이어서 그다지 끌리지 않았다고 말했다.

전문 직업에 종사했다면 자원봉사 활동에서도 어느 정도 책임과 자극을 갈망할 것이다. 노인 자원봉사 목록을 살펴보는 대신 다른 접근법을 사용해보자. 당신이 지지하는 사명을 내건 조직을 찾아 그 조직에 연락해 당신이 이바지할 수 있을지 알아보자. 배경에 따라 당신은 어려움을 겪는 비영리단체의 훌륭한 이사가 될 수 있다. 가령 회계나 재정 관리 경력이 있다면 비영리단체에 귀한 재무 담당 역할을 해줄 수도 있다.

베티는 은퇴하기 전 일했던 조직에서 사내 뉴스레터 만드는 일을 했다. 은퇴하고 보스턴 외곽 마을에 있는 지역 노인센터에 연락해 그들이 제공하는 다양한 활동에 대해 알아보던 베티는 직원과 대화하다 그들이 꺼낸 월간 뉴스레터 이야기에 귀가 쏠렸다. "제가 잘할 수 있는 일이 바로 여기 있네요." 그녀는 전에 뉴스레터를 만들었던 경험을 언급하며 자신이 편집과 레이아웃 방법을 잘 알고 있으며 일하던 직장에서 직원 뉴스레터에 기사를 쓰기도 했다고 말했다. 항상 일에 치이고 자금이 부족했던 센터 직원은 베티가 도움이 될 수 있겠다고 생각하고 즉시 관심을 표했다. 1년 만에 그녀는 뉴스레터를 담당하게 되었고, 지역 노인들의 인간미 넘치는 이야기를 찾아내기 위해 동네를 탐색하는 일을 매우 즐기게 되었다. 그뿐 아니라 뉴스레터 편집자로서 지역 시설을 방문하고, 뉴스레터에 광고를 게재하는 지역 가게에서 노인에게 할인을 제공하도록 협상했다. 직장에 다니던 동안에는 전혀 그럴 짬이 없었지만 자원봉사 활동은 베티가 지역사회에 스며드는 데 도움을 주었다. 그녀는 자신이 잘하고 좋아하는 일을 하고 있다. 삶의 의미를 찾았고 그 어느 때보다 사회적 관계를 많이 맺었다.

또 다른 ADHD 여성인 엘런은 영어 교사로 일하다가 은퇴하고 지역 소년원에서 자원봉사를 했다. 그곳에서 그녀는 독서 모임을 시작했고 모임은 점차 인기를 얻었다. 그녀는 젊은 재소자들이 지금까지 그녀가 만난 가장 열정적이고 헌신적인 학생들이라고 말했다. 그녀는 자유와 유연성이 많은 일을 좋아하지만 매주 두 시간씩 소년원에서 일하는 시간이 일주일의 하이라이트라고 말했다. 그녀는 계속 청년들을 가르치면서 문학에 대한 자신의 관심사를 공유할 수 있었고, 젊은 재소자들의 삶에 공헌하는 일이 지역 고등학교 임시교사로 일하는 공헌보다 훨씬 더 크다는 사실을 깨달았다.

시니어 과정 수강하기

이탈리아어를 배우거나 회고록을 쓰는 일을 꿈꿀 수 있지만, 그런 프로젝트의 핵심은 첫째도 체계, 둘째도 체계, 셋째도 체계다. 많은 지역사회에서는 노인을 위해 특별히 고안된 과정을 제공한다. 지난 10여 년간 수행된 많은 연구에 따르면 고령자들이 꾸준히 배우면 전반적인 웰빙과 삶의 질이 더욱 개선된다.[3] 컴퓨터 기술을 더욱 향상하고 싶어 하는 노인이 많다. 체계적인 수업을 받으면 ADHD 고령자들이 계속 잘 살아나가는 데 도움이 되는 체계를 얻을 수 있다. 도움을 받을 곳은 많다. 다음은 당신이 시작해볼 수 있는 몇 가지 과정이다.

- **오셔 평생학습기관**Osher Lifelong Learning Institutes, OLLI — 미국 전역 회원 대학은 숙제나 시험이 없는 비학점 과정을 제공한다. 마지막으로 확인한 바에 따르면 120개 교육기관이 참여하고 있으며 이런 과정은 점점 인기를 얻고 있다. 수업은 대학 교수진이 가르칠 수도 있고, 종종 OLLI 참가자이면서 공유하고 싶은 특정 전문 분야가 있는 다른 노인이 가르치기도 한다. 수업은 일반적으로 6주에서 8주 동안 진행되며 그동안 관심사가 비슷한 다른 노인들과 만날 좋은 기회를 얻을 수 있다.
- **커뮤니티 칼리지 과정** — 지역 커뮤니티 칼리지에 문의해보자. 요즘 커뮤니티

칼리지는 대부분 60세 이상 노인들에게 무료 과정을 제공한다. 일부 대학은 고령자들이 무료로 비학점 과정을 들을 수 있도록 허용하기도 하고, 다른 대학은 학점을 딸 수 있는 무료 과정을 제공하기도 해서, 대학 교육을 이어가기를 고대해왔던 고령자들에게 좋은 기회가 된다.

- **시니어 플래닛 AARP**Senior Planet AARP — 무료 온라인 수업 및 워크숍에 등록할 수 있는 두 곳이 있다.

  ○ **시니어 플래닛 예정 이벤트** — https://seniorplanet.org/classes/.

  ○ **AARP 가상 커뮤니티 센터**AARP's Virtual Community Center는 고령자들에게 무료 온라인 수업을 제공한다. https://local.aarp.org/virtual-community-center/.

▶ 은퇴를 준비할 때 사회 지원망의 중요성

나를 알고 돌봐주고 받아주는 사람을 찾기란 절대 쉽지 않은 일이지만 ADHD에게는 특히 어려울 수 있다. 은퇴한 사람들은 이미 조직된 은퇴 공동체나 예술 공동체, 골프 공동체처럼 공통 관심사나 필요를 기반으로 한 공동체를 찾는다.

ADHD 노인은 보통 다른 성인보다 자신에게 맞는 곳을 찾기가 더욱 어렵고 그 결과 고독과 고립 문제를 겪는다. 노인 ADHD 자조 모임을 찾거나 만드는 일은 자신에게 맞는 곳을 찾는 좋은 출발점이 될 수 있다. 다행히도 밋업 그룹은 온라인에서 만들기 매우 쉽다. 'ADHD 노인' 같은 주제만 있으면 되고, 만날 시간과 장소만 정하면 된다. 어떤 남성은 30년을 함께한 아내가 이혼을 요구하자 이사했다. 화창한 날씨를 좋아한 그는 지역사회에서 친구를 찾을 수 있기를 기대하며 서부 노스캐롤라이나에 정착했다. 그는 밋업 그룹 세 개를 만들었다. 하나는 ADHD 노인 모임, 다른 두 개는 관심 있는 주제를 토론하는 모임이었다. 이런 그룹을 만들기 시작하며 그는 이사한 지 몇 달 만에 친구들을 여럿 사귈 수 있었다.

수줍음이 많거나 사회적으로 어색함을 느끼거나 모임을 시작하기 어려운 사람이 보통 사회적 관계를 맺는 가장 좋은 방법은 다양한 모임과 활동을 제공하는 은퇴 공동체를 찾는 것이다. 일단 찾으면 할 일은 아무것도 없다. 참석하기만 하면 된다.

사회적 관계를 유지하는 일은 매우 중요하다. 어떤 사람은 일주일에 한 번만 만나도 충분하지만 매일 만나야 하는 사람도 있다. 하지만 사회적 관계는 우리 모두의 좋은 건강과 뇌 기능에 필수적이다. 가족과 멀어지고 직장 기회를 따라 계속 이사하면서 현대 사회에서 외로움은 점점 큰 문제가 되고 있다. 최근 연구에서 입증된 것처럼 외로움은 특히 노년층에서 극심하며, 우울, 스트레스 호르몬 과다, 수면 장애, 건강 악화, 수명 단축과 직접 연관된다.[4] 점점 더 많은 노인, 특히 주로 여성들이 택하는 실행 가능하고 저렴한 선택지인 주택 공유는 사회적 고립을 해결하는 강력한 해독제가 될 수 있다.

▶ ADHD 관리법을 배우는 일은 언제나 진행 중

ADHD는 매우 다양한 방식으로 영향을 주지만 ADHD를 안고 사는 삶에 스트레스를 더하는 요인을 전부 바꿀 수는 없다. 하지만 인생의 스트레스 요인에 대처할 긍정적인 문제 해결 방법을 개발할 수는 있다.

1단계

바꾸고 싶은 사항을 나열하자. 이 목록을 만들 때 함께 브레인스토밍할 사람이 있는가? 당신을 잘 알지만 당신처럼 버거운 느낌을 받지 않는 사람의 관점에서 자신을 바라보면 도움이 된다. 혼란스럽고 어디서부터 시작해야 할지 모르겠다면 유용한 피드백을 줄 수 있는 사람과 목록을 두고 이야기해보자.

예를 들어 이런 식의 목록을 짜보자.

나는 다음과 같은 일을 해야 한다.

- 집을 들어내어 정리해야 하지만 불가능하고 너무 버겁게 느껴진다.
- 재정 상태를 정리해야 한다. 부수입을 벌어야 할까, 월 지출을 줄여야 할까?
- ADHD에 대해 자세히 알아보고 같은 길을 걷는 다른 노인들과 이야기한다.
- ADHD에 대해 더 알아보고 변화를 이루는 일을 도와달라고 파트너/가족에게 지원을 요청한다.
- 합리적이고 건강한 규칙적 일과를 만든다.
- 내 건강 문제를 생각해보고 곧 돌봄과 지원이 더 필요해지지 않을지 살핀다.
- 삶에 더 많은 사람들과 활동을 더한다.

2단계

ADHD 친화적인 은퇴 생활을 만들기 위해 무엇을 가장 먼저 바꾸어야 하는지 우선순위를 정하자. '한꺼번에'는 성공률이 가장 낮다는 점을 기억하자. 한 번에 하나만 하자!

친구나 가족, 코치와 이야기하며 목록의 우선순위를 정할 수 있다. 당신을 잘 알면서 계획하고 우선순위 정하는 일을 도와줄 사람을 선택하자.

당신의 삶에 무엇이 부족해 주변 환경이 ADHD 친화적이지 못하게 되는가? '올바른 방향으로 나아간다고 느끼려면 무엇이 도움이 될까?' 자문해보자.

3단계

필요한 변화를 시작할 체계와 지원을 찾자. 다음과 같은 것을 참고하자.

- 규칙적으로 운동할 필요를 도와줄 산책 친구
- 집 정리를 시작하기 위해 서로 도울 정리 친구
- 문제 해결을 도와줄 친구나 가족
- 더욱 ADHD 친화적인 은퇴를 준비하려는 노력에 도움이 될 만한 이해, 지원, 제안을 더해줄 ADHD 노인 지원 온라인 자조 모임

이 장의 핵심 교훈

노인 ADHD에 친화적인 환경을 만들려면 다음과 같은 사항을 기억하자.

✓ 체계와 지원을 찾을 방법은 많다. 전문 코치, 정리 전문가, 치료사를 고용할 여력이 없다면 친구, 가족, ADHD 공동체 구성원의 지원을 찾아보자.

✓ 체계, 지원, 사회적 관계, 자극을 줄 수 있는 노인주택 선택지를 찾자.

✓ ADHD 친화적인 삶을 만드는 일은 언제나 진행 중이다. 모든 것이 단번에 '고쳐지지' 않는다고 낙담하지 말자.

✓ 자신에게 관대해지자! 나를 격려하고 작은 목표를 설정하고 기대에 미치지 못해도 용서하고 다시 시작하자.

✓ 오랫동안 자연스럽게 얽매였던 부정적인 생각을 잡아내 바꿔 말해보자. "또 시작이네, 내가 항상 그렇지 뭐!"라고 말하지 말고 이렇게 말해보자. "그래, 또 이런 패턴에 빠졌지만 좋은 방향으로 나아가고 있어."

당신에게 보내는 메시지

이 책을 읽으며 ADHD가 노인에게 어떤 영향을 미치고 어떤 접근법이 보탬이 될지 이해하는 데 도움이 되었기를 바란다. 무엇보다 당신이 ADHD 노인이거나 ADHD일 수 있다고 생각한다면 이 책을 읽으며 당신의 필요를 더욱 잘 이해하고 당신에게 맞는 ADHD 친화적인 환경을 만들 방법을 찾게 되었기를 바란다.

이 책은 ADHD 노인을 다루며 ADHD 노인을 위해 쓴 첫 책이다. 모든 답을 아는 척하지는 않겠지만 이 책에서 나는 ADHD를 치료하는 과정에서 노인들을 만나며 알게 된 점과 그들에게서 보고 들은 것을 내가 아는 한도 내에서 최선을 다해 공유하려 했다.

당신에게 보내는 메시지는 간단하다. ADHD '치료'는 약물을 복용하거나 코치와 노력하는 일에만 한정되지 않는다. 보통 둘 다 상당히 도움이 되기는 한다. 하지만 사회적 관계, 체계, 지원에 대한 필요를 충족할 환경을 조성하거나 찾고, 뇌에 좋은 일상 습관을 들이는 것 역시 중요하다. 특히 ADHD가 있는데 고립되어 사는 노인은 우울하고 외로워지고 건강이 나빠질 위험이 있다.

도움이 필요하면 주위를 둘러보자. 주변이 정리되지 않아 숨이 막힌다면 정기적으로 도움을 받아 어느 정도 합리적인 수준으로 정돈된 집 상태를 유지하자. 신체적으로 자신을 잘 돌보지 못한다면 규칙적으로 수면을 취하고 운동하며 건강한 식습관을 들일 방법을 찾아보자. ADHD 자조 모임에 가입하거나 ADHD 코치를 만나고 이런 체계를 제공하는 공동체에 가입해보자. 지역 시니어 센터에도 참여해보자. 사회적 고립에 빠져 허우적대며 자신을 돌보지 못하고 목적의식이 없다고 자신을 비난하지 말자. 그러는 대신 환경을 바꾸려 노력해보자.

ADHD가 있는 사람은 일이나 자원봉사를 하고 우정을 쌓으며 다양한 활동을 할 수 있는 활발한 성인 공동체에서 살면 일상에서 체계를 갖고 더욱 잘 지낼 수 있다. ADHD를 안고 사는 노인으로서 더욱 만족스러운 삶을 이끌어가기 위해 당신이 할 수 있는 일은 많다.

부록 A

ADHD 노인의 자가 보고 설문지

캐슬린 네이도

지시: 각 항목에 0에서 5까지 점수를 매겨 응답합니다. 0은 '전혀 그렇지 않다', 5는 '매우 그렇다'를 나타냅니다. 4나 5로 평가하는 항목은 현재 당신의 생활에서 치료사, 코치, 정신과 의사와 함께 집중해서 살펴야 할 문제입니다.

이 설문지는 진단 목적으로 사용할 수 없습니다. 당신을 치료하는 담당 전문가와 함께 살펴보며 체계적인 면담의 일부로 사용해야 합니다.

중년	현재	증상
		전반적으로 스트레스가 많다
		정신이 딴 데 팔렸다
		들은 것을 잘 잊어버린다
		시간이 없는데 '하나만 더' 하고 싶은 충동이 든다
		막판에 허둥대는 경향이 있다
		돈 관리가 어렵다
		청구서를 제때 납부하기 어렵다
		세금 신고를 제때 하기 어렵다
		문서 작업이 어렵다
		충동구매 경향이 있다
		주변을 어지른다

중년	현재	증상
		대화할 때 다른 사람 말에 끼어드는 경향이 있다
		업무를 완수하기 어렵다
		물건을 제자리에 갖다 놓지 않는다
		시간관념이 없다
		하루 계획을 수립하기 어렵다
		하루 계획을 지키기 어렵다
		식사를 계획하기 어렵다
		식사 준비가 어렵다
		친구들과 계속 연락하기 어렵다
		친구들과 갈등이나 오해가 있다
		너무 많은 프로젝트를 한꺼번에 한다
		결혼생활이나 가까운 관계에서 갈등이 있다
		초조하다
		올빼미족인 경향이 있다
		일정이 들쑥날쑥하다
		디지털 기기에 너무 많은 시간을 할애한다
		규칙적으로 운동하기 어렵다
		가족 갈등이 잦다
		버거운 느낌이 든다
		과식을 하고/하거나 야식을 먹는다
		건강한 체중을 유지하기 어렵다
		우울하다/낙심한다
		불안하다/걱정한다
		지루하다/안절부절못한다
		술을 마신다
		흡연한다
		전반적인 삶의 만족도가 낮다

부록 B
ADHD 약물의 이점 및 부작용 추적 양식

아래 차트를 작성해 의사와 함께 살펴보면 당신과 의사가 함께 약물 복용의 이점과 부작용을 주의 깊게 추적하는 데 도움이 되고, 의사가 복용량을 바꾸거나 약물 전달체계 또는 제형을 바꿔야 할지 더욱 정확하게 결정할 수 있다.

매주 새 차트를 사용하고 이번 주 평가를 완료하기 전에 이전 차트의 응답과 비교하지 말라. 그래야 이전 답변이 현재 답변에 영향을 미치지 않는다.

각 이점과 부작용을 1에서 5까지로 평가한다. 여기서 1은 매우 효과가 작음(긍정적이든 부정적이든)을 나타내고 5는 효과가 큼을 나타낸다.

• • •

날짜: _____에서 _____까지

• 약물 복용량/복용 시간/약효가 사라지는 주기

1) _____

2) _____

3) _____

4) _____

부작용	일요일	월요일	화요일	수요일	목요일	금요일	토요일
두통							
식욕부진							
초조함							
불면증							

효과	일요일	월요일	화요일	수요일	목요일	금요일	토요일
집중력 개선							
침착해짐							
작업을 더 수월하게 완료함							
소지품 분실이 줄어듦							
건망증이 줄어듦							
감정적 반응이 줄어듦							
시간관념이 늘어남/ 시간을 잘 지킴							
충동성이 줄어듦							
의욕 향상							
타인과의 갈등이 줄어듦							

부록 C
ADHD 더 알아보기

ADHD 관련 조직

CHADD는 평생 ADHD를 안고 사는 사람들을 지원하는 역사가 긴 단체다. 이곳 홈페이지에는 ADHD를 전문으로 보는 전문가와 ADHD를 치료하는 조직이 나열되어 있다. https://chadd.org/organization-directory/.

ADDA는 ADHD 성인에게 유용한 온라인 자조 모임, 작업 모임, 세미나, 교육 자료를 제공하는 역사가 긴 ADHD 비영리단체다. ADHD가 있는 다른 사람들을 만날 가장 좋은 장소이며, 다양한 ADHD 주제에 초점을 맞춘 모임에서 이런 사람들을 정기적으로 만날 수 있다. https://add.org.

CHADD와 ADDA가 함께 개최하는 연례 회의에서 성인 ADHD 동료들을 만나 교류하고 이 분야 최고 전문가들의 강의를 들을 수 있다.

온라인 자료

수면 문제에 대한 도움 찾기: 〈좋은 수면과 불면증 해결을 위한 명상 가이드 20선〉을 읽어보자. https://www.lifehack.org/844530/best-guided-meditation-for-sleep.

포커스메이트: 포커스메이트는 시작하기 어려운 작업을 완료하려고 할 때 동료를 만들어주고 책임감을 부여하는 매우 체계적이고 저렴한 방법이다. "포커스메이트는 중요한

작업을 완료하기 위해 책임을 다하는 다른 전문가와 당신을 연결해 작업 방식을 바꿔줍니다. 작업 시간을 선택하면 포커스메이트가 당신을 책임감 파트너와 이어주어 작업을 계속하도록 가상 공간에서 실시간 공동 작업 만남을 제공합니다." https://www.focusmate.com.

ADHD 리와이어드: ADHD 리와이어드는 팟캐스트, 코칭 모임, 책임 모임을 제공하는 규모가 크고 활동적인 성인 ADHD 온라인 코칭 공동체다. 코칭 모임(월 약 380달러의 회비가 있음)에 6개월 참여하고 이 모임의 '동문'이 되면 소액의 월 비용만으로 계속 책임 모임에 참여하고 팟캐스트를 들을 수 있다. 코칭 모임 동문은 ADHD 성인을 위한 지속적인 자조 모임을 형성하고 있다. https://www.adhdrewired.com.

유튜브

하우 투 ADHD How to ADHD**:** 배우 제시카 매케이브Jessica McCabe가 만든 이 유튜브 채널은 구독자가 100만 명이 넘고 ADHD 노인들에게 높은 호응을 얻고 있다. 생생하고 유익하며 정확하다. https://www.youtube.com/c/HowtoADHD/about.

잡지

〈어텐션!ATTENTION!**〉:** CHADD에서 발행하며 모든 CHADD 구성원에게 무료로 제공되는 잡지다. 나이를 불문하고 ADHD가 있는 모든 사람을 위한 정보가 들어 있다. https://chadd.org/attention-magazine.

〈애디튜드ADDitude**〉:** ADHD에 초점을 맞춘 잡지로 전국 배포되며, ADHD를 전문으로 치료하는 전문가를 위한 증거 기반 정보와 ADHD가 있는 사람을 위한 정보를 제공한다. 〈애디튜드〉의 기사는 대체로 해당 분야의 권위자가 작성하며 모든 기사는 전문 자문 위원회에서 검토하고 승인한다. https://www.additudemag.com.

도서

《**습관의 디테일**》, BJ 포그, 김미정 옮김, 흐름출판, 2020.

《**인생을 체계적으로 만드는 ADD 친화적인 방법**ADD-Friendly Ways to Organize Your Life》, 유디트 콜버그·캐슬린 네이도 공저, New York: Routledge, 2002.

《**운동화 신은 뇌**》, 존 레이티, 에릭 헤이거먼, 이상헌 옮김, 녹색지팡이, 2009. 유산소운동의 중요성을 강조하며 운동이 어떻게 뇌 화학을 바꾸고 ADHD 증상을 줄이며 기억력과 학습력을 개선하는지 다루는 읽기 편한 책이다.

《**집중을 늘리고 결핍을 줄여라**More Attention, Less Deficit: Success Strategies for Adults with ADHD》, 아리 터크먼Ari Tuckman, Plantation, FL: Specialty Press, 2009. 유명한 ADHD 전문가이자 심리치료사의 책이다.

《**ADHD를 위한 마음챙김 처방**》, 리디아 자일로스카, 조현주 외 옮김, 북스힐, 2016. 이는 입증된 증거 기반 ADHD 관리 프로그램이다.

들어가며

1. Y. Ginsberg et al., "Underdiagnosis of Attention-Deficit/Hyperactivity Disorder in Adult Patients: A Review of the Literature," *The Primary Care Companion for CNS Disorders* 16, no. 3 (2014): PCC.13r01600, https://doi.org/10.4088/PCC.13r01600; J. J. S. Kooij et al., "Distinguishing Comorbidity and Successful Management of Adult ADHD," *Journal of Attention Disorders* 16, no. 5 suppl. (2016): 3S–19S, https://doi.org:10.1177/1087054711435361.

1장 노인 ADHD는 왜 중요한가

1. Kathleen G. Nadeau and Patricia O. Quinn, *Understanding Women with ADHD* (Chevy Chase, MD: Advantage Books, 1999).

2. William E. Gibson, "Age 65+ Adults Are Projected to Outnumber Children by 2030," AARP, https://www.aarp.org/home-family/friends-family/info-2018/census-baby-boomers-fd.html.

3. K. Henkens et al., "What We Need to Know about Retirement: Pressing Issues for the Coming Decade," *Gerontologist* 58, no. 5 (2018): 805–812.

4. National Council on Aging, "Get the Facts on Economic Security for Seniors," 2021, https://www.ncoa.org/article/get-the-facts-on-economic-

security-for-seniors.

5. J. Tanskanen and T. Anttila, "A Prospective Study of Social Isolation, Lone-
liness, and Mortality in Finland," *American Journal of Public Health* 106,
no. 11 (2016): 2042 – 2048.

2장 나이 들며 겪는 어려움

1. S. H. Chapman, M. P. LaPlante, and G. Wilensky, "Life Expectancy and
Health Status of the Aged," *Social Security Bulletin* 49, no. 10 (1986): 24 –
48.

2. V. L. Bengtson and F. J. Whittington, "From Ageism to the Longevity Revo-
lution: Robert Butler, Pioneer," *Gerontologist* 54, no. 6 (2014): 1064 –
1069.

3. R. de la Sablonnière, "Toward a Psychology of Social Change: A Typology
of Social Change," *Frontiers in Psychology* 8 (2017).

4. Patrick Nolan and Gerhard Lenski, *Human Societies: An Introduction to
Macrosociology*, 11th ed. (Boulder, CO: Paradigm, 2011).

5. Louise C. Hawkley and John T. Cacioppo, "Loneliness Matters: A Theoret-
ical and Empirical Review of Consequences and Mechanisms," *Annals of
Behavioral Medicine: A Publication of the Society of Behavioral Medicine*
40, no. 2 (2010): 218 – 227.

6. Hawkley and Cacioppo, "Loneliness Matters."

7. Hawkley and Cacioppo, "Loneliness Matters."

8. Greg Miller, "Social Neuroscience: Why Loneliness Is Hazardous to Your
Health," *Science* 331 (2011): 138 – 140.

9. Miller, "Social Neuroscience."

10. National Institute on Retirement Security New Report, "40% of Older

Americans Rely Solely on Social Security for Retirement Income," 2020, https://www.nirsonline.org/2020/01/new-report-40-of-older-americans-rely-solely-on-social-security-for-retirement-income/.

11. N. Roy et al., "Choosing Between Staying at Home or Moving: A Systematic Review of Factors Influencing Housing Decisions among Frail Older Adults," *PLoS ONE* 13, no. 1 (2018).

12. *Business Insider*, "The Fastest Growing Metro Area in the US Is a Republican-Leaning Retirement Community in Florida," 2021, https://www.businessinsider.com/the-villages-florida-msa-metro-area-republican-exurban-census-2021-8.

13. L. Hantrais, J. Brannen, and F. Bennett, "Family Change, Intergenerational Relations and Policy Implications," *Contemporary Social Science* 15, no. 3 (2020): 275–290.

14. A. N. McKee and J. E. Morley, "Obesity in the Elderly" (updated 2021), in K. R. et al., eds., Endotext (South Dartmouth, MA: MDText.com, Inc.; 2021).

15. E. Commisso et al., "Identifying and Understanding the Health and Social Care Needs of Older Adults with Multiple Chronic Conditions and Their Caregivers: A Scoping Review," *BMC Geriatrics* 18, no. 231 (2018).

16. Dale E. Bredesen, *The End of Alzheimer's: The First Program to Prevent and Reverse Cognitive Decline* (New York: Avery, 2017). 한국어판:《알츠하이머의 종말》, 토네이도, 2018.

17. K. E. Assmann et al., "Unsaturated Fatty Acid Intakes During Midlife Are Positively Associated with Later Cognitive Function in Older Adults with Modulating Effects of Antioxidant Supplementation," *Journal of Nutrition* 148, no. 12 (2018): 1938–1945.

1. M. S. Jellinek, "Don't Let ADHD Crush Children's Self-Esteem," *Clinical Psychiatry News* (May 2010): 12.

2. S. P. Hinshaw, "Preadolescent Girls with Attention-Deficit/Hyperactivity Disorder: Background Characteristics, Comorbidity, Cognitive and Social Functioning, and Parenting Practices," *Journal of Consulting and Clinical Psychology* 70, no. 5 (2002).

3. G. D. de Boo and P. J. M. Prins, "Social Incompetence in Children with ADHD: Possible Moderators and Mediators in Social-Skills Training," *Clinical Psychology Review* 27 (2007): 78 – 97; C. L. Huang-Pollock et al., "Can Executive Functions Explain Relation Between ADHD and Social Adjustment?," *Journal of Abnormal Child Psychology* 37 (2009): 679 – 691.

4. C. L. Bagwell et al., "Attention-Deficit Hyperactivity Disorder and Problems in Peer Relations: Predictions from Childhood to Adolescence," *Journal of the American Academy of Child and Adolescent Psychiatry* 40 (2001): 1285 – 1292; M. J. Kofler et al., "Developmental Trajectories of Aggression, Prosocial Behavior, and Social – Cognitive Problem Solving in Emerging Adolescents with Clinically Elevated Attention-Deficit/Hyperactivity Disorder Symptoms," *Journal of Abnormal Psychology* 124, no. 4 (2015): 1027 – 1042.

5. S. R. Friedman et al., "Aspects of Social and Emotional Competence in Adult Attention Deficit/Hyperactivity Disorder," *Neuropsychology* 17 (2003): 50 – 58.

6. William Dodson, quoted in Devon Frye, "Children with ADHD Avoid Failure and Punishment More Than Others, Study Says," *ADDitude*, 2016, https://www.additudemag.com/children-with-adhd-avoid-failure-pun-

ishment/; G. Weiss et al., "Psychiatric Status of Hyperactive as Adults: A Controlled Prospective 15-Year Follow-Up of 63 Hyperactive Children," *Journal of the American Academy of Child Psychiatry* 24, no. 2 (1985): 211 – 220.

7. Margaret Weiss, Lily Trokenberg Hechtman, and Gabrielle Weiss, *ADHD in Adulthood: A Guide to Current Theory, Diagnosis and Treatment* (Baltimore: Johns Hopkins University Press, 1999).

8. J. Mahadevan, A. Kandasamy, and V. Benegal, "Situating Adult Attention-Deficit/Hyperactivity Disorder in the Externalizing Spectrum: Etiological, Diagnostic, and Treatment Considerations," *Indian Journal of Psychiatry* 61, no. 1 (2019): 3 – 12.

9. V. A. Harpin, "The Effect of ADHD on the Life of an Individual, Their Family, and Community from Preschool to Adult Life," *Archives of Disease in Childhood* 90 (2005): 2 – 7.

10. Social Security Administration, "Policy Basics: Top Ten Facts about Social Security," https://www.cbpp.org/research/social-security/top-ten-facts-about-social-security.

11. S. Gnanavel et al., "Attention Deficit Hyperactivity Disorder and Comorbidity: A Review of Literature," *World Journal of Clinical Cases* 7, no. 17 (2019): 2420 – 2426.

4장 ADHD인지 어떻게 알까?

1. B. L. Fischer et al., "The Identification and Assessment of Late-Life ADHD in Memory Clinics," *Journal of Attention Disorders* 16, no. 4 (2012): 333 – 338, https://doi.org/10.1177/1087054711398886.

2. L. Zhang et al., "Attention Deficit/Hyperactivity Disorder and Alzheimer's

Disease and Any Dementia: A Multi-generation Cohort Study in Sweden,"
Alzheimer's & Dementia 1, no. 9 (2021).

3. A. Golimstok et al., "Previous Adult Attention-Deficit and Hyperactivity Disorder Symptoms and Risk of Dementia with Lewy Bodies: A Case-Control Study," *European Journal of Neurology* 18, no. 11 (2011): 78.

4. D. E. Bredesen, "Reversal of Cognitive Decline: A Novel Therapeutic Program," *Aging* (Albany, NY) 6, no. 9, (2014): 707 – 717.

5. A. Palmini, "Professionally Successful Adults with Attention-Deficit/Hyperactivity Disorder (ADHD): Compensation Strategies and Subjective Effects of Pharmacological Treatment," *Dementia & Neuropsychologia* 2, no. 1 (2008): 63 – 70.

6. American Psychiatric Association, *Diagnostic and Statistical Manual of Mental Disorders*, 5th ed. (DSM-5), (Washington, DC: American Psychiatric Publishing, 2013).

7. J. D. McLennan, "Understanding Attention Deficit Hyperactivity Disorder as a Continuum," *Le Médecin de famille canadien* 62, no. 12 (2016): 979 – 982.

8. L. Cumyn, L. French, and L. Hechtman, "Comorbidity in Adults with Attention-Deficit Hyperactivity Disorder," *Canadian Journal of Psychiatry* 54, no. 10 (2009): 673 – 683.

9. M. H. Sibley et al., "Variable Patterns of Remission from ADHD in the Multimodal Treatment Study of ADHD," *American Journal of Psychiatry*, ePub, August 13, 2021, https://doi.org/10.1176/appi.ajp.2021.21010032.

10. Thomas E. Brown, *Outside the Box: Rethinking ADD/ADHD in Children and Adults: A Practical Guide* (Arlington, VA: American Psychiatric Association Publishing, 2017).

11. B. K. Ashinoff and A. Abu-Akel, "Hyperfocus: The Forgotten Frontier of Attention," *Psychological Research* 85, no. 1 (2021): 1–19.

12. C. M. Koen, A. J. Carmichael, and K. E. Koen, "Attention Deficit Disorder and the Americans with Disabilities Act: Is Anyone Paying Attention?" *Health Care Manager* (Frederick) 36, no. 2 (April–June 2017): 116–122.

13. J. A. Sedgwick, A. Merwood, and P. Asherson, "The Positive Aspects of Attention Deficit Hyperactivity Disorder: A Qualitative Investigation of Successful Adults with ADHD," *ADHD Attention Deficit Hyperactivity Disorder* 11 (2019): 241–253.

14. J. W. Lee, K. Seo, and G. H. Bahn, "The Positive Aspects of Attention-Deficit/Hyperactivity Disorder among Famous People," *Psychiatry Investigation* 17, no. 5 (2020): 424–431.

15. C. G. Palmer et al., "Wildland Firefighters and Attention Deficit Hyperactivity Disorder (ADHD)," Proceedings of the Second Conference on the Human Dimensions of Wildland Fire, 2011.

16. Thom Hartmann, *ADHD: A Hunter in a Farmer's World* (New York: Healing Arts Press, 2019). 한국어판:《산만한 아이들이 세상을 바꾼다》, 미래의창, 2009.

17. Y. Ginsberg et al., "Underdiagnosis of Attention-Deficit/Hyperactivity Disorder in Adult Patients: A Review of the Literature," *Primary Care Companion for CNS Disorders* 16, no. 3 (2014), PCC.13r01600.

18. Cumyn, French, and Hechtman, "Comorbidity in Adults with Attention-Deficit Hyperactivity Disorder."

19. Ginsberg et al., "Underdiagnosis of Attention-Deficit/Hyperactivity Disorder in Adult Patients."

20. American Psychiatric Association, *Diagnostic and Statistical Manual of*

Mental Disorders (DSM-5).

21. J. N. Epstein and R. E. Loren, "Changes in the Definition of ADHD in DSM-5: Subtle but Important," *Neuropsychiatry* 3, no. 5 (2013): 455 – 458.

22. E. M. Mahone and M. B. Denckla, "Attention Deficit/Hyperactivity Disorder: A Historical Neuropsychological Perspective," *Journal of the International Neuropsychological Society: JINS* 23, nos. 9 – 10 (2017): 916 – 929.

23. Palmini, "Professionally Successful Adults with Attention-Deficit/Hyper-activity Disorder (ADHD)."

24. S. Young et al., "Females with ADHD: An Expert Consensus Statement Taking a Lifespan Approach Providing Guidance for the Identification and Treatment of Attention-Deficit/Hyperactivity Disorder in Girls and Women," *BMC Psychiatry* 20, no. 1 (2020): 404.

25. M. Combs et al., "Perceived Stress and ADHD Symptoms in Adults," *Journal of Attention Disorders* 19, no. 5 (2015): 425 – 434.

26. J. Kooij et al., "Internal and External Validity of Attention-Deficit Hyper-activity Disorder in a Population-Based Sample of Adults," *Psychological Medicine* 35, no. 6 (2005): 817 – 827.

27. R. A. Barkley and M. Fischer, "Hyperactive Child Syndrome and Estimated Life Expectancy at Young Adult Follow-Up: The Role of ADHD Persistence and Other Potential Predictors," *Journal of Attention Disorders* 23, no. 9 (2019): 907 – 923.

28. D. W. Goodman et al., "Assessment of Physician Practices in Adult Attention-Deficit/Hyperactivity Disorder," *Primary Care Companion for CNS Disorders* 14, no. 4 (2012): PCC.11m01312.

29. Alzheimer's Association, "2020 Alzheimer's Disease Facts and Figures. Alzheimer's and Dementia," *Journal of the Alzheimer's Association* 16, no. 3 (2020): 391 – 460.

30. Alzheimer's Association, "2020 Alzheimer's Disease Facts and Figures."

31. R. S. Wright et al., "Diet Quality and Cognitive Function in an Urban Sample: Findings from the Healthy Aging in Neighborhoods of Diversity Across the Life Span (HANDLS) Study," *Public Health Nutrition* 20, no. 1 (2017): 92 – 101.

32. K. R. Murphy and L. A. Adler, "Assessing Attention-Deficit/Hyperactivity Disorder in Adults: Focus on Rating Scales," *Journal of Clinical Psychiatry* 65, suppl. 3 (2004): 12 – 17.

33. C. J. Miller, J. H. Newcorn, and J. M. Halperin, "Fading Memories: Retrospective Recall Inaccuracies in ADHD," *Journal of Attention Disorders* 14, no. 1 (2010): 7 – 14.

34. R. C. Kessler et al., "Validity of the World Health Organization Adult ADHD Self-Report Scale (ASRS) Screener in a Representative Sample of Health Plan Members," *International Journal of Methods in Psychiatric Research* 16, no. 2 (2007): 52 – 65.

5장 ADHD 노인의 각성제 치료

1. D. Kolar et al., "Treatment of Adults with Attention-Deficit/Hyperactivity Disorder," *Neuropsychiatric Disease and Treatment* 4, no. 2 (2008): 389 – 403.

2. L. Matheson et al., "Adult ADHD Patient Experiences of Impairment, Service Provision and Clinical Management in England: A Qualitative Study," *BMC Health Services Research* 13, no. 184 (2013).

3. T. E. Brown et al., "The Patient Perspective: Unmet Treatment Needs in Adults with Attention-Deficit/Hyperactivity Disorder," *Primary Care Companion for CNS Disorders* 21, no. 3 (2019): 25767.

4. Matheson et al., "Adult ADHD Patient Experiences of Impairment, Service Provision and Clinical Management in England."

5. S. Cortese et al., "Comparative Efficacy and Tolerability of Medications for Attention-Deficit Hyperactivity Disorder in Children, Adolescents and Adults: A Systematic Review and Network Meta-analysis," *Lancet Psychiatry* 5, no. 9 (2018): 727–738.

6. T. Torgersen et al., "Optimal Management of ADHD in Older Adults," *Neuropsychiatric Disease and Treatment* 12 (2016): 79–87.

7. T. Spencer et al., "A Large, Double-Blind, Randomized Clinical Trial of Methylphenidate in the Treatment of Adults with Attention-Deficit/Hyperactivity Disorder," *Biological Psychiatry* 57, no. 5 (2005): 456–463.

8. L. A. Habel et al., "ADHD Medications and Risk of Serious Cardiovascular Events in Young and Middle-Aged Adults," *Journal of the American Medical Association* 306, no. 24 (2011): 2673–2683.

9. Email communication from William Dodson, MD, February 12, 2021.

10. Email communication from William Dodson, MD.

11. Kolar et al., "Treatment of Adults with Attention-Deficit/Hyperactivity Disorder."

12. L. Cumyn, L. French, and L. Hechtman, "Comorbidity in Adults with Attention-Deficit Hyperactivity Disorder," *Canadian Journal of Psychiatry* 54, no. 10 (2009): 673–683.

13. T. A. Rowland and S. Marwaha, "Epidemiology and Risk Factors for Bipolar Disorder," *Therapeutic Advances in Psychopharmacology* 8, no. 9

(2018): 251 – 269.

14. Cumyn, French, and Hechtman, "Comorbidity in Adults with Attention-Deficit Hyperactivity Disorder."

15. J. Geffen and K. Forster, "Treatment of Adult ADHD: A Clinical Perspective," *Therapeutic Advances in Psychopharmacology* 8, no. 1 (2018): 25 – 32.

16. Geffen and Forster, "Treatment of Adult ADHD."

17. D. W. Goodman et al., "Assessment of Physician Practices in Adult Attention-Deficit/Hyperactivity Disorder," *Primary Care Companion for CNS Disorders* 14, no. 4 (2012): PCC.11m01312.

18. K. L. M. Sassi et al., "Amphetamine Use in the Elderly: A Systematic Review of the Literature," *Current Neuropharmacology* 18, no. 2 (2020): 126 – 135.

19. J. D. Franzen et al., "Psychostimulants for Older Adults: Certain Agents May Improve Apathy, ADHD, Depression, and Other Conditions," *Current Psychiatry* 11, no. 1 (2012): 23 – 32.

20. Sassi et al., "Amphetamine Use in the Elderly."

21. T. E. Brown et al., "The Patient Perspective: Unmet Treatment Needs in Adults with Attention-Deficit/Hyperactivity Disorder," *Primary Care Companion of CNS Disorders* 21, no. 3 (2019): 25767.

22. Matheson et al., "Adult ADHD Patient Experiences of Impairment, Service Provision and Clinical Management in England."

23. K. Budur et al., "Non-Stimulant Treatment for Attention Deficit Hyper-activity Disorder," *Psychiatry* (Edgmont, PA) 2, no. 7 (2005): 44 – 48.

24. A. Arnett and M. Stein, "Refining Treatment Choices for ADHD," *Lancet Psychiatry* 5, no. 9 (2018): 691 – 692.

6장 ADHD를 이해하고 받아들이며 ADHD와 함께 살아가기

1. B. Franke et al., "Live Fast, Die Young? A Review on the Developmental Trajectories of ADHD Across the Lifespan," *European Neuropsychopharmacology* 28, no. 10 (2018): 1059 – 1088.

2. J. Geffen and K. Forster, "Treatment of Adult ADHD: A Clinical Perspective," *Therapeutic Advances in Psychopharmacology* 8, no. 1 (2018): 25 – 32.

3. J. T. Nigg et al., "Evaluating Chronic Emotional Dysregulation and Irritability in Relation to ADHD and Depression: Genetic Risk in Children with ADHD," *Journal of Child Psychology and Psychiatry, and Allied Disciplines* 61, no. 2 (2020): 205 – 214.

4. C. López-Pinar et al., "Long-Term Efficacy of Psychosocial Treatments for Adults with Attention-Deficit/Hyperactivity Disorder: A Meta-analytic Review," *Frontiers in Psychology* 4, no. 9 (2018): 638.

5. Franke et al., "Live Fast, Die Young?"

6. J. T. Nigg et al., "Toward a Revised Nosology for Attention-Deficit/Hyperactivity Disorder Heterogeneity," *Biological Psychiatry: Cognitive Neuroscience and Neuroimaging* 5, no. 8 (2020): 726 – 737.

7장 스스로 노력하는 방법

1. Judith Kohlberg and Kathleen G. Nadeau, *ADD-Friendly Ways to Organize Your Life* (New York: Routledge, 2002).

2. BJ Fogg, *Tiny Habits: The Small Changes That Change Everything* (New York: Harvest, 2021). 한국어판:《습관의 디테일》, 흐름출판, 2020.

3. Russell A. Barkley with Christine M. Benton, *Taking Charge of Adult ADHD*, 2nd ed. (New York: Guilford Press, 2021).

4. Lidia Zylowska and John T. Mitchell, *Mindfulness for Adult ADHD: A Clinician's Guide* (New York: Guilford Press, 2021). 한국어판:《ADHD를 위한 마음챙김 처방》, 북스힐, 2016.

8장 ADHD 코치와 함께하기

1. S. J. C. Schrevel, C. Dedding, and J. E. W. Broerse, "Why Do Adults with ADHD Choose Strength-Based Coaching over Public Mental Health Care? A Qualitative Case Study from the Netherlands," *SAGE Open* (July 2016), https://doi.org/10.1177/2158244016662498.

2. M. V. Solanto et al., "Efficacy of Meta-cognitive Therapy for Adult ADHD," *American Journal of Psychiatry* 167, no. 8 (2010): 958 – 968.

3. I. Bloemen, W. Verbeeck, and S. Tuinier, "The Effect of Group Coaching in Adult ADHD," *European Psychiatry* 22, S1 (2007): S205; E. Ahmann et al., "A Descriptive Review of ADHD Coaching Research: Implications for College Students," *Journal of Postsecondary Education and Disability* 31, no. 1 (2009): 17 – 39.

4. E. Ahmann, M. Saviet, and L. J. Tuttle, "Interventions for ADHD in Children and Teens: A Focus on ADHD Coaching," *Pediatric Nursing* 43, no. 3 (2017): 121 – 131; S. B. Goudreau and M. Knight, "Executive Function Coaching: Assisting with Transitioning from Secondary to Postsecondary Education," *Journal of Attention Disorders* 22, no. 4 (2018): 379 – 387; T. L. Maitland et al., "The Impact of Coaching on Academic Success: A Focus on University Students with Learning Disabilities and Attention Deficit/Hyperactivity Disorder," paper presented at the conference of AHEAD: Association on Higher Education and Disability, Denver, CO, 2010; Dianne R. Stober and Anthony M. Grant, eds., *Evidence Based Coaching*

Handbook (Hoboken, NJ: Wiley & Sons, 2006), 1 – 14.

5. L. E. Knouse et al., "Recent Developments in the Psychosocial Treatment of Adult ADHD," *Expert Review in Neurotherapy* 8 (2008): 1537 – 1548; J. A. Kubik, "Efficacy of ADHD Coaching for Adults with ADHD," *Journal of Attention Disorders* 13 (2010): 442 – 453; Frances Prevatt and Abigail L. Levrini, *ADHD Coaching: A Guide for Mental Health Professionals* (Washington, DC: American Psychological Association, 2015). 한국어판:《ADHD 코칭》, 한국코칭수퍼비전아카데미, 2021.

6. Patrick Williams and Deborah C. Davis, *Therapist as Life Coach: An Introduction for Counselors and Other Helping Professionals,* rev. and expanded ed. (New York: W. W. Norton, 2007); J. Geffen and K. Forster, "Treatment of Adult ADHD: A Clinical Perspective," *Therapeutic Advances in Psychopharmacology* 8, no. 1 (2018): 25 – 32.

7. S. McMains and S. Kastner, "Interactions of Top-Down and Bottom-Up Mechanisms in Human Visual Cortex," *Journal of Neuroscience* 31, no. 2 (2011): 587 – 597.

8. D. F. Tolin and A. Villavicencio, "Inattention, but Not OCD, Predicts the Core Features of Hoarding Disorder," *Behaviour Research and Therapy* 49, no. 2 (2011): 120 – 125, https://doi.org/10.1016/j.brat.2010.12.002.

9. Judith Kolberg and Kathleen G. Nadeau, *ADD-Friendly Ways to Organize Your Life* (New York: Routledge, 2016).

10. L. R. Vartanian and A. M. Porter, "Weight Stigma and Eating Behavior: A Review of the Literature," *Appetite* 102 (2016): 3 – 14.

11. Kolberg and Nadeau, *ADD-Friendly Ways to Organize Your Life.*

12. James Clear, *Atomic Habits: An Easy and Proven Way to Build Good Habits and Break Bad Ones* (London: Penguin Random House UK, 2018). 한

국어판:《아주 작은 습관의 힘》, 비즈니스북스, 2019.

13. BJ Fogg, *Tiny Habits: The Small Changes That Change Everything* (New York: Harvest, 2021). 한국어판:《습관의 디테일》, 흐름출판, 2020.

9장 뇌를 건강하게 만드는 일상 습관

1. S. V. Faraone and H. Larsson, "Genetics of Attention Deficit Hyperactivity Disorder," *Molecular Psychiatry* 24, no. 4 (2019): 562 – 575.

2. S. H. Kollins et al., "Increased Subjective and Reinforcing Effects of Initial Nicotine Exposure in Young Adults with Attention Deficit Hyperactivity Disorder (ADHD) Compared to Matched Peers: Results from an Experimental Model of First-Time Tobacco Use," *Neuropsychopharmacology* 45 (2020): 851 – 856.

3. E. Shareghfarid et al., "Empirically Derived Dietary Patterns and Food Groups Intake in Relation with Attention Deficit/Hyperactivity Disorder (ADD): A Systematic Review and Meta-analysis," *Clinical Nutrition ESPEN* 36 (2019): 28 – 35.

4. J. Biederman et al., "Does Attention-Deficit Hyperactivity Disorder Impact the Developmental Course of Drug and Alcohol Abuse and Dependence?," *Biological Psychiatry* 4, no. 4 (1998): 269 – 273.

5. A. Björk et al., "Health, Lifestyle Habits and Physical Fitness among Adults with ADHD Compared with a Random Sample of a Swedish General Population," *Society, Health & Vulnerability* 9, no. 1 (2018).

6. C. Fadeuilhe et al., "Insomnia Disorder in Adult Attention-Deficit/Hyperactivity Disorder Patients: Clinical, Comorbidity, and Treatment Correlates," *Frontiers in Psychiatry* 12 (2021).

7. V. Harpin, "The Effect of ADHD on the Life of an Individual, Their Family,

and Community from Preschool to Adult Life," *Archives of Disease in Childhood* 90 (2004).

8. S. Cortese et al., "Association Between ADHD and Obesity: A Systematic Review and Meta-Analysis," *American Journal of Psychiatry* 173, no. 1 (2016): 34–43.

9. Q. Chen et al., "Common Psychiatric and Metabolic Comorbidity of Adult Attention-Deficit/Hyperactivity Disorder: A Population-Based Cross-Sectional Study," *PLoS ONE* 13, no. 9 (2018).

10. M. A. Katzman et al., "Adult ADHD and Comorbid Disorders: Clinical Implications of a Dimensional Approach," *BMC Psychiatry* 17, no. 1 (2017): 12888-017.

11. W. Sroykham and Y. Wongsawat, "Effects of Brain Activity, Morning Salivary Cortisol, and Emotion Regulation on Cognitive Impairment in Elderly People," *Medicine* (Baltimore) 98, no. 26 (2019): e16114.

12. R. A. Barkley and M. Fischer, "Hyperactive Child Syndrome and Estimated Life Expectancy at Young Adult Follow-Up: The Role of ADHD Persistence and Other Potential Predictors," *Journal of Attention Disorders* 23, no. 9 (2019): 907–923.

13. L. Dahlberg et al., "Predictors of Loneliness among Older Women and Men in Sweden: A National Longitudinal Study," *Aging and Mental Health* 19, no. 5 (2015): 409–417.

14. D. Bredesen, "Reversal of Cognitive Decline: A Novel Therapeutic Program," *Aging* 6, no. 9 (2014): 707–717; C. Gustafson, "Dale E. Bredesen, MD: Reversing Cognitive Decline," *Integrative Medicine* (Encinitas, CA) 14, no. 5 (2015): 26–29; Dale E. Bredesen, *The End of Alzheimer's: The First Program to Prevent and Reverse Cognitive Decline* (New York: Av-

ery, 2017). 한국어판:《알츠하이머의 종말》, 토네이도, 2018.

15. Reversal of Cognitive Decline (ReCODE) Study (RECODE), https://clini-caltrials.gov/ct2/show/NCT03883633.

16. A. I. Guerdjikova et al., "Novel Pharmacologic Treatment in Acute Binge Eating Disorder—Role of Lisdexamfetamine," *Neuropsychiatric Disease and Treatment* 1 (2016): 833 – 841.

17. E. Sobanski et al., "Sleep in Adults with Attention Deficit Hyperactivity Disorder (ADHD) Before and During Treatment with Methylphenidate: A Controlled Polysomnographic Study," *Sleep* 31, no. 3 (2008): 375 – 381.

18. Lidia Zylowska, *The Mindfulness Prescription for Adult ADHD: An 8-Step Program for Strengthening Attention, Managing Emotions, and Achieving Your Goals* (New York: Trumpeter, 2012). 한국어판:《ADHD를 위한 마음챙김 처방》, 북스힐, 2016.

19. Zylowska, *The Mindfulness Prescription for Adult ADHD*, ix – xi.

20. C. Thompson, E. Quigley, and A. Taylor, "The Influence of a Short-Term Mindfulness Meditation Intervention on Emotion and Visual Attention," *Journal of Cognitive Enhancers* 5 (2021): 73 – 82.

21. John J. Ratey, *Spark: The Revolutionary New Science of Exercise and the Brain* (New York: Little, Brown, 2008). 한국어판:《운동화 신은 뇌》, 녹색지팡이, 2009.

22. M. R. Islam et al., "Exercise Hormone Irisin Is a Critical Regulator of Cognitive Function," *Nature Metabolism* 3 (2021): 1058 – 1070.

23. Y. Netz, "Is There a Preferred Mode of Exercise for Cognition Enhancement in Older Age?" *A Narrative Review* 6, no. 57 (2019).

24. A. Sheppard and M. C. Broughton, "Promoting Wellbeing and Health Through Active Participation in Music and Dance: A Systematic Review,"

International Journal of Qualitative Studies on Health and Well-Being 15, no. 1 (2020).

25. Y. Wu et al., "The Effects of Tai Chi Exercise on Cognitive Function in Older Adults: A Meta-Analysis," *Journal of Sport and Health Science* 2, no. 4 (2013): 193–203.

26. R. Abbott and H. Lavretsky, "Tai Chi and Qigong for the Treatment and Prevention of Mental Disorders," *Psychiatric Clinics of North America* 36, no. 1 (2013): 109.

27. F. Herold et al., "Functional and/or Structural Brain Changes in Response to Resistance Exercises and Resistance Training Lead to Cognitive Improvements—A Systematic Review," *European Review of Aging and Physical Activity: Official Journal of the European Group for Research into Elderly and Physical Activity* 16, no. 10 (2019).

28. H. White and P. Shah, "Attention in Urban and Natural Environments," *Yale Journal of Biology and Medicine* 92, no. 1 (2019): 115–120.

29. S. Kaplan, "The Restorative Benefits of Nature—Toward an Integrative Framework," *Journal of Environmental Psychology* 15 (1995): 169–182.

30. B. Jiang, R. Schmillen, and W. C. Sullivan, "How to Waste a Break: Using Portable Electronic Devices Substantially Counteracts Attention Enhancement Effects of Green Spaces," *Environment and Behavior* 51, nos. 9–10 (2019): 1133–1160.

31. P. J. Allen et al., "Rationale and Consequences of Reclassifying Obesity as an Addictive Disorder: Neurobiology, Food Environment and Social Policy Perspectives," *Physiology & Behavior* 107, no. 1 (2012): 126–137; N. P. Avena, P. Rada, and B. G. Hoebel, "Evidence for Sugar Addiction: Behavioral and Neurochemical Effects of Intermittent, Excessive Sugar

Intake," *Neuroscience & Biobehavioral Reviews* 32, no. 1 (2008): 20 – 39.

32. A. F. A. Schellekens et al., "Often Overlooked and Ignored, but Do Not Underestimate Its Relevance: ADHD in Addiction—Addiction in ADHD," *European Addiction Research* 26 (2020): 169 – 172.

33. Schellekens et al., "Often Overlooked and Ignored."

34. F. Lenoir et al., "Intense Sweetness Surpasses Cocaine Reward," *PLoS ONE* 2, no. 8 (2007): e698.

35. A. Poulton et al., "Stimulants for the Control of Hedonic Appetite," *Frontiers in Pharmacology* 7 (2016): 105 – 110.

36. Avena, Rada, and Hoebel, "Evidence for Sugar Addiction."

37. J. J. Rucklidge et al., "Vitamin-Mineral Treatment of Attention-Deficit Hyperactivity Disorder in Adults: Double-Blind Randomised Placebo-Controlled Trial," *British Journal of Psychiatry* 204, no. 4 (2014): 306 – 315.

38. K. F. Holton and J. T. Nigg, "The Association of Lifestyle Factors and ADHD in Children," *Journal of Attention Disorders* 24, no. 11 (2020): 1511 – 1520.

39. M. Warthon-Medina et al., "Zinc Intake, Status and Indices of Cognitive Function in Adults and Children: A Systematic Review and Meta-Analysis," *European Journal of Clinical Nutrition* 69 (2015): 649 – 661.

40. C. Portugal-Nunes et al., "Iron Status Is Associated with Mood, Cognition, and Functional Ability in Older Adults: A Cross-Sectional Study," *Nutrients* 12, no. 11 (2020).

41. E. Derbyshire, "Brain Health Across the Lifespan: A Systematic Review on the Role of Omega-3 Fatty Acid Supplements," *Nutrients* 10, no. 8 (2018).

42. N. C. Peeri et al., "Association of Magnesium Intake and Vitamin D Status with Cognitive Function in Older Adults: An Analysis of US National Health and Nutrition Examination Survey (NHANES) 2011 to 2014," *European Journal of Nutrition* 60, no. 1 (2021): 465–474.

43. L. M. Hablitz et al., "Circadian Control of Brain Glymphatic and Lymphatic Fluid Flow," *Nature Communications* 11, no. 4411 (2020).

44. A. M. V. Wennberg et al., "Sleep Disturbance, Cognitive Decline, and Dementia: A Review," *Seminars in Neurology* 37, no. 4 (2017): 395–406.

45. W. Dodson and Y. Zhang, "Sleep Disturbances Associated with Adult ADHD," new research program and abstracts of the 152nd annual meeting of the American Psychiatric Association, May 1999; J. J. Kooij, L. P. Aeckerlin, and J. K. Buitelaar, "Functioning, Comorbidity and Treatment of 141 Adults with ADHD at a Psychiatric Outpatients' Department," *Nederlands Tijdschrift voor Geneeskunde* 145 (2001): 1498–1501; M. Schredl, B. Alm, and E. Sobanski, "Sleep Quality in Adult Patients with Attention Deficit Hyperactivity Disorder (ADHD)," *European Archives of Psychiatry and Clinical Neuroscience* 257 (2007): 164–168.

46. Fadeuilhe et al., "Insomnia Disorder in Adult Attention-Deficit/Hyper-activity Disorder Patients."

47. Mayo Clinic, "Melatonin," https://www.mayoclinic.org/drugs-supple-ments-melatonin/art-20363071.

48. S. Kasper, M. Gastpar, W. E. Müller et al., "Silexan, an orally administered Lavandula oil preparation, is effective in the treatment of 'subsyndromal' anxiety disorder: a randomized, double-blind, placebo controlled trial," *International Clinical Psychopharmacology* 25, no. 5 (2010): 277–287.

49. G. Cannard, "Complementary Therapies: On the Scent of a Good Night's

Sleep," *Nursing Standard* 9 (1995).

50. J. Martino, J. Pegg, and E. P. Frates, "The Connection Prescription: Using the Power of Social Interactions and the Deep Desire for Connectedness to Empower Health and Wellness," *American Journal of Lifestyle Medicine* 11, no. 6 (2015): 466 – 475.

51. S. J. Scott, *Habit Stacking: 127 Small Changes to Improve Your Health, Wealth, and Happiness* (Most Are Five Minutes or Less) (Pasadena, CA: Old Town Publishing, 2017). 한국어판:《해빗 스태킹》, 다산4.0, 2017.

10장 사회적 관계 시작하고 유지하기

1. H. M. O'Rourke, L. Collins, and S. Sidani, "Interventions to Address Social Connectedness and Loneliness for Older Adults: A Scoping Review," *BMC Geriatrics* 18, no. 1 (2018): 1 – 13.

2. S. Hinshaw, "Preadolescent Girls with Attention-Deficit/Hyperactivity Disorder: I. Background Characteristics, Comorbidity, Cognitive and Social Functioning, and Parenting Practices," *Journal of Consulting and Clinical Psychology* 70, no. 5 (2002): 1086 – 1098.

3. S. Young, "The Adolescent Outcome of Hyperactive Girls: Self-Report of Psychosocial Status," *Journal of Child Psychology and Psychiatry* 46, no. 3 (2005): 255 – 262.

4. J. S. Owens et al., "A Critical Review of Self-Perceptions and the Positive Illusory Bias in Children with ADHD," *Clinical Child and Family Psychology Review* 10, no. 4 (2007): 335 – 351.

5. C. L. Bagwell, "Attention-Deficit Hyperactivity Disorder and Problems in Peer Relations: Predictions from Childhood to Adolescence," *Journal of the American Academy of Child and Adolescent Psychiatry* 20 (2001):

1285 – 1292; M. Flicek, "Social Status of Boys with Academic Problems and Attention-Deficit Hyperactivity Disorder," *Journal of Abnormal Child Psychology* 20 (1992): 353 – 366; T. Heiman, "An Examination of Peer Relationships of Children With and Without Attention Deficit Hyperactivity Disorder," *School Psychology International* 26 (2005): 330 – 339; B. Hoza et al., "What Aspects of Peer Relationships Are Impaired in Children with Attention-Deficit/Hyperactivity Disorder?," *Journal of Consulting and Clinical Psychology* 73, no. 3 (2005): 411.

6. Y. Holst and L. B. Thorell, "Functional Impairments among Adults with ADHD: A Comparison with Adults with Other Psychiatric Disorders and Links to Executive Deficits," *Applied Neuropsychology: Adult* 27, no. 3 (2020): 243 – 255.

7. Holst and Thorell, "Functional Impairments among Adults with ADHD."

11장 나이 든 부부의 결혼과 ADHD

1. Melissa Orlov, *The ADHD Effect on Marriage: Understand and Rebuild Your Relationship in Six Steps* (Plantation, FL: A.D.D. Warehouse, 2010).

2. Orlov, *The ADHD Effect on Marriage*; Russell A. Barkley, *When an Adult You Love Has ADHD: Professional Advice for Parents, Partners, and Siblings* (Washington, DC: APA Life Tools, 2017); Gina Pera, *Is It You, Me, or Adult A.D.D.?: Stopping the Roller Coaster When Someone You Love Has Attention Deficit Disorder* (Chicago: Alarm Press, 2008); Pera and Arthur L. Robin, eds., *Adult ADHD-Focused Couple Therapy: Clinical Interventions* (Abingdon, Oxfordshire, UK: Routledge, 2016).

12장 길고도 험한 길

1. E. R. Lebowitz, "Family Impairment Associated with Childhood Obsessive-Compulsive Disorder," *Journal of the American Academy of Child and Adolescent Psychiatry* 56, no. 3 (2017): 187 – 188.

13장 수입과 지출의 균형 맞추기

1. R. A. Barkley, K. R. Murphy, and T. Bush, "Time Perception and Reproduction in Young Adults with Attention Deficit Hyperactivity Disorder," *Neuropsychology* 15, no. 3 (2001): 351 – 360.

2. Zack Friedman, "Shock Poll: 7 in 10 Americans Live Paycheck to Paycheck," Forbes, February 8, 2022, https://www.forbes.com/sites/zackfriedman/2022/02/08/shock-poll-7-in-10-americans-live-paycheck-to-paycheck/?sh=6a63d72955f6.

3. Board of Governors of the Federal Reserve, *System Report on the Economic Well-Being of US Households in 2015*, May 2016, 59 – 60.

4. Sally Abrahms, "House Sharing for Boomer Women Who Would Rather Not Live Alone: Having Roommates Saves Money and Provides Valuable Companionship," *AARP Bulletin*, https://www.aarp.org/home-family/your-home/info-05-2013/older-women-roommates-house-sharing.html.

5. Randy Rieland, "Tiny Retirement: Is It for You? 7 Things to Consider Before Buying a Tiny Home," AARP, March 29, 2018, https://www.aarp.org/home-family/your-home/info-2018/tiny-house-retirement-fd.html.

14장 ADHD 친화적인 은퇴 생활

1. Jo Ann Jenkins, *Disrupt Aging: A Bold New Path to Living Your Best Life at*

Every Age (New York: PublicAffairs, 2016). 한국어판:《나이듦, 그 편견을 넘어서기》, 청미, 2018.

2. Amie Clark, "Elder Cohousing: The Future of Eldercare," March 23, 2022, The Senior List, https://www.theseniorlist.com/cohousing/; J. Carrere et al., "The Effects of Cohousing Model on People's Health and Wellbeing: A Scoping Review," *Public Health Reviews* 41 (2020): 22; Sally Abrahms, "House Sharing for Boomer Women Who Would Rather Not Live Alone: Having Roommates Saves Money and Provides Valuable Companionship," *AARP Bulletin*, https://www.aarp.org/home-family/your-home/info-05-2013/older-women-roommates-house-sharing.html.

3. C. A. Talmage et al., "Directions for 21st Century Lifelong Learning Institutes: Elucidating Questions from Osher Lifelong Learning Institute Studies," *Alberta Journal of Educational Research* 64 (2018): 109 – 125; M. Narushima, J. Liu, and N. Diestelkamp, "Lifelong Learning in Active Ageing Discourse: Its Conserving Effect on Wellbeing, Health and Vulnerability," *Ageing and Society* 3, no. 4 (2018): 651 – 675; J. Park, K. Lee, and H. Dabelko-Schoeny, "A Comprehensive Evaluation of a Lifelong Learning Program: Program 60," *International Journal of Aging and Human Development* 84, no. 1 (December 2016): 88 – 106.

4. J. Yanguas, S., Pinazo-Henandis, and F. J. Tarazona-Santabalbina, "The Complexity of Loneliness," *Acta Bio-Medica: Atenei Parmensis* 89, no. 2 (2018): 302 – 314.

이 책을 완성하는 데 아낌없이 시간과 지혜를 베풀어주신 많은 분께 진심으로 감사드린다. 베로니카 창Veronica Chang 박사를 포함해 우리 심리학 인턴 브라하 아이젠스탯Braha Eisenstat은 내가 면담한 모든 ADHD 노인으로부터 얻은 정보를 정리하고 편집하는 데 엄청난 도움을 주었다. 참고 문헌 구성에 막대한 도움을 주신 앨릭스 웨스트Alex West에게도 감사드린다. 약물에 대한 장을 검토하고 노인 ADHD 약물치료와 관련된 문제를 알려주신 의학박사 윌리엄 도드슨William Dodson과 벤카데시 핸드라타Venkadesh Handratta께도 감사드린다. 코로나19 팬데믹이 시작될 때 우리 클리닉인 체서피크 센터Chesapeake Center에서 제공했고 지금도 자립적으로 이어지고 있는 온라인 ADHD 노인 자조 모임인 '와이즈 에이저스Wise Agers'의 참가자들에게도 따스한 기원과 감사를 보낸다. 노인들이 직면한 문제에 대해 많은 도움과 통찰력을 주신 분들이다. 저와 함께 와이즈 에이저스 모임을 진행한 수전 반 오스트Susan Van Ost 박사께도 감사드린다. 그분의 지혜와 유머를 높이 평가한다. 노인 ADHD 진단 및 치료에 대한 의사 교육이 더욱 절실히 필요해진 상황에 대해 정보를 제공해주신 의학 박사 데이비드 굿맨께도 매우 감사드린다. 이 프로젝트의 일환으로 ADHD 노인 환자들을 인터뷰할 수 있도록 주선해주신 것에 대해서도 감사드린다. ADHD 여성으로 성장해온 멋진 회고록의 초안을 보내주고 이 책을 위해 인터뷰에도 응해 주신 킴 리빙스턴Kim Livingston께도 무척 감사드린다. 이 책을 위해 인터뷰할 수 있도록 환자들을 보내주신 텍사스 오스틴의 전문 상담사 제임스 오초아James Ochoa의 관대한 지원에도 감사를 전한다. 마지막으로 시간을 내어 설문지를 작성하고 이 책을 위한 정보를 수집하도록 인터뷰에 응해주신 모든 노인분께도 깊이 감사드린다.

나이 먹어서도 절대 차분해지지 않는 사람들을 위한
가장 친절하고 사려 깊은 안내서

나이 들면 ADHD와 헤어질 줄 알았다

초판 1쇄 인쇄 2024년 2월 2일
초판 1쇄 발행 2024년 2월 16일

지은이 캐슬린 네이도
옮긴이 장혜인
펴낸이 이승현

출판2 본부장 박태근
W&G 팀장 류혜정
편집 남은경
디자인 김태수
교정교열 신지영

펴낸곳 ㈜위즈덤하우스   **출판등록** 2000년 5월 23일 제13-1071호
주소 서울특별시 마포구 양화로 19 합정오피스빌딩 17층
전화 02) 2179-5600   **홈페이지** www.wisdomhouse.co.kr

ISBN 979-11-7171-134-5 03180